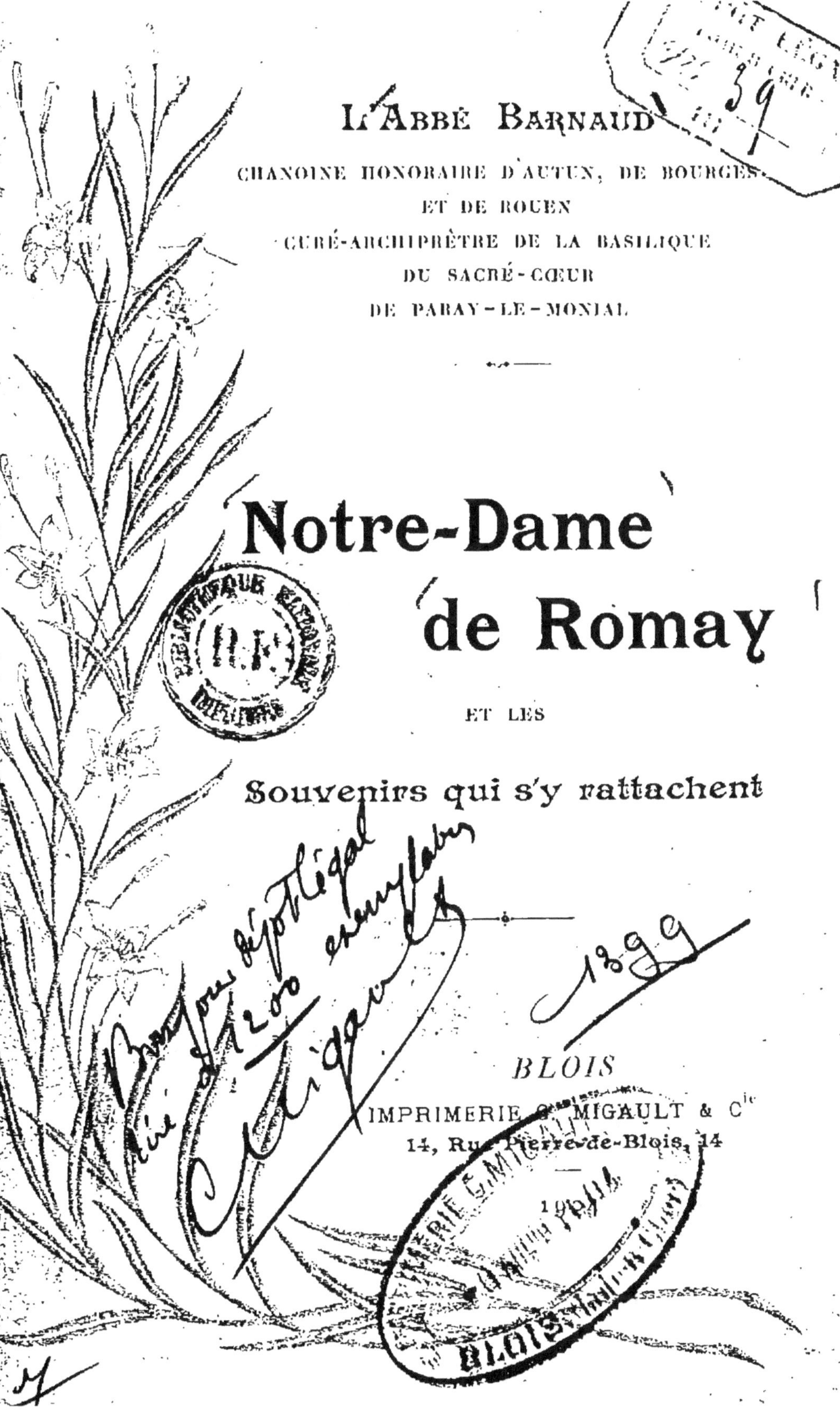

L'Abbé Barnaud

CHANOINE HONORAIRE D'AUTUN, DE BOURGES
ET DE ROUEN

CURÉ-ARCHIPRÊTRE DE LA BASILIQUE
DU SACRÉ-CŒUR
DE PARAY-LE-MONIAL

Notre-Dame de Romay

ET LES

Souvenirs qui s'y rattachent

BLOIS
IMPRIMERIE C.-MIGAULT & Cⁱᵉ
14, Rue Pierre-de-Blois, 14

1899

AVANT-PROPOS

Au mois d'avril 1897, parut, en double format,
une brochure illustrée : *Notre-Dame de Romay,*
en vue du couronnement pontifical de l'antique
Madone de ce nom.

Le tirage à quinze mille exemplaires est à peu
près épuisé. C'est assez dire l'excellent accueil que
reçut partout ce modeste travail, notamment parmi
le clergé du diocèse d'Autun.

Que tous nos lecteurs daignent agréer ici même
l'expression de notre cordiale gratitude. Encou-
ragé, d'un côté, par un tel succès, dont la meilleure
part revient à la Très Sainte Vierge et, d'un autre
côté, dans l'intention de réaliser la promesse déjà
ancienne de donner plus tard l'histoire plus complète de notre vénéré sanctuaire, nous poursui-
vîmes nos recherches sur le passé si glorieux de
cette paroisse, *unique au monde,* depuis qu'elle
est devenue le berceau de la dévotion au Sacré-
Cœur de Jésus. Les nombreux détails historiques
sur Paray-le-Monial nous ont paru si palpitants
d'intérêt que nous n'avons pas hésité à élargir
notre cadre pour en grouper un bon nombre autour

de la Madone bien-aimée à laquelle, du reste, ils se rattachent intimement par plus d'un lien. On en jugera.

Il nous a semblé que nos chers paroissiens verraient avec une vraie satisfaction, comme nous l'avons fait nous-même, les œuvres de zèle et les témoignages de piété envers Marie de cette belle lignée de leurs dignes pasteurs, presque tous originaires de cette paroisse. Ils ont combattu avec vaillance le *bon combat du Seigneur* tour à tour contre l'hérésie et le schisme, et ils ont préparé pour une part, sous l'égide de Notre-Dame de Romay, les merveilleux événements que nous avons pu voir, chaque année, se dérouler sous nos yeux depuis l'ère des pèlerinages au Sacré-Cœur de Paray-le-Monial.

Nous avons pensé aussi que notre histoire chrétienne offrirait un certain intérêt à ces foules de pèlerins, *nos paroissiens d'un jour*, très avides souvent de détails sur notre petite cité.

Puisse la Bonne Dame de Romay bénir ce travail et en agréer la dédicace, à l'ouverture du cinquantenaire de la proclamation du dogme de l'Immaculée Conception.

En la glorieuse fête du 8 décembre 1903.

Louis BARNAUD,
Curé de Paray-le-Monial.

La *Voix de Marie*, dans le numéro du samedi 9 avril 1904, donne un article intitulé *Notre-Dame de Romay*, très élogieux pour la paroisse de Paray, mais trop indulgent pour notre travail.

Disons que Mgr Joseph Guyot a été très goûté parmi nous, comme prédicateur et comme apôtre de la Sainte Vierge. Sa compétence doctrinale en ce qui concerne le culte de Marie nous autorise à reproduire cet entrefilet si bienveillant, dans l'espoir fondé que *Notre-Dame de Romay* saura en tirer sa gloire :

Nous venons de passer quinze jours à Paray-le-Monial. Nous ne nous attendions pas, certes, à voir la foi catholique aussi vivace dans la population parodienne, nous avons été bien agréablement surpris de voir autour de notre chaire jusqu'à plus d'un millier de personnes et à la sainte Table chaque jour de très nombreux convives. Ceux qui croient la France perdue n'ont qu'à venir à Paray retremper leur espérance, et ce sera pour notre apostolat un précieux souvenir que ces deux retraites si consolantes prêchées à la Basilique. Non, la France n'est pas morte, elle se réchauffera au foyer du Sacré-Cœur.

Cette constance dans la foi, une foi pratique, à Paray, a naturellement une raison d'être, une origine, une base. Nous l'avons constaté avec infiniment de bonheur, Paray doit d'être catholique au culte de

Marie. La première église de la ville, avant le
xe siècle, était dédiée à Notre-Dame, les Bénédictins
érigèrent un oratoire à Notre-Dame de Romay, et le
premier vocable de la Basilique fut l'Assomption,
titre qu'elle garda jusqu'au jour où elle devint la basilique du Sacré-Cœur.

On y admire encore un bel autel flamboyant du
xve siècle, dans une fort jolie chapelle latérale, où se
trouve un remarquable monument à Notre-Dame de
Compassion. Notre-Dame de Lourdes y est honorée,
elle a sa chapelle et une riche statue. Notre-Dame de
Pellevoisin y a pareillement son autel où brûlent
sans cesse des cierges et des lampes. Notre-Dame de
Bon-Secours y a sa place à côté d'autres vocables de
la Vierge bénie.

On rencontre assez fréquemment dans les rues des
Vierges qui, par leur ancienneté, montrent combien
fut grande dans la ville la dévotion à Marie, encore
aujourd'hui entretenue par le vaillant clergé de la paroisse.

Mais la naissance et le centre de cette piété sont
surtout à Romay. Notre-Dame de Romay, c'est la
dévotion chère aux Parodiens! Elle a été si bonne
pour eux, si bienveillante, si maternelle! Elle les a si
bien protégés à travers les âges, qu'on n'est point
surpris de rencontrer sans cesse des pèlerins qui vont
à sa chapelle ou qui en retournent.

Mais il fallait à tout cela une histoire, il fallait
refaire cette vie intime de famille qui exista toujours
entre la Vierge et Paray-le-Monial, en montrer les
péripéties, en recueillir les souvenirs, élever en un

mot un monument durable à la gloire de Notre-Dame de Romay et montrer que Paray fut la ville de Marie avant de devenir la capitale du Sacré-Cœur.

C'est fait. M. le chanoine Barnaud, archiprêtre de la Basilique, chercheur infatigable et savant archéologue, s'est établi l'architecte de ce monument historique. Nous avons lu son travail, il nous a vivement intéressé, bien que, nous devons le dire, la lecture de tant d'écrits à la gloire de Marie nous ait rendu quelque peu difficile.

Ici, ce n'est plus l'aridité de descriptions techniques, ou la fastidieuse traduction de vieux parchemins, ni l'énumération interminable des mille et une fantaisies du style et de l'art. L'auteur, et c'est là un premier mérite, n'a point cherché à faire parade de sa science : il en a, certes ; elle est étendue et variée, on la lit à chaque ligne, mais elle ne s'affiche pas, elle ne s'impose point. L'histoire, l'archéologie, les traditions, l'humour et un chauvinisme de bon aloi (1) s'y marient avec tant de variété, dans un style sobre, simple et coulant, qu'on ne sait quoi le plus admirer, des matériaux qui ont fourni un tel volume à l'auteur, ou de l'auteur qui a fait un si intéressant assemblage de ces matériaux.

Notre-Dame de Romay aura un légitime succès, et nous souhaitons que chaque sanctuaire de Marie trouve un aussi aimable historien que M. le chanoine Barnaud. La *Voix de Marie* se fera un devoir d'en prendre note.

Joseph Guyot.

____

(1) Qui ne pardonnerait à un curé d'aimer sa paroisse ?

EXTRAIT DU RAPPORT

SUR

NOTRE-DAME DE ROMAY

et les souvenirs qui s'y rattachent

Présenté a Son Em. le Cardinal PERRAUD,
évêque d'Autun,

par M. MUGUET, Chanoine honoraire.
Curé-Archiprêtre de Sully

M. l'abbé Barnaud, curé-archiprêtre de Paray-le-Monial, vient de réunir en un seul volume les diverses notices qu'il a publiées dans le *Pèlerin de Paray* sur la chapelle de Romay et sur la paroisse de Paray.

L'auteur a traité sérieusement son sujet, et tout ce qu'il avance, est basé sur des preuves solides. Les vieilles chartes du pays, les traditions parodiennes ont été l'objet d'une étude attentive et minutieuse. L'histoire, en effet, ne s'écrit pas d'après les caprices de l'imagination, mais d'après le témoignage des ancêtres. Agir autrement, ce serait tromper son lecteur et manquer à cette probité qu'on appelle si bien la probité historique (1).

---

(1) Que penser, par exemple, de ceux qui, se proposant de rendre Romay et Paray plus intéressants, font ces mêmes lieux

Tout d'abord, M. l'abbé Barnaud nous parle des premières origines de la chapelle de Romay. Sur ce point, rien d'absolument certain, mais d'après l'architecture de la partie la plus ancienne du sanctuaire, on peut présumer que la chapelle est contemporaine de

contemporains de Ninive et de Babylone ! *Romay, mère-patrie de Rome !... Romulus et Rémus, originaires de Romay !... Romay, centre druidique fameux, aurait reçu la visite de saint Irénée, au moment même de la tenue d'une espèce de concile druidique, « sous le chêne antique de Romay. » Les druides, convertis par le disciple de saint Jean, portent l'Évangile dans toutes les Gaules,* et telle serait l'origine de la diffusion du christianisme en nos contrées. La Vierge de Romay, contemporaine de ce *docete omnes Gallias*, adressé aux druides par saint Irénée, aurait été formée d'un fragment de la pierre sur laquelle les druides offraient des sacrifices. Ces énormités font gémir, et ceux qui lisent les imaginations de ces *pseudo-historiens et archéologues en chambre* ne peuvent-ils point prétendre que les récits des mêmes auteurs sur la Bienheureuse, sur la dévotion au Sacré-Cœur, ne sont pas mieux fondés en preuves ? L'erreur historique sur certains faits ne peut-elle pas devenir préjudiciable à la croyance catholique ?

Dans le même ordre d'idées, M. Joseph Déchelette, vice-président de la *Société éduenne*, nous montre ces « *pseudo-archéologues...* » Leur inépuisable fertilité imaginative engendre d'étranges doctrines. C'est ainsi que dans une collection publique de Saône-et-Loire, collection créée, il est vrai, par une initiative privée, on enseigne aux visiteurs comment le mot *Vergobret* ne serait qu'un dérivé de *Virginis bret*, le bras de la Vierge sainte... On y exhibe des moules d'agrafe avec l'étiquette de « *Calendrier antédiluvien et druidique* », et l'on se sert de ces objets pour démontrer que le même Vergobret clôturait au mois de septembre les grandes manœuvres des contingents gaulois sur les bords de la Saône ! (*Éloge de M. Bulliot, Annales de l'Académie de Mâcon, 3° série, t. VII, p. 201).* Les mêmes auteurs ne reculent point devant l'erreur géographique. Par exemple, ils placent la fameuse Roche de Solutré, en Charolais, et ils en font le point le plus élevé de cette contrée. Solutré est en plein Mâconnais, à 9 kilomètres de Mâcon, et sa roche historique est loin d'être aussi élevée que plusieurs montagnes du Charolais et du Mâconnais.

la première église bénédictine de Paray, bâtie sur le penchant d'une colline, remontant à la fin du xe siècle. C'est des carrières de Romay qu'on tirait la pierre nécessaire aux constructions de l'église et du monastère. Les hommes employés à ce travail, sous la direction des moines, devaient avoir près d'eux, suivant les constitutions de saint Benoît, un petit oratoire pour remplir leurs devoirs de religion.

Quelle serait l'étymologie ou la signification de ces noms de lieux, Romay, Paray ? Inutile, croyons-nous, de se fatiguer en recherches pour trouver une solution. Disons seulement qu'aucune explication satisfaisante n'a encore été donnée.

La statue de la Vierge de Romay provoque l'attention. Assurément elle est très ancienne, mais quel est son âge. L'auteur expose les diverses opinions, et d'après les connaisseurs les plus compétents en matière d'iconographie, la fait remonter à une époque intermédiaire entre le xiie et le xiiie siècle.

L'histoire de la conservation de cette statue est des plus émouvantes. Deux fois, à l'époque du protestantisme d'abord, et ensuite aux temps de la Révolution, on est obligé de la cacher pour la soustraire aux profanations des mécréants.

De nombreuses fondations de processions sont faites en la chapelle de Romay et, durant quelques années, un prêtre est attaché au service du petit oratoire, sous le nom *d'ermite de Romay*. Plus tard et jusqu'à la Révolution, les chapelains ou mépartistes de Paray sont chargés d'acquitter les fondations. M. Barnaud cite des pièces authentiques, des actes notariés, etc. Les titres les plus incontestables nous prouvent en quel renom était autrefois le sanctuaire de Romay.

Au cours de son récit et dans des chapitres spéciaux, l'auteur nous fait connaître les prêtres sociétaires formant le mépart de la ville de Paray, l'invasion du protestantisme, les temps orageux de la Révolution. Ces détails ne sont point des hors-d'œuvre, car l'histoire de Romay se trouve mêlée à tous ces événements et certaines particularités sont des plus intéressantes. Que devinrent, par exemple, en 1793, les cloches de Paray, de Romay et de Saint-Roch ? Plusieurs sont perdues, assurément, mais divers incidents n'ayant point permis aux agents de la confiscation de transporter toutes ces cloches jusqu'aux fonderies de l'Etat, on peut conserver l'espoir de retrouver celles de Romay et de Saint-Roch.

Dans un livre destiné à rappeler les meilleurs souvenirs du passé, n'est-il pas convenable de parler de ces prêtres distingués par la science et la vertu qui, avant comme après la Révolution, remplirent avec zèle et édification leur devoir de pasteur, au milieu de la population chrétienne de Paray ? M. Barnaud s'est fait un pieux devoir de rechercher les noms de ses prédécesseurs et nous fait connaître tout ce qu'il a pu découvrir de leur vie méritoire. Quelle fermeté M. Noiret, curé, et MM. Migeat et Delucenay, vicaires, montrent dès le premier moment de la tourmente révolutionnaire ! La chapelle de Romay est fermée par le caprice des persécuteurs. M. Jacques Delucenay, ne pouvant acquitter ses messes de fondations, proteste contre un acte si arbitraire et ne craint point de s'adresser au directoire du département pour réclamer l'ouverture du petit oratoire.

Revenus de l'exil, les mêmes prêtres rétablissent la religion et la piété dans la paroisse de Paray-le-Monial ; le 7 août 1811, M. Noiret a la joie de rouvrir le sanctuaire de Romay, de le bénir solennellement, en présence d'un prodigieux concours de fidèles. De nombreuses faveurs sont obtenues dans la chapelle de Romay, grâce à l'intercession de la très Sainte Vierge. Parmi ces faveurs il en est une de premier ordre : le rappel momentané à la vie de plusieurs enfants mort-nés qui ont pu recevoir l'ondoiement ou *petit baptême*, suffisant pour ouvrir les portes du ciel. Dans une thèse en règle, l'auteur cite des documents authentiques, et la tradition locale est solidement appuyée. Rien de plus certain que le fait de ce miracle. Des témoins oculaires l'ont attesté, et parmi ces témoins, mentionnons le cardinal Boyer, témoin d'un de ces miracles dans son enfance. Avant la Révolution la tradition est la même. Cette croyance s'est perpétuée jusqu'aux temps où nous sommes. Des miracles semblables, M. le Curé de Paray l'établit et le prouve, ont eu lieu à Romay dans le cours du siècle dernier et ces derniers miracles ont pleinement confirmé et justifié la tradition du siècle précédent.

Des guérisons miraculeuses ont eu lieu à Romay ; des grâces nombreuses ont été maintes fois obtenues dans ce sanctuaire privilégié.

Et voilà pourquoi les fidèles se portent en foule

vers l'antique chapelle. Ce concours n'a point cessé et maintenant surtout, depuis les grands pèlerinages de Paray-le-Monial, il n'a fait que s'accroître. Les étrangers, venus au sanctuaire du Sacré-Cœur, tiennent à visiter la chapelle de Romay et s'y rendent souvent en procession, au chant des cantiques. De riches offrandes, de superbes ornements sont venus embellir l'antique sanctuaire. Parmi ces offrandes, signalons les diadèmes d'or et de pierreries donnés à la Sainte Vierge et à l'Enfant Jésus.

L'imposition de ces diadèmes fut l'occasion de fêtes incomparables. Le grand privilège d'un couronnement pontifical fut accordé par le pape Léon XIII à l'antique oratoire de Romay.

Grande fut la joie des habitants de Paray et de toute la contrée charollaise. Cette fête du couronnement eut lieu le 5 août 1897. Plusieurs évêques assistèrent aux cérémonies, de grands orateurs s'y firent entendre et l'enthousiasme fut au comble dans la foule innombrable.

Vers la fin de son livre, l'auteur nous fait assister aux congrès marials de Lyon-Fourvière et de Fribourg (Suisse), en 1900 et en 1902. Dans ces importantes assemblées, M. le Curé de Paray tint à honneur de faire connaître la chapelle de Romay et son antique statue et les fêtes du couronnement, et il le fit aux applaudissements de tous les congressistes. Romay est véritablement pour Paray ce que Fourvière est pour Lyon, ce que Notre-Dame de la Garde est pour Marseille, un lieu de piété délicieuse, un oratoire où le recours à Jésus par Marie est presque toujours exaucé.

Plusieurs indulgences et privilèges ont été accordés par les papes Grégoire XVI, Pie IX et Léon XIII en faveur des pèlerins de Romay : M. l'abbé Barnaud nous fait connaître ces indulgences et privilèges.

Telle est l'œuvre que M. l'Archiprêtre de la basilique de Paray présente au public. Habitant la petite ville du Sacré-Cœur depuis l'année 1876, supérieur des chapelains, d'abord, et ensuite curé de la paroisse, nul mieux que lui ne pouvait acquérir la connaissance d'un pareil sujet : il l'a étudié longuement avec conscience et amour.

Tous, habitants de la contrée charollaise ou étrangers venus en pèlerinage au sanctuaire du Sacré-Cœur, tous liront avec intérêt les pages écrites en l'honneur de la Mère de Dieu.

Les premiers, en s'instruisant d'une foule de détails d'histoire locale, verront quelles furent la foi et la piété de leurs ancêtres ; les autres apprendront à connaître un des sanctuaires privilégiés de Marie, un des plus anciens de France, et s'attacheront plus fortement à Jésus et à sa très sainte Mère.

Paul Meuguet,

Chanoine honoraire,

Curé-Archiprêtre de Sully.

NOTRE-DAME DE ROMAY

CHAPITRE I

PREMIÈRES ORIGINES

> Le passé d'un pays éclaire son présent,
> son présent éclaire son passé : le présent
> et le passé peuvent aider à deviner l'ave-
> nir et le préparer.

Paray ! Romay ! deux noms vraiment prédestinés dans la marche des siècles. Leur renommée est la plus glorieuse qu'on puisse rêver pour une cité aussi peu importante que la nôtre.

Paray, c'est le Sacré-Cœur !
Romay, c'est la Vierge Marie !

Ces deux grandes dévotions remplissent actuellement l'univers catholique. Paray est le berceau de la première — Romay est le foyer dix fois séculaire de la seconde. Pour ce double motif, on peut pronostiquer que l'avenir réservé à Paray, préparé par le passé et le présent, sera des plus glorieux au point de vue catholique.

Que l'incrédulité moderne en prenne donc son parti. Quoi qu'elle fasse, elle n'opposera jamais une digue assez formidable à ce flot toujours grandissant qui, chaque année, jette sur la paroisse hospitalière de Paray les populations chrétiennes de la France et du monde entier.

Mais plus une contrée est célèbre par les merveilleux événements qui s'y déroulèrent, plus le visiteur est avide de connaître les premières origines de son histoire.

Voilà pourquoi plusieurs historiens, en parlant de Paray et de Romay, ont voulu aborder la question de leurs origines et ont tenu à donner leur sentiment sur la signification de ces noms *Paray* et *Romay*.

Il est avéré que la science des étymologies a fait depuis quelque temps de sérieux progrès. Elle compte déjà des savants de première valeur. Ils ont posé des principes, établi certaines règles d'interprétation assez sûres. Cependant la vraie étymologie de beaucoup de noms propres leur échappe et reste encore à l'état de secret.

Cette science nous est peu connue et le lecteur trouvera peut-être qu'il y a témérité de notre part à nous engager sur un terrain aussi périlleux que celui-ci. Notre excuse, la voici. Depuis que nous nous occupons d'études historiques sur notre Paray religieux, cent fois on nous a posé cette question : Que pensez-vous des étymologies assignées aux noms de Paray et de Romay par quelques écrivains modernes ?

Sans prétendre entrer en lice avec les autres historiens de Paray, nous ferons connaître dans les deux paragraphes suivants le résultat de nos longues et consciencieuses recherches sur ce point, en laissant au lecteur le soin de former son opinion en connaissance de cause.

I

Étymologie du mot de Paray

Ce mot est tout à la fois un nom de lieu, de famille et d'habitation (1). La France compte plusieurs localités du nom de Paray. De ce nombre mentionnons seulement Paray-le-Moineau (Seine-et-Oise), arrondissement de Corbeil. Dans l'Allier, Paray-le-Frésil et Paray-sous-Briaille. En Saône-et-Loire, notre Paray-le-Monial.

La pluralité des localités du nom de Paray est déjà une raison suffisante pour se défier de toute étymologie, tirée du sol même de notre localité.

Nous avons demandé à M. l'abbé Clément, de Moulins (2), archéologue de mérite, ce qu'il pensait de l'étymologie du nom de *Paray*, porté par deux communes du département de l'Allier.

---

(1) Plusieurs châteaux en France se nomment Paray.

(2) M. l'abbé Clément, aumônier de religieuses à Moulins, a lu au Congrès de Fribourg un rapport très remarquable sur les *Vierges* du diocèse de Moulins. Son exposition de Vierges antiques lui a valu une médaille d'or.

Voici sa réponse :

« Ce nom vient-il du latin ou du celte? Je le crois
« plutôt gallo-romain. Dans ce cas, j'adopterai comme
« étymologie *Paredum ;* car on sait que la forme
« latine du Moyen âge est *Paredus.* Dans les actes
« anciens, les chartes, etc., Paray-le-Frésil est dit :
« *Paredus Frederici* (1), xiiie siècle, et Paray-sous-
« Briaille, *Paredus* tout simplement au xiiie siècle, et
« enfin *Paray* au xive siècle. »

En Saône-et-Loire, *Paredus* se trouve dans un
diplôme de Charles-le-Chauve, en 877, donnant à
l'abbaye de Saint-Andoche la villa *Paredus,* située
dans l'Autunois. Entre le *Paredus* Charolais et celui
de l'Autunois y a-t-il quelque rapport? Nous l'ignorons; mais il est certain que Paray vient de *Pare-*
dum (2), passant par Pared, Pareid et Paroy en vieux
style français.

Pour nous renseigner sur les Paray de Seine-et-
Oise, nous avons eu recours à M. le Curé de Paray-
Douaville. Il nous a informé que Paray-le-Moineau a
pris, en 1845, le surnom de Paray-Douaville. Cette
ville a son histoire dans le passé aussi bien que Paray-
le-Monial. « Dès l'année 1179, dit M. le Curé, le pape

---

(1) M. Cucherat a traduit *Paray-le-Frésil* par Paray-les-
Frères, en s'appuyant sur le livre 48, n° 51, des *Annales Béné-*
dictines de Mabillon où il dit qu'il y a un autre lieu du même
nom que *notre Paray-le-Monial,* non loin de Bourbon-Lancy,
dit *Paray-les-Frères* pour le distinguer de l'autre qui prend le
surnom de Frères ou bien de Moines.

(2) Les chartes et dictionnaires latins portent aussi *Parœdum,*
Pariacum. — Dans le recueil de Pérard, on lit *Pararium,*
Pareriacum. — En 1271, on lit : *Paredus Monialis,* Paray-le-
Monial.

Alexandre III ayant confirmé par une bulle, datée des Ides de février (25 mars), la possession de l'église de Claire-Fontaine, nous trouvons que l'église de Paray, *Ecclesiam de Pireto*, est tenue à un muid de vin envers l'abbaye ». Il est certain que *Piretum* est Paray. Puis, il ajoute : « Dans un ancien Pouillé, connu de l'évêché de Chartres et qui, selon Benjamin Guérard, fut rédigé vers le milieu du xiii⁰ siècle, on trouve des renseignements clairs et précis. Voici le passage qui a rapport à Paray : grand archidiaconé de Chartres, doyenné de Rochefort, *Paray, Pareium*, et en note, ces mots : *seconde variante du nom de Paray*. »

On le voit, il n'y a aucun rapport entre ces variantes *Piretum* (1) et *Pareium* de Seine-et-Oise, et *Paredus* et *Paredum* de l'Allier et de Saône-et-Loire. Notre conclusion tendrait à admettre que *Paredus* pourrait bien être le nom d'une propriété ou encore celui d'un propriétaire influent, dont ces deux contrées auraient emprunté le nom, comme cela se pratiquait couramment à l'époque gallo-romaine.

Les archéologues admettent que ces lettres *ay* viennent du latin *us*. Comme l'histoire de Paray n'est connue des historiens que depuis la fondation du monastère bénédictin, en 973, le nom de Paray n'est pas donné tout d'abord au monastère fondé par le comte Lambert et saint Mayeul. Ils baptisent du nom de Vallée d'Or, Val d'Or, Orval, l'emplacement choisi

______

(1) *Piretum* vient du mot grec πὺρ qui signifie *feu*. Etymologie inapplicable à notre Paray-le-Monial.

par l'abbé de Cluny (1). Survaux. *super vallem*, désignera le monticule qui domine le Val d'Or. Il est à croire qu'un premier monastère, construit peu de temps avant la mort de saint Mayeul, était situé entre Paray et Romay.

La charte de fondation dit que l'église fut bâtie sur le penchant de la colline, *colliculum* (2). L'église, construite plus tard et consacrée en 1004, est en plaine et très près de la Bourbince. Il est encore dit, dans cette même charte, que les travaux commencèrent en 973 et qu'au bout de trois ans le monastère et l'église furent achevés. On a lieu d'être surpris de la rapidité de construction d'un monastère, fondé pour vingt-cinq moines. Elle fut consacrée en grande pompe, *cum magna gloria*, sous le vocable du saint Sauveur, de la Vierge Marie et de saint Jean-Baptiste, en présence du fondateur et de sa famille, de trois évêques, d'une multitude de clercs, moines et laïques.

Le comte Lambert dota princièrement le monastère. Les seigneurs des environs l'imitèrent à l'envi.

Le comte mourut loin des siens, le 22 février 988 (3). Il avait choisi l'église du monastère de Paray pour lieu de sa sépulture.

---

(1) Saint Mayeul était originaire de Valensole, nom qui signifie Vallée du Soleil. — Serait-ce le souvenir de sa terre natale qui aurait valu à la vallée de la Bourbince, en latin *Borbincia*, le nom de Val d'Or, à raison de la richesse de ses prairies ?

(2) Le lieu appelé autrefois *Orval*, au bas de Survaux et dénommé présentement *La Vigne* serait vraisemblablement ce *Colliculum*.

(3) Introduction au *Cartulaire* de Paray, par Ulysse Chevalier, p. xii.

M. l'abbé Ulysse Chevalier relate « que Hugues Ier, fils du comte Lambert, fut sacré évêque d'Auxerre, le 5 mars 999. Peu de jours après (en mai), il unit le *Cenobium*, monastère de fondation encore récente, à l'abbaye de Cluny, qui avait alors à sa tête saint Odilon. Ce fut comme une nouvelle fondation ».

Nous pensons qu'à ce moment, les moines quittant le penchant de la *colline*, s'établirent définitivement dans le nouveau monastère, construit près de la Bourbince (1).

L'église conventuelle fut érigée en l'honneur du Seigneur Dieu, de la Bienheureuse Marie, de saint Gervais, et de saint Grat, évêque de Chalon, dont le corps avait été donné au monastère du Val d'Or par le fondateur, le comte Lambert. Il n'est plus question du saint Sauveur et de saint Jean-Baptiste, comme dans la consécration précédente. La date de cette dernière est du 9 décembre 1004.

Vers le milieu du xie siècle, le monastère prend le nom de Paray et, peu après, celui de Val d'Or disparaît.

----

(1) Ce monastère se trouvait au nord de l'église, dans le jardin de M. de Chiseuil. Vers 1700, on commença les constructions du monastère actuel et on employa pour la charpente et la boiserie les beaux chênes de la superbe futaie, plantée près du cimetière au lieu appelé encore *La Forêt de Paray*. Le roi Louis XIV autorisa l'exploitation de cette forêt à la condition que le cardinal Emmanuel-Théodose de Bouillon, doyen de Paray, donnerait 40 arbres de 1re classe pour la marine française

II

Étymologie du mot Romay

> Quelle que soit la véritable étymologie
> du nom de Romay, sa consonnance exhale
> un parfum de Rome. Romay est un écho
> de la grande Rome.
>
> (M. l'abbé CUCHERAT).

Dans la plaquette *Notre-Dame de Romay*, publiée en 1897, nous disions : Il est difficile, pour ne pas dire impossible, d'assigner à ce nom de *Romay* une étymologie quelque peu acceptable. Cette persuasion ne nous a pas arrêté dans nos recherches pour pénétrer le secret de ce nom, comme nous l'avons fait pour le nom de Paray. Le fruit de notre travail depuis ce temps-là, le voici : M. l'abbé Cucherat pense que saint Mayeul, quatrième abbé de Cluny, aurait donné ce doux nom de Romay à l'emplacement des carrières découvertes pour les constructions du monastère dont il fut le fondateur spirituel. — Nous mettions en doute cette opinion sur l'origine de Romay, sous prétexte que le document sur lequel s'appuie l'auteur nous échappait. — Cependant le rapprochement suivant nous a frappé quelque peu. La fondation de notre monastère date, nous l'avons dit, de 973, et c'est l'année précédente 972, que saint Mayeul, en revenant de Rome, fut arrêté par une bande de Sarrasins et retenu captif. En dépouillant notre Saint, ils lui laissèrent par mégarde le *Petit Traité de l'Assomption de la Sainte Vierge*, attribué à saint Jérôme. On était au

23 juillet. Le saint pria la Sainte Vierge d'obtenir de son divin Fils qu'il pût, avec ses compagnons de captivité, aller célébrer cette fête avec les chrétiens. Grâce à une rançon de mille livres pesant d'argent, fournie par les Seigneurs et Frères de Cluny, Mayeul fut mis en liberté avec tous ses compagnons de captivité. Il put célébrer la fête de l'Assomption parmi les chrétiens, ainsi qu'il l'avait demandé à Dieu (1).

Cet événement fut-il pour quelque chose dans le choix du mystère de l'Assomption, vocable de l'église monacale et de l'oratoire, élevé non loin des carrières de Romay ? Rien ne l'indique dans les documents qui nous restent du monastère de Paray.

Romay vient du mot latin *Romera* (2). Son orthographe a varié avec la suite des siècles. Il s'écrivit d'abord Romey, Romaye, quelquefois Romet ; on trouve aussi Romay en Val d'Or et présentement *Romay*. — Aucun pays ne s'appelle de ce nom, mais nous connaissons une famille du nom de *Romay*. — Aucun document, à notre connaissance, ne cite Romay avant le xiii⁰ siècle. Mgr Touchet, évêque d'Orléans, vint en pèlerinage à Paray en 1900, et prononça le panégyrique de la Bienheureuse Marguerite-Marie, le 17 octobre. Le lendemain, comme on parlait en sa présence de notre sanctuaire de Romay, le grand orateur fit soudain cette réflexion : Romay ! ce mot signifie

---

(1) *Histoire de saint Mayol, abbé de Cluny,* par l'abbé L.-J. Ogerdias, chanoine honoraire, curé de Souvigny, p. 79 et suivantes.

(2) Carte du duché de Bourgogne, 1763, par MM. Camus et Montigny.

pèlerin, pèlerinage. J'ai lu, il y a quelques jours seulement, que Jeanne d'Arc, partant pour Chinon, pour délivrer la ville d'Orléans, occupée par les Anglais, envoya son confesseur, sa mère et ses deux frères, afin d'implorer la protection de la Sainte Vierge pour la France, à Notre-Dame du Puy où, à l'occasion du Jubilé de 1429, l'Église Romaine avait ouvert le trésor des Indulgences en faveur des pèlerins du Puy.

C'est à partir de ce moment qu'on appela *Élisabeth Romet* la mère de Jeanne d'Arc. Monseigneur voulut faire le pèlerinage de Romay le surlendemain matin, à la suite des pèlerins de son diocèse, et en présence de la photographie de la Vierge de Romay, Sa Grandeur déclara qu'il n'était pas possible de la classer au delà du xiie siècle.

Deux prêtres du diocèse d'Autun, nos amis (1), après avoir lu notre étude sur Notre-Dame de Romay, nous adressèrent leurs observations sur l'étymologie de Romay, en démontrant que Romay pourrait bien rappeler la Ville Éternelle, comme l'a écrit M. Cucherat.

Nous avons résumé les deux lettres de nos confrères dans la livraison du *Pèlerin de Paray*, le 1er février 1898, en ces termes : Les pèlerins qui vont à Rome sont appelés *Roméens*, en italien *Romey*. Dans la même langue, le mot *Romeo* signifie pèlerin et pas autre chose. Mais bientôt il s'est généralisé et on l'appliqua indistinctement à toute personne qui avait visité un des

______

(1) M. Trichard, aumônier du Prieuré de Charolles, chanoine honoraire, et M. l'abbé Clément, professeur d'histoire au Petit Séminaire d'Autun, décédé depuis.

grands sanctuaires de la chrétienté. De la langue italienne, le mot est passé dans les langues espagnole et portugaise avec des modifications insignifiantes. En espagnol, le mot *Romeria* signifie pèlerinage de Rome. *Romero, Romera* se traduisent par pèlerin, pèlerine ; mais ce terme signifie pèlerin tout court ; rien d'étrange que l'italien ait pénétré jusqu'à nous, puisque la langue de Rome a toujours *tracé* partout.

Dans notre Brionnais, on retrouve encore des traces de ce mot *Rome*, appliqué aux pèlerins en général.

A environ 25 kilomètres de Romay, sur le territoire de la paroisse d'Oyé, canton de Semur-en-Brionnais, il existe un sanctuaire qui a nom Notre-Dame de Sancenay (1). Comme Romay, Sancenay est un lieu de pèlerinage, fréquenté spécialement les jours de fête de la Sainte Vierge. La fête de l'Assomption est le jour où le concours des pèlerins est le plus nombreux. Nous avions appris de notre premier vicaire, M. l'abbé Girardon, natif de la paroisse d'Oyé, que dans le pays, de temps immémorial, on nomme *romis* et *roumis* les pèlerins qui viennent prier Notre-Dame de Sancenay. La chapelle, jadis seigneuriale, dépend maintenant de la paroisse d'Oyé. L'an dernier, nous avons visité en pèlerin Sancenay, et les habitants nous ont affirmé qu'ils avaient toujours appelé, ainsi que leurs ancêtres, les pèlerins de Sancenay les *romis* et *roumis*, sans s'expliquer pourquoi. De nos

----

(1) M. Cucherat, dans son *Romay et Sancenay* ; — Mâcon, imprimerie Protat, 1851, — consacre plusieurs pages à ce sanctuaire.

jours, où les pèlerinages à Rome ont repris, sous une autre forme, leur antique usage, on donne le nom de *Romains* aux ouvriers qui ont fait le pèlerinage de Rome (1).

Il n'y a pas longtemps, nous eûmes l'occasion de consulter, — par l'intermédiaire de sa propre sœur, — sur l'étymologie de Romay, M. Paris, de l'Académie française, très lié avec M. d'Arbois de Jubainville, auteur d'un savant ouvrage sur les étymologies des noms propres et des noms de lieux. Voici sa réponse :

« M. le Curé de Paray a raison de croire que *romi, romiage* signifient *pèlerin, pèlerinage* (2).

« On a dit d'abord *Romacus, Romeaginus*, du pèlerin qui allait à Rome, du pèlerinage dirigé vers Rome, puis de tout pèlerin et de tout pèlerinage. Le nom *Romeo* n'est, à l'origine, pas autre chose, car le mot existait en italien, en français et en provençal *(Romien, Roumieu)*; mais il me paraît très douteux que le nom de lieu *Romay* en vienne. Il faudrait *Romiay* et encore ce ne serait pas probable. Ces noms de lieux en *ay*, ainsi que ceux en *y* remontent à l'époque gallo-romaine ou mérovingienne. Ils se sont formés, comme l'a montré notre ami d'Arbois de Jubainville, de noms d'anciens propriétaires de domaines avec la terminaison *acum*, qui en Gaulois indique l'appartenance. Ainsi Avenay est l'ancien domaine d'un *Avennus*, etc.

---

(1) Lettre de **M.** Léon Harmel à un industriel. — Val-des-Bois, le 8 août 1898.

(2) Au moment où nous transcrivons la lettre de **M.** Gaston Paris, nous recevons la nouvelle de sa mort à Cannes, le 5 mars 1903.

Il est bien probable que Romay, Paray, sont formés de même sur le nom d'un *Romus, Parus.* Pour en être très sûr, il faudrait connaître les anciennes formes de ces noms. »

Les formes du nom Romay nous sont connues. *Romaye, Romey* sont deux noms qui se rapprochent de *Romiay.* A notre sentiment, l'oratoire bénédictin tira de ce fait son nom de Romay. Aussi bien, penchant toujours pour la signification *Romay,* lieu de pèlerinage, nous n'insisterons pas davantage pour rallier le lecteur à cette opinion, qui nous semble assez probable après cette étude. Nous avons cherché à l'éclairer, en respectant sa liberté, suivant l'adage : Dans les choses douteuses, liberté. *In dubiis libertas.*

CHAPITRE II

LA CHAPELLE ET LA MADONE DE ROMAY

> Il est ordonné aux Frères qui travaillent
> en dehors du monastère d'accomplir
> « *l'Œuvre de Dieu.* »
>
> Règle de saint Benoît (Chapitre L).
>
> Cette petite chapelle, prémices du mo-
> nastère, aura l'immortelle durée d'un
> monument d'airain (1).

I

La Chapelle

Avant de porter à travers le monde catholique le
beau nom de *Cité du Sacré-Cœur*, Paray fut depuis
son origine chrétienne la *Cité de Marie*. Celle-ci a
préparé celle-là. La première église, dont la chapelle
actuelle du cimetière formait l'abside et le chœur, fut
placée sous le vocable de la Sainte-Vierge, sous le
titre de *Notre-Dame*, et dans la suite *Notre-Dame-
lez-Paray*. La petite ruelle partant du vieux Saint-

---

(1) *Poèmes du Charollais*, p. 233. — Marie Suttin.

Nicolas pour aboutir au cimetière porte encore le nom
de rue *Notre-Dame*. Cette première paroisse a pré-
existé au monastère du Val d'Or (973). La date de la
fondation de cette première église est entièrement
ignorée des historiens, mais plusieurs noms, portés
par les lieux avoisinant l'église, tels que *Saint-Léger,*
ancienne paroisse, la fontaine de *Saint-Martin,* rap-
pelleraient les siècles où ces deux saints jouissaient
d'une grande popularité, et le nom des Grénetières,
dans un pays de broussailles qu'était cette contrée à
l'arrivée des moines, indiquerait que Notre-Dame,
comme paroisse, remonte bien au delà du xe siècle.

Le second sanctuaire en l'honneur de la Sainte
Vierge est celui de Romay. Il est assis au fond du
Val d'Or, sur le territoire de Paray, à deux kilomètres
de la ville. Aux alentours de la chapelle, derrière le
petit village de Romay, on aperçoit un monticule présentant des plis de terrains très accentués. C'est là
qu'une tradition constante et très bien motivée place
les carrières qui ont fourni la pierre et la chaux pour
les constructions du monastère, de l'église de Paray
et de la plupart des anciennes constructions de la
ville. M. Canat de Chizy (1) cite, charte 2, le Cartulaire de Paray, où il est dit qu'aux premiers coups de
pioche, Dieu, pour montrer qu'il approuvait les pro-
jets (2), permit qu'on rencontrât un dépôt considérable
de pierre et de chaux, inconnu aux habitants de la
contrée, lequel profita largement à l'avancement des
bâtisses.

------

(1) *Origine du Prieuré de Notre-Dame de Paray,* page 6.
(2) *Intercederetur Deo esse placitum.*

Avec M. Cucherat, nous regardons cette découverte de pierre et de chaux comme légendaire. Il n'y a pas de pierre ni de chaux sur le territoire de Paray, mais simplement du sable. Sur le monticule de Romay, on découvrit de la pierre calcaire, mêlée de silex, propre à faire de la chaux. La Bourbince fournissait abondamment le sable. Ces matériaux sur place permirent de hâter les constructions. C'est ainsi qu'il faut entendre ce dépôt considérable de pierre et de chaux et ne pas croire à l'existence de constructions d'une antiquité purement imaginaire dont on n'a jamais découvert la moindre trace nulle part.

Les habitants de Paray se transmettent de génération en génération la vieille légende des deux bœufs conduisant, *sans guide,* par l'ancien chemin dit *les rues de Romay,* toute la pierre employée à la construction de la *grande église des Moines,* légende en opposition formelle avec l'affirmation de M. Canat de Chizy, que les carrières de Romay ont été abandonnées de bonne heure, parce qu'elles ne fournissaient qu'un calcaire mêlé de silex. En réalité, notre monument bénédictin tout entier, dans sa partie la plus ancienne qui date de la fin du xe siècle, et dans sa grande restauration que l'auteur de l'Introduction au Cartulaire du prieuré de Paray, M. Ulysse Chevalier, fait remonter à 1447-51 (1), est entièrement bâti avec la pierre de Romay. Au contraire, le monastère qui de-

---

(1) C'est sous le prieur de Paray, Girard de Cypierré, du temps de Pierre le Vénérable (et non au xiiiᵉ siècle., que fut agrandie l'église qui subsiste encore, pp. xv et xvi. — Voir *Canat de Chizy,* p. 12. — *Lefèvre-Pontalis,* pp. 8 et 11.

meure encore debout, commencé vers 1700 et terminé vers 1740, est bâti en pierre de Saint-Vincent-lès-Bragny.

L'ouverture des carrières de Romay par les Bénédictins de l'Ordre de Cluny, pour la construction d'une église et d'un monastère, entraînait nécessairement l'érection d'un oratoire non loin des chantiers d'exploitation de la pierre mureuse et de la pierre de taille par des ouvriers du pays, sous la direction des religieux. L'oratoire est prescrit par le chapitre L de la règle de saint Benoît et il est ordonné qu'il sera construit à une certaine distance du chantier de travail, pour que le bruit ne trouble pas le recueillement des Frères dans l'accomplissement de l'*Œuvre de Dieu*, c'est-à-dire la récitation du saint office.

Telles sont l'origine et la raison d'être de la chapelle de Romay. L'oratoire primitif s'élevait tout proche d'une fontaine que la tradition a, de tout temps, considérée comme *miraculeuse*.

La façade d'entrée regarde le couchant. Autrefois, elle était de style roman pur et percée d'une porte, abritée par un avant-toit sous lequel on voyait une statue de sainte Agathe, en pierre grossièrement taillée (1). Une rosace ou œil-de-bœuf s'ouvre au-dessus. Enfin elle se terminait par un pignon coupé à son sommet pour recevoir un gracieux campanile, supportant une cloche dont nous ferons plus loin l'historique.

______

(1) Témoignage de Mlle Marie Prost, sacristine de Romay, née en 1831.

On pénètre dans la chapelle par un perron de trois
marches. Du seuil de ce petit édifice, la vue d'ensemble plairait assez à l'œil, n'était le faux jour
que donne la grande fenêtre ogivale du fond, dispro-
portionnée à l'exiguïté du sanctuaire.

La chapelle fut vendue à la Révolution. L'acte de
vente porte cette délimitation : « Le bâtiment a quarante-deux pieds de long sur vingt-cinq de large. Il
est limité au matin par le verger de la citoyenne veuve
Julien, née Guinet (1), au midi par les bâtiments du
domaine du sieur Carmoy, au levant par le petit bâtiment, adossé au mur de la chapelle, mitoyen avec elle ;
au soir par la fontaine de Romay, le chemin de la
grande route du Canal entre deux ».

En inspectant le pourtour de ce petit monument,
on observe du premier coup d'œil qu'il n'a pas été
bâti d'un seul jet et qu'il a subi plusieurs modifications. La baie démesurée du fond de l'abside, dont
nous parlons ci-dessus, a été percée après coup, sans
doute pour donner du jour. Elle est gothique, à double
meneau, au lieu d'être romane comme le reste (2). On
retrouve, adossés au mur méridional, des contreforts
énormément massifs. Ils rappellent bien ceux de l'é-
glise de Grandvaux, élevée par les moines de Paray
au xııᵉ siècle. Une fenêtre murée près du contrefort de

---

(1) Guinet de Villorbenne.

(2) Dans une niche profonde et obscure du sanctuaire, servant
de crédence, on distingue, à l'aide d'une lumière, un bas-relief,
grossièrement sculpté. Il représente deux burettes posées sur
un plateau sous lequel est figuré un flambeau cannelé et disposé
en sautoir sous le plateau. Cette sculpture doit appartenir à
l'abside primitive.

droite donne une idée du caractère de l'édifice avant tous les remaniements dont il porte les traces. Un arc de cercle repose sur les pieds droits ; cette fenêtre paraît très ancienne. Il est fort regrettable que l'architecte, M. Lavenant, de Paris, dans la restauration qu'il a exécutée aux frais de Mlle de Semnaize, ne se soit pas inspiré de l'idéal du premier constructeur, au lieu de ce mélange si peu harmonieux de roman et de gothique, blâmé par le public connaisseur.

L'intérieur est moins disparate que l'extérieur. De gracieuses peintures modernes ornent les murs. Le regard cherché d'abord la Madone. Elle apparaît à l'arrière du maître-autel en beau marbre blanc, toujours cachée sous une robe et un manteau plus ou moins riches, selon le rite des fêtes de la Sainte Vierge. C'est là cette Vierge vénérée dont nous allons faire l'histoire.

A droite, près de la balustrade en fer forgé, on remarque une petite chapelle en l'honneur de sainte Anne, érigée par les confrères de Sainte-Anne en 1735, date qui se lit encore à gauche : « Tronc de Romay, 1735. » L'autel est aussi en marbre blanc. Un tableau représentant sainte Anne, donnant à la Sainte Vierge une leçon de lecture, est dû au pinceau de M. Malard, peintre de Paray (1), lequel serait aussi l'auteur du saint Jean-Baptiste de la chapelle des fonts baptismaux de la basilique de Paray. L'ancien maître-autel était en bois et le tableau donné en ex-voto par les Dames de

______

(1) La toile de sainte Anne est, paraît-il, la reproduction d'un tableau d'un peintre italien.

Paray (1) fut placé derrière l'autel, en face de la grande baie ogivale, pour atténuer le faux jour qu'elle répand sur la Madone et sur l'autel. Tous les ex-voto qui tapissaient les murs de la chapelle avant la Révolution de 93 ont disparu. Depuis sa réouverture, les personnes pieuses en ont offert un grand nombre ; mais ces objets ne se signalent en général ni par l'art, ni par le bon goût.

A partir des pèlerinages au Sacré-Cœur, la chapelle de Romay reste quelque peu dans l'oubli. C'est à peine si les pèlerins du Sacré-Cœur soupçonnent l'antiquité et la renommée de ce modeste sanctuaire. On pourrait croire que la Sainte Vierge tient à s'effacer pour ne rien enlever aux grands triomphes du Sacré-Cœur. Au reste, Romay était peu abordable.

Le chemin nommé *les rues de Romay,* mal entretenu, ne présentait pas une promenade agréable aux étrangers. Depuis bien longtemps, la population réclamait un chemin plus commode et plus agréable. Après bien des négociations, en 1883, sous l'administration de M. Berger, maire de Paray, M. de Marguerie, propriétaire des domaines de Romay, consentit à un traité sur les bases suivantes : la ville céda une partie de l'ancien chemin allant de Paray à Romay, sur la rive droite de la Bourbince, et le propriétaire fit abandon du terrain nécessaire pour ouvrir une avenue en face de la chapelle et donna en surplus une indemnité de 1,500 francs, qui fut employée à couvrir une partie

---

(1) Au bas du tableau, on lit : Voué par les Dames de Paray à Notre-Dame de Bon-Secours pour le salut de la France, 1815.

de la dépense du chemin. Il fut stipulé dans l'acte que la propriété de la fontaine n'est pas comprise dans l'échange ci-dessus. Cette transaction donna pleine et entière satisfaction au peuple de Paray. Et depuis, le mouvement vers Romay va toujours grandissant les dimanches et les fêtes de la Sainte Vierge.

Quelle promenade gracieuse ! quelle douce vallée ! quelle souriante nature offre le Val d'Or, sillonné de trois voies ferrées ! Bien pieux aussi est l'antique sanctuaire ! On prie avec confiance la Madone des anciens âges, et on revient de cet humble pèlerinage l'âme tout embaumée d'un parfum de joie qui n'est pas de cette terre.

A partir de ce moment, le sanctuaire de Romay fut appelé à recevoir la visite d'un plus grand nombre de pèlerins du Sacré-Cœur. Dès lors, on comprit bien que des réparations s'imposaient. Extérieurement, la façade, restaurée en 1844, se dégradait. M. Alexandre de Verneuil la fit réparer à ses frais. L'intérieur laissait fort à désirer comme ordre et propreté. Un appel à la générosité de la paroisse en faveur du sanctuaire est bien accueilli dans la population ; les souscriptions arrivent et on commence des travaux de peinture qui donnent comme une vie nouvelle à tout l'ensemble de la chapelle.

Nous lisons dans le *Pèlerin de Paray*, à la date du 15 octobre 1885 :

« La chapelle de Romay, si célèbre et tant vénérée dans la région, vient d'être décorée de peintures, grâce au zèle de M. le Curé de Paray et à la munificence publique. L'ornementation sobre de détails, mais de bon goût, est due au pinceau de **M. Ferdinand Dessalles**, de Marcigny. Nous sommes heureux de lui exprimer nos remerciements. Plus que jamais, les pèlerins du Sacré-Cœur aimeront à faire la pieuse excursion de Romay. M. le Curé eut l'idée de célébrer cet embellissement du sanctuaire par une fête solennelle. Il obtint de S. G. Mgr Boyer, évêque de Clermont, enfant de Paray, un diadème et une robe qui arrivèrent la veille de l'Assomption. Mgr Perraud, évêque d'Autun, accorda un couronnement épiscopal à la Vierge, sans pouvoir se procurer la satisfaction de présider la cérémonie. La fête en fut fixée au 6 octobre 1885, et elle a été très solennelle.

« Mgr Dubuis, évêque de Galveston, présidait, entouré de M. le Curé de Charlieu, de plusieurs archiprêtres du Charolais et de tous les ecclésiastiques du voisinage de Paray. Le pèlerinage de la paroisse de Lourdes, venu pour honorer le Sacré-Cœur, fut très touché à la vue des honneurs qu'on rendait à la Sainte Vierge à Paray-le-Monial. Dans l'après-midi, une belle procession s'organisa au sortir de la basilique, pour se diriger vers Romay. A mesure qu'arrivent les files pressées des fidèles, elles se massent devant la façade de la chapelle et tout alentour, pour entendre le discours de M. l'abbé Gillot, chapelain-missionnaire de la basilique du Sacré-Cœur.

« L'orateur considère la fête de ce jour comme la fête de la sainte espérance : « Nous trouvons tous à Romay, premièrement une Mère qui nous aime, deuxièmement une Mère qui nous bénit ».

« Il énumère ensuite les dons de Notre-Dame de Romay à ceux qui viennent l'nvoquer ici pour obtenir la grâce du baptême à nombre d'enfants mort-nés, la guérison des malades, la cessation des fléaux et calamités publiques et la conversion des pécheurs au lit de mort ». Le *Pèlerin de Paray*, en terminant la relation de cette touchante fête, s'écrie : « Honneur aux paroissiens de Paray, qui savent si bien témoigner leur amour et leur reconnaissance à Marie ! Merci au généreux prélat, illustre enfant de Paray, qui a noblement enrichi notre bonne Dame par l'offrande d'un diadème et d'un manteau et dont l'absence a été bien regrettée ! Merci enfin au zélé pasteur qui a eu l'heureuse inspiration de cette fête ! »

Ajoutons que la population parodienne donna, par sa présence et par la décoration des rues, des maisons et des places publiques, le plus grand lustre à cette solennité. C'était comme le prélude de toutes les belles fêtes qui attestent de la façon la plus expressive la touchante dévotion de Paray envers Notre-Dame de Romay.

Aussi bien, tout le monde s'accorde à reconnaître que la chapelle est trop petite pour recevoir les foules qui s'y rendent en pèlerinage au temps où de tous les points de la France et de l'étranger les pèlerins du Sacré-Cœur affluent à Paray-le-Monial. Un des charmes du pèlerinage est, depuis quelques années, une procession à la chapelle de Notre-Dame, avec accompagnement de prières et de chants en l'honneur de Marie. Lorsque 150 pèlerins ont pénétré dans la chapelle, elle est archicomble. Le reste est condamné à rester dehors pendant la prédication et le salut du Saint-Sacrement.

Plusieurs difficultés semblent s'opposer en ce moment à l'exécution d'un agrandissement. Patience ! Notre-Dame a son heure. Ce n'est pas en vain qu'elle attire à son sanctuaire mieux connu les pèlerins du Cœur de son bien-aimé Fils. Le jour viendra où la vive reconnaissance de la France lèvera tous les obstacles et du fond du Val d'Or émergera non plus une simple chapelle, mais une église surmontée d'un superbe campanile, garni de cloches, saluant chaque pèlerinage en l'honneur de Notre-Dame de Romay.

II

La Madone de Romay

Avant d'entrer en matière sur l'âge de notre statue ou *icône sacrée*, nous déclarons que nous n'eussions pas donné autant d'importance à cette question, si, près de nous, n'avait pas surgi tout à coup une opinion d'une exagération inouïe sur son antiquité.

Pour la contredire, nous nous appuyons sur des autorités d'une valeur incontestable. Elles viennent corroborer une ancienne opinion, simplement énoncée dans notre brochure de 1897, et nous permettent de la produire au grand jour dans cette histoire du sanctuaire vénéré ; car nous savons combien en notre temps tout le monde s'intéresse aux questions d'âge des monuments, des figures et des représentations divines et humaines. Avant tout, donnons une description tech-

nique et esthétique de la statue, dénommée par la foi populaire : Notre-Dame de Romay.

C'est un groupe en pierre extraite des carrières du lieu même. Sa hauteur est de 70 centimètres, et son poids d'environ 50 kilos. La Vierge est *debout* et porte l'Enfant Jésus sur le *bras droit*, tandis que, de la main gauche, elle tient délicatement les pieds du divin Enfant. Celui-ci, en vêtement court et simple, tient entre les mains une pomme, fruit du Paradis terrestre. Le front de la Madone est orné d'un diadème, émoussé par l'âge, et dont il ne reste plus que le bandeau, rehaussé d'une imitation de pierreries. La Vierge est vêtue de la robe ou tunique et du manteau royal dont la bordure, très régulièrement sculptée, a un caractère roman, au dire des savants iconographes qui font pleine autorité pour nous. Dans notre notice de 1897, nous nous rangions pour l'âge de la Madone à l'opinion de M. Cucherat, optant pour le xiie siècle (1), sans la discuter autrement.

M. Rohault de Fleury, actuellement secrétaire du Vœu national de Montmartre, visitait Paray le 27 septembre 1876. M. Cucherat le conduisit à Romay. Il examina avec soin le groupe dévêtu et l'attribua au xiie siècle, en ajoutant qu'il considérait cette icône comme l'une des Madônes les plus curieuses de cette époque reculée. Plus tard, pour appuyer l'opinion émise dans notre premier travail, l'idée nous vint de lui écrire, en lui envoyant une photographie de la Madone charolaise. Notre lettre tomba entre les mains

____

(1) *Romag et Sancenay*. 1861.

de M. Georges Rohault de Fleury, son frère, continuateur des travaux de son père sur l'iconographie mariale. A la date du 8 juillet 1896, il nous écrivait : « Je dois dire que je n'ai pas de réponse bien explicite à vous faire sur la question d'âge de ce monument que vous désirez connaître ». Cela se comprend. Il n'avait alors qu'un simple croquis au crayon, tracé bien à la hâte par son frère dans sa visite à Romay.

Il ajoute : « Nous l'avons daté du xıı^e siècle dans notre recueil ; mais je dois dire aussi que c'est *un maximum chronologique* — à s'en rapporter à la rudesse du dessin, à son exécution sommaire, aux défauts de proportions, on se croirait d'abord devant une œuvre romane, mais un examen attentif fait baisser l'estimation. Il faut se persuader d'abord que les Madones figurées debout sont très rares au xı^e et xıı^e siècle. Ce n'est qu'au xııı^e siècle (je ne parle pas dans tout cela des bysantines) que les artistes ont eu l'idée de la figurer debout. Il me semble que les caractéristiques, que le costume et l'ornementation peuvent nous offrir, concordent avec une date *entre le XIIe et le XIIIe siècle.* »

En 1897, parut une notice ayant pour titre : « *Le Triomphe de Notre-Dame de Romay.* » Il y est dit que les rapports les mieux étudiés de la Société Archéologique d'Arles et du Musée Egyptien ont reconnu dans l'icône de Romay une œuvre de facture très originale, portant des caractères qui tiennent à la fois de l'Occident et de l'Orient et dont la date doit être placée entre le ıı^e et le ıv^e siècle.

Il est assez dans nos habitudes de nous incliner

devant l'autorité des savants. Je suppose que cette opinion parvienne à entrer dans le domaine de la vérité, nous serions enchanté, tout le premier, de posséder une des plus anciennes Madones de la chrétienté. La question méritait donc une étude très approfondie. Nous l'avons abordée, sans parti pris et sans nous départir du respect que nous professons pour les partisans de l'antiquité si merveilleuse de notre groupe de Romay. A cet effet, nous nous adressâmes pour la seconde fois à l'éminent iconographe qui, à la suite de son père, s'est fait une spécialité des icônes de la Sainte Vierge, M. Georges Rohault de Fleury.

En même temps, il recevait de notre part la photographie du groupe, prise par M. Tillon, photographe de Clermont, un estampage de l'inscription gravée sur le socle, relevée avec le plus grand soin par le statuaire Boutte et enfin la notice : « Le *Triomphe de Notre-Dame de Romay.* » Voici sa réponse : « On ne peut vous dire autre chose que ce que j'ai eu l'honneur de vous exposer. Cette statue constitue incontestablement pour moi une œuvre *du XIIe au XIIIe siècle.* C'est déjà une noblesse bien ancienne et les documents sur lesquels on voudrait se baser me paraissent infiniment peu fondés. J'ai vu une quantité de Madones grecques, marquées du *sigle Mu et theta* qui ne convient pas ici (1). » M. Rohault de Fleury, aussi savant que modeste, envoya nos pièces à Mgr Xavier de Montaut qui lui répondit de se reporter à ce qu'il avait écrit dans un

____

(1) Ces lettres grecques sont les initiales de deux mots qui signifient Mère de Dieu.

article publié en 1895 par la *Revue de l'Art chrétien,* sous ce titre : « *La Vierge de Paray* ». Il y est dit : « Réfutons d'abord les théories émises. Nous ne connaissons les Vierges du iiie siècle que par les catacombes romaines. Or il n'y a pas à faire le moindre rapprochement entre elles et la Vierge de Paray. Comparez la statuette avec les Madones antiques du ixe et du xiie siècle, la dissemblance vous sautera aux yeux ; bien plus, je ne vois ni *chandelier* (flambeau), ni lettres grecques, pas plus qu'un style gréco-byzantin, et je ne parviens pas à saisir l'idée symbolique sous aucune forme, et encore moins à y voir l'application de certains passages de l'Évangéliste (saint Jean), appropriés à la réfutation d'hérétiques qui ne sont pas ici en cause (1). La vérité simple, la voici : Cette Vierge est complètement française. Elle ne remonte pas au-delà du commencement du xvie siècle. Elle peut être contemporaine du règne de Louis XII (1498-1515). La broderie du manteau n'a pas une saveur antique. L'Enfant Jésus est assis sur le bras droit. A une époque antérieure, on l'eût placé sur le bras gauche, car la droite eût été occupée par une fleur de lis. Sur le socle saillissent deux lettres parfaitement latines que M. Pallusta lit : A et B, initiales du sculpteur sans aucun doute. Je ne suis pas sur ce point d'accord avec mon docte ami. A mon avis, ce sont plutôt celles du donateur. La figure séparative nous l'apprend, c'était un prieur qui a apposé comme signe de sa dignité le

---

(1) Le savant archéologue fait allusion ici aux assertions de l'auteur du *Triomphe de Notre-Dame de Romay.*

bourdon (bâton de pèlerin) à double pomme. M. Pallusta, dont les décisions font autorité, estime la statue d'un quinzième siècle avancé. Nous sommes donc bien près de nous entendre, une quinzaine d'années de plus et l'accord est parfait. J'espère que je ne serai pas contredit. » M. Rohault de Fleury réplique à cela : « Mgr Barbier est plus formel que moi et fait descendre la Madone au règne de Louis XII. Je ne puis la croire d'une époque si tardive, parce que les Madones du xive et du xve siècle offrent généralement un mouvement de touche que je ne trouve pas ici. Il me semble qu'elle a des caractères suffisants pour être attribuée au xiiie siècle. »

Avant de fixer définitivement notre jugement, nous avons fait appel en dernier lieu aux connaissances archéologiques de M. Lefebvre-Pontalis, bibliothécaire du Comité des travaux historiques et scientifiques, membre correspondant de la Société Éduenne et auteur d'une étude historique et archéologique d'une grande valeur sur l'église de Paray. M. Morin-Lauvernier, photographe à Paray, a été chargé par nous de prendre la photographie de la Madone. Une reproduction très fidèle lui a été adressée en même temps que notre plaquette « Notre-Dame de Romay », avec prière de nous donner son avis sur l'âge approximatif de cette Vierge. Nous reproduisons en entier la lettre qu'il a bien voulu nous écrire :

« Je ne connaissais pas la statue de Romay, mais grâce à la reproduction photographique, je n'hésite pas à l'attribuer au xiiie siècle. Les Vierges de l'époque romane sont toujours représentées assises, avec l'Enfant Jésus sur leurs genoux, comme la Vierge en bois, conservée à Saint-Denis, qui provient de Saint-Martin-des-Champs. Cette façon de figurer la Vierge persiste encore pendant le xiiie siècle, comme le prouve une remarquable statue de bois conservée à Taverny (Seine-et-Oise). Mais, à cette époque, on vit apparaître le type de la Vierge debout, tenant l'Enfant Jésus dans ses bras, comme au portail de droite dans la façade de la cathédrale d'Amiens.

« Ce qui distingue les Vierges de cette époque, c'est qu'elles n'ont pas le déhanchement gracieux des Vierges du xive siècle. Elles conservent encore la pose raide et hiératique des Vierges romanes. Si la statue de Romay était du xiie siècle, ses vêtements seraient plissés au petit fer et gaufrés comme ceux des statues du portail royal de Chartres. Il me semble impossible, au point de vue iconographique, d'attribuer la Vierge à une époque antérieure au xiiie siècle. J'ajouterai qu'elle est plus remarquable par son ancienneté que par sa valeur artistique. C'est l'œuvre d'un ouvrier du pays qui n'avait pas travaillé sous la direction d'un maître éminent, mais la naïveté de l'expression des deux figures ne manque pas de charme ».

En présence de telles autorités, nous optons, sans hésiter, pour la date du xiiie siècle, et Son Eminence le cardinal Perraud, notre évêque, nous a autorisé à faire graver cette date sur un marbre placé dans la chapelle de la Madone. Pour ce qui nous concerne, nous pouvons affirmer que le diadème de la statue ne porte aucune trace d'une fleur de lis et qu'une des deux lettres, gravées sur le socle, a paru indéchiffrable à M. Cucherat et au statuaire Boutte, reproduisant le groupe placé sous la grotte qui abrite la fontaine miraculeuse. Tout en laissant à chacun le droit de choisir telle ou telle opinion, nous conclurons par cette *affirmation* : Notre Madone de Romay est tout à la fois française, bénédictine et cluniste, et c'est là la raison qui nous a guidé en ornant le diadème du couronnement des armes de l'abbaye de Cluny, dont Paray était une des quatre filles : *De gueules aux deux clés traversées par une épée à poignée d'or et à lame d'argent*. Ce n'est qu'après coup qu'un de nos amis (1) nous présenta le sceau du doyenné de Paray, reproduit sur cire, où figure en chef l'Agneau vainqueur au-dessus du blason de Cluny avec cette inscription : *Sceau du doyenné de Paray, de l'Ordre de Cluny* (2).

Une tradition constante autorise à regarder la statue actuelle comme étant bien celle qui fut enfouie en terre au milieu du xvie siècle, pendant les guerres religieuses entre les huguenots et les catholiques de Paray.

----

(1) M. G. Bonnet, de Paray, très documenté sur l'histoire de cette ville.
(2) *Sigillum decanatus parodiensis ordinis cluniacensis*.

CHAPITRE III

LES STATUES DE LA SAINTE VIERGE A PARAY

—

Paroisse de Paray.
Paroisse de Marie.

Lé culte de Marie, en grand honneur chez nos ancêtres, les chrétiens des premiers temps, a laissé parmi nous des traces profondes. C'est à chaque pas qu'on les retrouve en fouillant le passé de la paroisse de Paray. Nous avons déjà nommé la rue *Notre-Dame-du-Cimetière*. — Voici au centre de la cité la rue *Dame-Dieu*, c'est-à-dire *Notre-Dame, Mère de Dieu* (1), aboutissant au célèbre monastère de la Visitation.

_____

(1) Les laïcisateurs de la Révolution, acharnés à effacer tous les souvenirs de notre sainte religion, lui donnèrent le nom de rue des Droits-de-l'homme. Le peuple de Paray ne prit pas au sérieux ce changement de nom. Il continua et continue à dire la rue *Dame-Dieu*. On a pensé que ce nom avait été donné à cette rue en souvenir de la Madone de Romay, cachée chez Catherine Roulier, qui habitait cette rue. Nous croyons que ce nom est plus ancien.

Mais il ne reste pas seulement des noms, des souvenirs et des églises. Il y a encore d'autres monuments de pierre que celui de la Madone de Romay. Ces statues ont leur histoire. En décrire les plus remarquables s'impose à un historien, désireux de faire la pleine lumière sur la foi du vieux Paray.

I

La première de ces vieilles Madones de Paray à signaler se rattache à l'histoire de Romay. C'est la représentation de la Vierge-Mère. Elle n'a pas assurément la valeur artistique et mystique de la *vraie Madone;* mais la considérer comme sa sœur n'a rien d'invraisemblable. Cette statue, en pierre de Romay, ayant la grandeur de la première, fut tirée de l'oubli, il y a plus d'un siècle, dans des circonstances singulières. Un charpentier, nommé Joly, travaillait avec plusieurs autres ouvriers au village de Romay, près du moulin. Après le repas du milieu du jour, ils se reposaient sur le bord de la Bourbince. Tout à coup, Joly aperçut à travers l'onde tranquille une masse informe ayant l'apparence d'un corps humain, et aussitôt il appelle sur cet objet l'attention de ses compagnons de travail. « Je veux savoir ce qu'il en est », dit-il, et il se précipite dans l'eau, peu profonde à cet endroit. Son pied heurte une pierre taillée. Il la soulève et s'écrie : « C'est une Sainte Vierge, *je l'emporterai à ma femme, ce soir. Ah ! qu'elle va être contente !* » De fait, Jeanne-Marie Colin, femme Joly, était une fort bonne chrétienne. Elle fut très enchantée de cette découverte et donna, avec le plus grand bonheur, asile dans sa maison à la statue. Comme la Madone de Romay était habillée en tout temps, elle façonna avec goût des vêtements à sa bonne Vierge. Le socle de la statue se trouvant rongé par un long séjour dans l'eau, sans doute, Joly en prépara un en bois dans lequel il l'incrusta solidement pour permettre au bloc de garder la position verticale...

Avant de poursuivre ce récit, exprimons notre opinion sur cette statue.

Elle a dû remplacer la Madone des moines, enfouie en terre à l'époque de l'invasion des Calvinistes, appelés les *Huguenots,* par mépris, dans plusieurs régions. Elle est demeurée dans la chapelle après la découverte providentielle de l'ancienne et y resta vraisemblablement jusqu'à la Révolution. Les nouveaux iconoclastes de 1793 n'en firent aucun cas. Ils se contentèrent d'emmener la plus vénérée à Paray, tandis qu'un voisin quelconque de la chapelle, pour la soustraire à la profanation, la cachait dans la rivière.

Jeanne-Marie Joly avait la plus grande vénération pour sa Sainte Vierge et elle s'efforçait de la communiquer à ses voisines (1).

La femme Joly perdit successivement son mari et sa fille unique, Jeanne Joly, épouse de Jean Larue. La fille de ce dernier se maria à Digoin et elle emmena sa grand'mère avec elle et la soigna très bien jusqu'à sa mort. En quittant Paray pour habiter Digoin, Jeanne-

____

(1) Elle habitait la maison basse, située à l'extrémité de la rue de la Visitation et faisant partie de la maison de M. Villedey de Croze.

Marie emportait avec elle *son trésor*, c'est-à-dire sa vénérée statue. Placée sur une commode, la Vierge apparaissait vêtue d'une robe blanche et d'un voile de tulle blanc, garni d'une riche dentelle. Les petites filles du quartier de la Grève de la Loire se faisaient une joie enfantine d'offrir les plus belles fleurs à la Sainte Vierge de *la tante Joly*, et venaient souvent sur le soir s'agenouiller auprès de la Sainte Vierge pour réciter une prière. A la mort de cette pieuse chrétienne, arrivée le 13 mars 1853, à l'âge de 83 ans, la statue resta quelque temps à sa place. Un jour elle tomba à terre et se brisa. Les fragments épars prirent le chemin du grenier et y demeurèrent plusieurs années sans honneur et sans prière (1). Une sœur de Jean Larue, Mlle Louise Larue, après avoir séjourné long-temps à Paris, revint en Charolais et fut reçue chez sa nièce, à Digoin. Cette personne, ne voyant plus la Vierge de famille, s'enquit de ce qu'elle était devenue. On lui apprit l'accident. Aussitôt elle s'empressa de la remettre en bon état et de la placer dans sa chambre. Mlle Larue est revenue à Paray pour y finir ses jours. Elle a rapporté *sa chère statue* avec elle et met tout son bonheur à redire à qui veut l'entendre, l'histoire intéressante de la Madone. Nous lui avons demandé de nous permettre de la faire photographier sur place. Elle a bien voulu autoriser la reproduction. Cette Vierge-Mère porte le diadème à

---

(1) Nous tenons ces détails de deux personnes de Paray, dont les souvenirs d'enfance ont gardé, dans un âge avancé, toute leur fraîcheur, Mme veuve Du Vernay, d'une part, et Mme veuve Bonnevay, décédée depuis quelques années.

pointes. L'Enfant-Jésus est sur le bras droit et la Vierge tient, de la main gauche, l'extrémité du pied droit. Le pied gauche est pendant et l'attitude est celle d'un enfant effrayé, qui se cramponne au vêtement maternel. Le galbe de ce groupe manque absolument de grâce. Cela tient à ce que les pieds sont perdus dans le piédestal rapporté et aussi à l'inhabileté de l'ouvrier. On nous fait espérer qu'un jour elle reprendra son rang au sanctuaire de Romay. Nous lui donnerions, volontiers, telle qu'elle est, une place d'honneur dans la chapelle.

II

Statue de la Famille Damas-Digoine

Le pieux usage de revêtir d'un insigne religieux les façades de maisons, les frontons des portes d'entrée, les angles de rues ainsi que les places publiques a été établi à Paray par les Bénédictins (1). On s'est servi de sept bornes, transformées en croix dans la suite, pour marquer les limites d'affranchissement de la ville de Paray.

Il y avait autrefois une grande croix à l'extrémité du pont du moulin des Moines, du côté de l'Hôtel de la Poste. Les anciens actes citent plusieurs autres croix : la croix de Notre-Dame, près le cimetière, la

---

(1) La maison de M. Léon Lempereur, sur la place Guignault, ancienne maison des moines de Paray, présente plusieurs inscriptions de sentences de l'Évangile.

croix placée sur le chemin de la Villeneuve, la croix de Bouléry, et la croix de pierre qui donna son nom au quartier situé en dehors des fossés (1).

Souvent l'insigne religieux est une statue de la Sainte Vierge. Le protestantisme, dans son horreur pour les images, non seulement n'a pas découragé les catholiques, mais il a provoqué ces démonstrations chrétiennes. Lorsque l'habitation d'un catholique était juxtaposée à celle d'un calviniste, il n'était pas rare de voir le catholique arborer un signe chrétien quelconque (2). Le monument le plus caractéristique en ce sens est la Vierge que l'on voit à l'angle de la maison des Damas-Digoine, donnant sur la rue Billet (3) et sur la rue Brice-Baudron (maison veuve Muet-Morin). La Madone s'encadre dans une niche gothique à pinacle. L'écusson est effacé ; mais il n'y a pas de doute sur son origine, puisqu'on retrouve les armes des Damas sur la plaque de la cheminée de la cuisine. Cet élégant monument rappelle le style de la chapelle

---

(1) La croix de pierre fut ainsi appelée parce qu'elle remplaça une croix de bois très ancienne. Au moment du changement du nom des rues, pendant la Révolution, ce quartier s'appela le Faubourg du *Sommeil*.

(2) En voici un exemple récent. L'an dernier, en démolissant la maison Douhéret, voisine de l'ancienne maison des protestants Gravier, on découvrit des pierres portant une inscription que nous avons lue facilement. Sur le sommet d'un fronton de porte d'entrée est gravé le monogramme du Christ, surmonté de la croix. Au-dessous, on lit ces mots : *In te, Domine, speravi, non confundar in æternum*, 1666 : et un peu plus bas : A. Poncet. C. Herisson. Ces noms appartenaient à deux familles catholiques de Paray.

(3) Ce nom rappelle le souvenir du docteur Billet, qui soigna la bienheureuse Marguerite-Marie dans sa dernière maladie.

sépulcrale de la famille de Damas, transformée en chapelle de la Sainte Vierge. La construction de l'une et de l'autre est du xve siècle. La Vierge de Mme Muet est de cette époque. Le dessin, la coiffure, la couronne et surtout la nudité de l'Enfant-Jésus n'appartiennent pas au Moyen âge. Ce sont des caractéristiques qui marquent la fin du xve et le commencement du xvie siècle.

Dès le xiie siècle, affirme M. Georges Rohault de Fleury, la Vierge, comme à Bernet, est souvent représentée avec une pomme en main. Nouvelle Ève, elle l'offre à Jésus, en souvenir du Paradis terrestre, rappelé dans le mystère de la Rédemption.

Au moment de la Révolution française, la maison de Damas-Digoine était occupée par M. Naulin, père de M. Naulin, chanoine honoraire d'Autun, ancien curé-provicaire et archiprêtre de Saint-Pierre de Mâcon, de vénérée mémoire. Pour éviter que la statue ne fût profanée à la place qu'elle occupait, M. Naulin la fit descendre dans son magasin. Un jour, un habitant de Saint-Yan se présente pour faire un achat. Il aperçoit la Madone et entrant en fureur à la vue de cette Sainte Vierge, il tire de sa poche son couteau et en donne un coup si violent sur la figure qu'il enlève une partie du nez de la statue. On voit encore la marque du coup de couteau.

En s'en retournant chez lui, il rencontra un chien qui le mordit au nez et le blessa gravement là où il avait frappé lui-même la Vierge. Le récit ajoute qu'il mourut peu de jours après des suites de cette morsure, en punition de cet acte d'impiété envers la Vierge Marie (1).

La Vierge a repris sa place et quelques coups de pinceau dissimulent un peu le coup reçu au nez. L'écusson se voit encore, mais on a fait disparaître les armes qu'il portait. Ce petit monument que Mme veuve Muet-Morin, propriétaire, garde religieusement, a le don d'attirer l'attention des pèlerins. Quelquefois ils s'agenouillent, sans respect humain, à ses pieds pour lui adresser une prière, comme cela se pratique encore à Rome et dans les pays foncièrement catholiques. Chaque fois qu'une procession passe dans cette rue, on entoure la niche de guirlandes et on dépose des fleurs aux pieds de la Vierge. Ces actes publics de dévotion envers la Sainte Vierge sont bien acceptés et édifient notre population si dévote à Marie dans sa très grande majorité.

Dans la famille Sauteret et Gourgaud, habitant rue du Perrier, on conserve religieusement une vieille statue de la Sainte Vierge, en faïence de Nevers. Elle vient de l'église Saint-Nicolas. Les amateurs l'apprécient et estiment qu'elle remonte à deux siècles. La famille ne manque pas non plus de l'exposer à une fenêtre de la maison, chaque fois qu'à l'occasion d'une grande solennité ou d'une procession extraordinaire, la ville se met en fête en décorant les maisons.

---

(1) Plusieurs personnes dignes de foi relatent le fait. Nous nommerons Mlle Henriette Fauconnet, qui le tient de Mme Thomas, nièce de M. Naulin, propriétaire de la statue, et Mme veuve Muet-Morin, propriétaire actuelle de la maison ayant appartenu à la famille de Damas-Digoine.

Notre antique basilique n'a pas conservé la Vierge de l'église bénédictine. La statue qui se voit dans la niche centrale du beau rétable de pierre est en plâtre durci. Elle manque de caractère religieux. Cependant, les plis des vêtements sont très soignés. Ce qui la distingue de toutes les autres statues de la ville de Paray, c'est une représentation de notre mère Ève, apparaissant au bas du vêtement de Marie et mordant sur la pomme pour rappeler le péché originel. Près du vieux Saint-Nicolas, un bel édifice du style de la Renaissance, la maison Jayet, qui sert de mairie, attire l'attention des visiteurs. Autrefois, parmi les riches sculptures, on voyait une statue de la Sainte Vierge entre deux anges, que le marteau révolutionnaire a fait disparaître. Il y a là une preuve de plus à ajouter à celles que M. Georges Bonnet a apportées dans un des chapitres de sa brochure publiée en 1893, sous ce titre : « *Notes pour servir à l'Histoire du Charolais* », pour démontrer que la maison Jayet n'est pas l'œuvre d'un protestant. Dans l'intérieur de la ville, çà et là, plusieurs maisons particulières sont encore ornées d'une statuette de la Mère du Ciel (1). En un temps où l'impiété porte le front si haut, il serait à désirer que cette pratique devînt plus générale dans la cité de Marie et du Sacré-Cœur. Quelle édification ce serait pour les pèlerins de l'avenir, de rencontrer ici une statue de Marie, là, une statue du Sacré-Cœur, au coin des

______

(1) Rue du Perrier, maison Fauconnet, dans une niche ouverte sur la façade, on voit une statue en bois de saint Nicolas, patron de l'église paroissiale.

rues et aux façades des maisons de nos fervents catholiques de toutes les classes, depuis la modeste habitation de l'ouvrier, resté chrétien, jusqu'à ces belles habitations modernes que l'on voit sortir de terre, comme par enchantement, depuis que d'immenses foules de pèlerins accourent ici.

On ne craint pas, à Paray, d'emprunter à la religion des noms et des emblèmes sacrés, comme enseignes de négoce. Pourquoi ne nous distinguerions-nous pas des adeptes des sociétés secrètes, par des statues de pierre, de bois ou de marbre en l'honneur de Notre-Seigneur, ou bien de sa Sainte Mère? Arrière donc le respect humain !

CHAPITRE IV

I

FONDATIONS A LA CHAPELLE DE ROMAY

Deux monuments restent debout, nous l'avons vu, pour attester la haute antiquité du culte en l'honneur de la Sainte Vierge à Romay : la chapelle, dont la construction la plus ancienne rappelle le xie ou le xiie siècle et la Madone actuelle que les iconographes les plus compétents nous autorisent à dater du xiiie.

A côté de ces témoins lapidaires, il en est d'autres, non moins affirmatifs du grand renom qui s'attache à ce lieu de prédilection. Ce sont quelques documents relatifs à des fondations de messes, soustraits par hasard aux injures du temps et à la fureur des révolutions. La paroisse de Paray se signale pendant une période d'environ six siècles, par la multiplicité de ses fondations religieuses de toutes sortes, depuis les premières fondations du Mépart de Notre-Dame, jusqu'à la suppression du culte catholique, en 1792, comme le prouvent une foule d'actes notariés (1). On rencontre très fréquem-

____

(1) Autrefois, un notaire était spécialement chargé des actes ecclésiastiques. Il se nommait notaire royal et apostolique.

ment, dans les testaments, des fondations de messes à l'église paroissiale de Notre-Dame et de son annexe Saint-Nicolas, à la chapelle de l'hôpital, à l'église des Bénédictins et aux autres chapelles ; fondations de messes et de prières pour les Trépassés ; fondations de processions dans la ville avec stations aux chapelles des Communautés religieuses ; fondations enfin en faveur des Confréries du Saint-Sacrement, du Rosaire, de Sainte-Anne et de Saint-Éloi.

La plus remarquable est celle des Confrères du Saint-Sacrement, faite le 4 avril 1664, en l'église Saint-Nicolas, pour la procession du *jeudi absolu* (1), moyennant une rente annuelle et perpétuelle de six livres tournois à la charge des choses suivantes : savoir « que les sieurs curé, prêtres et sociétaires « seront tenus de faire une procession autour de la « ville, revêtus de chappes, un cierge allumé en main ; « et en cet ordre, suivis des confrères du Saint-Sacre- « ment, faire station en toutes les églises de la ville, « *esquelles* sera exposé le Saint-Sacrement et pendant « la procession, les sieurs curé et sociétaires chante- « ront à haute voix le psaume *Miserere mei, Deus,* « *secundum magnam misericordiam tuam* et le reste « avec tel verset et répons qu'ils adviseront *bon estre ;* « et en chacune des stations, une antienne en l'hon- « neur du Saint Sacrement de l'autel, la procession « commençant à sept heures du soir *immédiatement ;* « le tout pour obtenir, par les confrères et autres assis-

---

(1) Le Jeudi-Saint se nommait alors *jeudi absolu, jeudi blanc* ou encore le *grand jeudi.*

« tants à la procession, miséricorde de leurs péchés
« par le mérite de la Passion de notre Sauveur (1). »
Suivent les signatures de dix-neuf officiers et confrères
du Saint-Sacrement et six signatures de prêtres sociétaires. Pour ce qui regarde Romay, l'histoire et la
tradition sont muettes sur l'exercice du culte dans la
chapelle jusqu'aux deux tiers du XVIe siècle. Mais alors,
un document, tombé entre les mains de M. Cucherat
au moment où il allait être détruit, nous révèle l'existence de fondations de messes à Romay aussi bien qu'à
Paray.

« J'ai sous les yeux, dit M. Cucherat, un parchemin
du 11 novembre 1575, qui fonde des messes à la chapelle de Romay. » — Il donne ensuite, dans le style
et l'orthographe du temps, la partie importante de cet
acte authentique, dont voici les passages les plus intéressants pour l'histoire du sanctuaire de Romay :

« Par devant Sébastien Chassepot de Paray, notaire
« royal et présents les témoins souscrits, maître Jehan
« Quarré, prêtre, curé de l'*église parochiale* de Notre-
« Dame de Paray — (viennent les noms de six prêtres
« du Mépart)... tant en leur nom que pour et au nom
« des autres vénérables absents pour lesquels ils se font
« fort et promettent de les faire consentir, d'une part,
« et honorable femme Mathie Mangonneaud, veuve
« de Jean Bouillet du Faubourg, d'autre part, sans
« contrainte, font entre eux les fondations, dotations,

---

(1) Nous découvrons là les premières processions aux flambeaux, que les pèlerins du Sacré-Cœur pratiquent fréquemment
à Paray, à notre époque.

« promesses, obligations et autres choses cy-après
« écrites, savoir est que les vénérables et leurs succes-
« seurs en ladite église, pour toujours, et généralement
« promettent à Mathie Mangonneaud, présente, stipu-
« lante et acceptante, pour elle et les siens de dire et
« célébrer chacun pour et à l'intention de ladite Mathie
« et de son dit feu mari pour le remède et salut de leurs
« âmes et de leurs parents et amis vivants et trépas-
« sés chaque samedi de chaque semaine, depuis le
« premier samedi du mois de mars, jusqu'au samedi
« prochain après la Notre-Dame de septembre, en la
« chapelle de Romay, une grand'messe de Notre-
« Dame, où seront tenus d'assister cinq prêtres asso-
« ciés, celui qui dira la messe et quatre pour répondre
« à ladite messe..... Notez qu'elle transporte et revêt
« aux vénérables prêtres et qu'elle leur a livré la somme
« de six vingt quatre livres, seize sols huit deniers,
« que les vénérables placeront en rentes à gens sol-
« vables, afin de servir au divin service pour payer
« chaque fois à celui qui dira la grand'messe à Romay,
« deux sols tournois et pour chaque chantre douze
« deniers..... et rien quand les vénérables manqueront
« de dire et faire le divin service, lesquelles distribu-
« tions seront alors données aux pauvres. » Une telle
fondation, unique dans son genre, donne la plus haute
idée de la piété envers Notre-Dame de Romay de la part
de la digne fondatrice et des prêtres qui l'acceptent,
lorsqu'on sait que la chapelle est à deux kilomètres de
Paray et que l'abord en était alors assez difficile. Il est
à présumer que ces samedis-là, les paroissiens de
Paray et autres lieux environnants remplissaient la

chapelle ; car il devait certainement entrer dans les intentions de la fondatrice de développer de plus en plus, à Paray et dans la contrée, la dévotion à la bonne Dame de Romay, comme le prouve le choix du jour et celui du lieu.

Voici que nous trouvons dans un acte public une autre fondation non moins intéressante et non moins ancienne. Vers 1584, la fête de sainte Anne, mère de la Sainte Vierge, qui, jusqu'alors, n'était célébrée que dans les églises particulières, fut étendue à l'Église universelle. Les habitants de la ville d'Apt, où repose le corps de sainte Anne, établirent une confrérie en son honneur dès le milieu du xvie siècle ; et pendant les guerres de religion, ils durent à la protection de sainte Anne d'échapper à deux reprises aux pillages et aux dévastations des huguenots et particulièrement à la fureur du terrible baron des Adrets. Ce serait vers cette époque, ou peu de temps après, que fut établie, dans l'église Saint-Nicolas, la Confrérie de Sainte-Anne, pour la paroisse de Paray, d'après le témoignage de M. Barriquand, ancien curé de Saint-Vincent-les-Bragny, près Paray. Cet ecclésiastique a eu entre les mains, pendant plusieurs années, le registre de cette Confrérie, dont nous avons parlé. Il le tenait de M. Farges, ancien curé de Paray, à titre d'héritier de sa bibliothèque (1). Il le prêta à M. Cucherat, avec

______

(1) **M.** Farges l'avait découvert dans une maison de Paray. La mère de famille qui le possédait, voyant que **M.** le Curé attachait du prix à ce manuscrit illisible pour elle, le lui donna de grand cœur : mais, comme cette femme n'était pas riche, **M.** Farges lui fit accepter cinq francs. En quittant Paray, il ne

recommandation de le remettre aux archives de la paroisse, après l'avoir consulté. A la mort de M. Cucherat, on ne l'a pas retrouvé, malgré toutes les réclamations et recherches que nous avons faites dans sa bibliothèque.

Dès l'origine, cette Confrérie organisée en corporation et formée des menuisiers, des tisserands et des *canabassiers* (1), bien qu'elle soit fondée à l'église paroissiale, témoigne de sa prédilection pour la chapelle de Romay et elle se continue jusqu'à la Révolution. Un conflit s'éleva, sous l'administration de M. Jean-Éléonor Bouillet, entre les prêtres sociétaires et les confrères de Sainte-Anne. C'est à cette circonstance que nous devons la révélation de la fondation qui nous occupe. Les prêtres de Saint-Nicolas se plaignaient que les charges des fondations de la Confrérie étaient très peu récompensées. Les confrères répondaient que, de temps immémorial, les prédécesseurs des réclamants avaient accepté ces charges par plusieurs contrats en leur possession, sans compter ceux qui s'étaient perdus par le temps et le changement des officiers de la Confrérie. L'affaire était pendante en l'officialité d'Autun depuis quelque temps: Elle donna raison aux curé et sociétaires. Pour éviter les frais d'un procès long et coûteux, les confrères consentent à augmenter la rente annuelle et « *obligent,* (c'est-à-dire engagent) hypothécairement, à cet effet,

---

s'en dessaisit point, et l'emporta à Saint-Laurent-en-Brionnais, son nouveau poste.

(1) Canabassier, marchand de chanvre ou de toile de chanvre; vieux mot encore usité à Lyon (Larousse illustré).

tous les biens présens et advenirs de ladite Confrérie, moyennant quoi, les sieurs curé et sociétaires seront tenus à faire dire et célébrer les services, messes et autres œuvres pieuses cy-après exprimés pour le salut des âmes des confrères de Sainte-Anne. » « Diront les « vigiles des morts et les vêpres et complies, tout « consécutif et à haute voix, en la chapelle de Notre-« Dame de *Romet*, la veille du jour de sainte Anne, « et après ils diront le *Libera me*.

« Le lendemain, jour de la fête de sainte Anne, ils « psalmodieront les *Matines* et chanteront le *Te Deum* « et *Laudes* et, à haute voix, une grand'messe des « défunts *à diacre et sous-diacre*, en l'église Saint-« Nicolas, et la *prose propre*, ensuite de quoi, ils psal-« modieront *Prime, Tierce, Sexte* et *None ;* le même « jour de sainte Anne feront la procession de l'église « de Saint-Nicolas à la chapelle de Romet, où étant ar-« rivés, ils y célébreront une grand'messe du jour à « diacre et sous-diacre, revêtus de tuniques de damas « de couleur verte, appartenant à ladite Confrérie, « avec une chasuble de la même couleur. Le même « jour de la fête diront les *vêpres et complies* à haute « voix et un *Libera me* pour les défunts à la fois, (tous) « aussi dans ladite chapelle de Romet, et le lendemain « de la fête, ils diront en l'église paroissiale de Notre-« Dame (du cimetière) un *nocturne des Morts* et « *Laudes*, avec une grand'messe de *Requiem*, etc., « etc. »

L'acte du 14 septembre porte la signature de M. Bouillet, curé, et de onze prêtres sociétaires, d'une part, et de quatorze confrères de Sainte-Anne, d'autre part. Les uns et les autres signent tant en leur nom qu'au nom des absents.

Par cette fondation, on peut juger de l'antiquité de la Confrérie et de sa dévotion à Notre-Dame de Romay, puisqu'il est dit que les fondations sont établies de *temps immémorial.*

Ces fondations n'étaient pas les seules et les messes particulières devaient être nombreuses. Ce qui expliquerait peut-être la création de l'ermitage de Romay, avec autorisation épiscopale, à la demande des autorités administratives. Le service établi à la chapelle de Romay fut confié, non pas à un prêtre de Paray, mais à un religieux. D'abord tout alla bien. Ensuite survint l'ère des difficultés. L'ermite habitait un petit logement contigu à la chapelle. Mme Etienne Belriant, veuve de M. Pierre Quarré, revendiqua devant la justice la jouissance de l'habitation et du jardin au Frère Fournier, carme de la ville et du couvent de Chalon-sur-Saône, successeur de défunt P. Penin, religieux bénédictin. Dans une déclaration sous seing privé du 12 février 1668, l'ermite reconnaît que la résidence qu'il fait dans la maison, joignant ensemble un jardin, lui a été accordée par M. Pierre Quarré, parent du précédent, prêtre sociétaire au Mépart de Paray, pourquoi et moyennant quoi, il s'engage à dire par année quatorze messes à voix basse *pro defunctis* pour les membres de la famille (1).

____

(1) *Notice historique et généalogique sur la famille Quarré,* de Bourgogne, pages 131 et 132. — Lyon, imprimerie X. Jevain, 1893. — Cet ouvrage, très bien documenté, nous fut donné par l'auteur H. Quarré de Verneuil, grâce à la bienveillante entremise de Mlle Hedwige Quarré de Verneuil.

L'ermite n'avait pas que cette fondation à sa charge, on le devine bien. Avec un service régulier comme celui-ci, la population catholique devait se porter à Romay avec d'autant plus d'empressement que les calvinistes s'acharnaient à combattre le culte de la Sainte Vierge par leurs critiques et leurs moqueries stupides.

Une pièce, découverte aux archives de Saône-et-Loire, par M. P. Muguet, curé-archiprêtre de Sully, nous permet de suivre jusqu'en 1791 la dernière trace des fondations de messes à Romay. Voici ce que nous écrit M. le chanoine Muguet, le 4 novembre 1896 : « En mai 1791, une certaine tolérance, de courte durée, fut laissée aux prêtres insermentés. Dans les paroisses ayant plusieurs églises ou chapelles, une chapelle leur fut désignée pour célébrer la messe, administrer les sacrements à leurs adhérents et faire les fonctions de vrai pasteur. Seulement cette église ou chapelle devait porter une inscription indiquant sa destination particulière. A Paray, la chapelle, laissée au culte catholique romain, fut celle des Ursulines (présentement la chapelle des religieuses du Saint-Sacrement). Voici l'inscription placée sur le frontispice : *Église pour les catholiques, apostoliques, romains.* »

On appelait : *non conformistes*, les vrais catholiques.

Dans les communes n'ayant qu'une église, la liberté fut donnée aux *non conformistes* de célébrer la messe en cette église, mais seulement une messe basse, non sonnée et à l'heure consentie par le curé intrus. Les chapelles de Romay et de Saint-Roch furent fermées et l'église de Saint-Nicolas devint l'église de M. Verneau et de ses adeptes. Or, l'abbé Delucenay, vicaire de Paray, après avoir refusé de prêter le serment sacrilège, demanda l'ouverture de la chapelle de Romay, ainsi que de la chapelle de Saint-Roch, pour y célébrer des messes fondées. Ce digne prêtre, d'une famille très honorable et très chrétienne de Paray, voulait remplir jusqu'au bout les charges de messes qui lui incombaient.

Voici la pièce qui fait connaître la demande de M. Delucenay :

District de Charolles, du 2 août 1791, séance du matin.

« Vu le mémoire présenté en premier lieu au Directoire du département de Saône-et-Loire de la part du sieur Jacques *Lucenay* (1), ci-devant vicaire à Paray, et ensuite renvoyé au Directoire de ce district par celui dudit département, d'après l'arrêté de celui-ci en date du 28 juillet dernier, ledit mémoire aux fins de faire ordonner l'ouverture de la chapelle de Romay et de celle de Saint-Roch, si toutefois elles sont considérées comme oratoires nationaux, ainsi que l'ouverture des portes de l'église principale et paroissiale de Paray dont on lui refuse l'entrée. Les administrateurs composant le Directoire du district de Charolles, le procureur syndic ouï, arrêtent que ledit mémoire sera communiqué tant à MM. les officiers municipaux de Paray qu'à M. Verneau, curé dudit lieu, à l'effet de

---

(1) La haine pour la particule était telle que le demandeur qui se nommait Delucenay, tout d'un mot, est désigné sous le nom *Lucenay*, par altération de son vrai nom *Delucenay*, sans séparation de la particule.

fournir leurs observations et réponses sur icelui pour icelles être rapportées au Directoire et être donné tel avis qu'il appartiendra sur la pétition du sieur Jacques Lucenay. »

Quel fut le sort de cette démarche ? Les archives de la municipalité n'en font point mention. C'était alors le règne de l'arbitraire. Il est probable qu'elle n'eut pas de suite. Bientôt toutes les fondations quotidiennes, hebdomadaires, annuelles et perpétuelles disparurent pour toujours.

Dieu, qui récompense la plus petite de nos bonnes actions, aura tenu compte aux pieux fondateurs de leurs intentions en leur appliquant à eux et à leur famille, les mérites des sacrifices accomplis par toutes leurs œuvres religieuses.

Depuis le Concordat, de nouvelles fondations, autorisées et protégées par l'État, ont été faites par les familles, animées d'un profond sentiment de foi à l'efficacité du saint sacrifice de la messe. On se demande avec inquiétude, en ce moment, si un nouvel orage ne les détruira pas un jour ou l'autre. Quoi qu'il arrive, nous avons la certitude que la Providence saura y pourvoir.

II

DOCUMENTS RELATIFS A ROMAY

En dehors des fondations de messes, respectées par le temps, les documents intéressant l'histoire de Romay et de son sanctuaire sont assez rares. Toutefois nous pouvons en grouper quelques-uns sous le titre ci-dessus.

Romay, village situé sur les confins des communes de Paray et de Volesvres, dépendait jadis de la seigneurie de Paray, laquelle appartenait à l'abbaye de Cluny, ainsi que l'attestent les archives de plusieurs familles de ce pays. Les actes antérieurs au cadastre parcellaire du commencement du siècle dernier portent que la chapelle de Romay est située sur la commune de Volesvres. Depuis ce temps-là, le registre cadastral délimite les deux territoires par le chemin tendant de Bord, hameau de Volesvres, au moulin de Romay, sur la Bourbince. La chapelle et les deux domaines, échus en héritage à Mlle de Carmoy, épouse de M. le marquis de Marguerie, font seuls partie de Paray-le-Monial. Tout le groupe de maisons de gauche est de Volesvres. Au Moyen âge, le système féodal reconnaissait à une terre deux propriétaires, l'un possédant le *domaine éminent*, nul en pratique, et l'autre ayant le *domaine utile*. On sait aussi qu'il y avait alors des domaines, des bois, etc., relevant des seigneuries, sans appartenir aux seigneurs.

Ceci établi, étudions ces témoins du passé. Le premier document relatif à la seigneurie de Paray remonte à 1197. C'est un règlement fait par l'abbé de Cluny. Il contient les émoluments et les charges de la prévôté de Paray. Romay avait sa prévôté à part, comme on peut en juger par ces lignes extraites de la *Généalogie de la famille Quarré*, page 134 : le 6 janvier 1625, le R. P. Dom d'Arbouze, abbé de Cluny, s'appuie sur le terrier de la *Prévôté de Romay*, page 6, pour déclarer que la maison joignant la chapelle de Romay appartient à Denis Quarré, comme *bâtie par ses auteurs*. Dès lors cessèrent les réclamations des habitants de Paray. La chapelle seule restait leur propriété.

Comment cette chapelle, construite en la terre seigneuriale de l'abbaye de Cluny, passa-t-elle dans la suite aux habitants? Etait-ce par une vente en règle ou par une donation absolue ou conditionnelle? Question embarrassante pour l'historien. Le fait existe réellement, comme le prouvent plusieurs procès entre les habitants de Paray et la famille Quarré, mais rien de plus. Toutefois, nous constatons que les prêtres du Mépart apparaissent en pleine jouissance du sanctuaire, qu'ils y célèbrent la messe, qu'ils y reçoivent des abjurations de calvinistes et qu'ils bénissent la cloche, etc., de 1575 à 1600.

L'acte de cession de la chapelle par les Bénédictins à la ville de Paray est introuvable. Pour faire un peu de lumière sur ce point obscur, force nous est de procéder d'abord par raisonnement et ensuite par analogie. Au lecteur le soin d'accepter ou de rejeter une opinion toute personnelle.

A un moment donné, les carrières de Romay, qui avaient fourni de la pierre pour les grandes constructions des moines et pour les habitations groupées autour du monastère, s'épuisèrent entièrement et furent à peu près abandonnées. Les moines architectes, constructeurs, sculpteurs et le reste, devinrent alors de *vrais ermites* et s'enfermèrent entièrement dans la solitude du cloître pour se livrer à la prière et au travail intellectuel.

L'oratoire de Romay perdait donc pour les Bénédictins de Paray sa raison d'être. On ne pouvait songer cependant à le détruire. De là vint tout naturellement l'idée d'en faire don aux habitants, comme dans la suite, on donna la chapelle de Saint-Roch à l'administration de la ville. Les habitants, en acceptant cette donation, durent prendre certains engagements pour l'entretien de la chapelle et la continuation du service religieux. Il est à présumer qu'ils se réservèrent certains droits sur les fondations et les revenus. La preuve se trouve dans la déclaration de M. Bouillet, curé de Paray. Il découvrit, en prenant possession de la chapelle, que le revenu en était considérable, mais qu'il n'en jouissait pas, parce qu'il était absorbé par *les familiers du sieur Buez, abbé de Cluny.*

Lorsque le service de la chapelle passe aux ermites successifs, c'est à la demande des habitants administrant la ville de Paray et avec l'autorisation de Mgr l'Évêque d'Autun.

Après quelques années, des démêlés sérieux éclatent entre les propriétaires voisins de la chapelle et l'ermite. Il est manifeste qu'on cherche à l'éloigner. Faut-il voir dans le conflit l'influence des Mépartistes? Peut-être cette ingérence étrangère finit-elle par porter ombrage au Mépart. Une scène peu édifiante de pugilat entre l'ermite et un prêtre du Mépart le ferait supposer. Le fait nous est révélé par un procès-verbal de visite épiscopale où l'Évêque d'Autun s'informe si le *prêtre agresseur* s'est fait relever de l'excommunication encourue en frappant l'ermite de Romay. Au contraire, les administrateurs, appréciant les services de l'ermite, adressent, vers 1668, à l'autorité diocésaine, une requête tout en faveur du pauvre ermite battu. On peut lire, aux *Archives de Mâcon*, cette requête des échevins et de quelques bourgeois de Paray à Mgr l'Évêque d'Autun, à l'effet d'obtenir que le R. P. Isaac de saint Jean-Baptiste, prêtre religieux, profès de l'Ordre des Carmes de Chalon-sur-Saône, desservant la chapelle de Romay et y résidant, avec la permission de Mgr l'Évêque d'Autun, soit maintenu dans cette fonction.

Notre opinion sur la cession de la chapelle aux habitants de Paray par les Bénédictins s'appuie encore d'un autre exemple qu'il nous a été donné de découvrir récemment.

Un prieur claustral de Paray, Dom Vivien, mû de pitié par la fréquence des maladies contagieuses qui désolaient la ville et les environs de Paray, fit construire une chapelle aux lieu et place de la *Croix-de-Bouléry*. Il mourut sans qu'elle fût livrée au culte. Elle échut à Monseigneur le prince de Conty, abbé, chef et supérieur général de l'abbaye et de tout l'Ordre de Cluny.

Les syndic et échevins de Paray, connaissant la dévotion des habitants à *Messieurs saint Sébastien et saint Roch*, depuis plusieurs années, adressèrent, en 1660, une requête à dom Rousset, prieur de Paray, en vue d'obtenir la chapelle qui était échue aux Bénédictins de Paray, par suite de la remise faite par le prince de Conty. Claude Rousset, prieur, y consentit, à condition que les syndic et échevins feraient une fondation en l'honneur de saint Sébastien et de saint Roch, ce que ceux-ci acceptèrent et exécutèrent. La fondation consistait à célébrer une messe à haute voix, avec diacre et sous-diacre, le jour de la fête de saint Sébastien, 22 janvier, et le jour de la fête de saint Roch, 16 août.

Les administrateurs proposèrent la fondation aux prêtres sociétaires. Ils tombèrent d'accord sur la rente à fournir chaque année aux sieurs curé et sociétaires, à la charge, par ces derniers, de faire une procession autour de la ville et de là à la chapelle, par le chemin le plus commode, et de célébrer la messe dans les conditions arrêtées. Et lorsque la rivière sera débordée et que les chemins seront impraticables, le service religieux se fera à l'autel de saint Sébastien, en l'église Saint-Nicolas.

Du fait de la donation de cette chapelle aux habitants de Paray, dans la personne du syndic et des échevins, pour y fonder à perpétuité et y maintenir à jamais le service religieux, nous concluons par analogie, jusqu'à preuve du contraire, que l'oratoire du Val d'Or fut transmis par les Bénédictins, de cette façon, aux administrateurs de la ville de Paray, afin de pourvoir au culte, de concert avec Mgr l'Évêque d'Autun, mais sous bénéfice de certaines réserves sur les rentes et fondations de cette chapelle.

Deux grandes causes vinrent entamer successivement les revenus du prieuré de Paray. Premièrement, les dépenses incalculables de l'agrandissement de l'église au xive siècle; deuxièmement, le pillage de l'église et du monastère par les huguenots au xvie siècle.

Dès lors, les Bénédictins cédèrent à des propriétaires voisins une partie de leurs immeubles pour faire face aux dépenses. La terre de Romay apparaît séparée de la seigneurie de Cluny, au commencement du XVIe siècle. Elle est constituée en fief noble. Les acquéreurs prennent d'abord le titre de sieurs de Romay, et dans la suite, celui de seigneurs de Romay, sans réclamation des abbés de Cluny, seigneurs de Paray.

Pierre Quarré, sieur de Romay, troisième du nom, cinquième fils de Pierre Quarré de Château-Regnault et de Jeanne de Thésut, est qualifié de bourgeois de Paray dans les titres de 1470. Il acheta le fief noble de Romay près Paray, de Roubert de Villaines (1), ainsi qu'il appert du bail passé le 12 février 1525, par Jehan et Pierre Quarré, ses fils, à Guillaume Ravoulet, par acte reçu par Barthélemy Jacquand, prêtre, notaire public de la ville de Paray. Pierre Quarré fait successivement des acquêts à Romay, tels que la moitié d'une grange et d'une pièce de terre, sise au finage de Romay. Ses fils, Jehan et Pierre Quarré frères, passent bail à Antoine Pommier et Jeannette sa femme, de leurs grangeries de *Romey* et *Mareschal* (2), se réservant les tours, murs et aisances joignant à icelles qui fut du meix de Romey, provenant de Roubert de Villaines, Claudine Quarré, dame de Romey, épouse de François Bouillet de l'Heurtière ou Lore-

------

(1) Villaines, hameau de Volesvres.

(2) Maréchal, hameau de Saint-Vincent, est un ancien fief de la baronnie de Digoine. Cette terre appartient à la famille Beluze-Magnin, ayant un pied-à-terre à Paray.

tière, hameau de Saint-Vincent-lès-Bragny. Dans le partage de ses biens, ses enfants relâchèrent le domaine de Romey, la vigne et les dépendances, à Claudine Quarré, leur mère, pour ses biens propres, droits et avantages patrimoniaux, par acte du 16 octobre 1646 devant Chanfray, notaire à Paray. Dans ces documents, tirés de la *Notice historique et généalogique de la famille Quarré*, il n'est plus question des Bénédictins.

Pour ne laisser perdre aucune tradition du culte de Marie à Paray et à Romay, nous reproduisons l'extrait suivant d'une délibération administrative : « 1641-1642, délivrance faite par les échevins des réparations du pont de Bord sur la Bourbince et de la construction de celui qu'il est besoin de faire sur les fossés qui sont proches de l'*arbre de la Vierge*, sur la levée de Romay ». Que faut-il entendre par ces mots ? Cet arbre avait donc une certaine importance pour être mentionné dans une pièce administrative très authentique. La tradition orale dont nous recueillons les derniers échos va nous l'apprendre. Légende ou histoire, elle mérite de fixer l'attention. On désignait anciennement sous le nom de *levée de Romay*, le monticule partant de l'*étang du Prince* (1) et se poursuivant jusqu'à Survaux. Le chemin, transformé en une route de Charolles (2), était bordé par de larges fossés et deux lignes d'arbres. L'un d'eux laissait

____

(1) La maison de Mme Crastes est bâtie sur l'emplacement de cet étang.

(2) Cette route, rectifiée depuis, n'est plus qu'un simple chemin dit de Survaux.

voir, dans l'épaisseur de son écorce, la forme très exacte d'une statuette dans une niche. Le phénomène était si frappant aux yeux de tous, qu'on voyait les moins croyants se déranger pour le constater et en exprimer leur étonnement.

Dans tous les alentours, il n'était question que de *l'arbre de la Vierge*. En allant à Romay, les habitants de Paray faisaient station au pied de l'arbre. Les mères et les enfants s'agenouillaient au pied de la statuette pour y prier. On rapporte que la forme de la niche et de la statuette n'était pas encore entièrement déprimée, lorsque l'arbre vint à périr de vétusté. Si, en 1641-1642, l'arbre s'appelait déjà *l'arbre de la Vierge*, on est en droit de conclure que le fait remonte plus haut. C'était l'époque où disparut la vieille statue de pierre de la chapelle de Romay, enfouie en terre pour la soustraire à l'impiété. Or, la Vierge formée dans cet arbre était assurément un attrait qui dut entretenir la pieuse promenade du dimanche et des fêtes à la chapelle de Romay (1).

Voilà comment, grâce au récit des vieillards, *l'arbre de la Vierge*, cité plus haut, a cessé d'être une énigme pour nous.

---

(1) Depuis la réouverture de la chapelle en 1811, les habitants de Paray, en se rendant à la chapelle, faisaient encore une station à *l'arbre de la Vierge*, rapporte la tradition.

CHAPITRE V

L'HÉRÉSIE DE CALVIN
LE SCHISME ANTICONCORDATAIRE

———

I

Nous lisons dans les notes de M. Doret, curé de Curgy (1) :

« Sous le nom d'*enseigneurs de la voie salutaire,* les calvinistes apparurent dans notre contrée vers 1540. Ils trouvèrent quelques adeptes à Charolles et surtout à Paray. Jean Gravier, riche marchand de Paray, et Guillaume Baudinot, sieur de Châteauvert, sont regardés comme les premiers fauteurs de l'hérésie. Il semble même que Gravier faisait les fonctions de ministre. Le 11 janvier, ou avril, de l'année 1540, un consistoire se tint en son domicile, le 11 mai et le 22 décembre en celui de Baudinot.

« Chaque église protestante avait un consistoire

———

(1) M. Doret a laissé des notes sur le protestantisme à Autun, Saulieu, Couches et Paray, qu'il avait recueillies avec soin aux archives épiscopales, présentement à Mâcon. Nous possédons celles qui ont trait à Paray.

composé du ministre et des anciens ou diacres qui devaient se réunir une fois par semaine pour régler les affaires courantes de la communauté.

« Bien que le nombre des réformés fût encore minime à cette époque, la tenue de ces trois consistoires chez deux personnages influents dans la contrée causa une vive émotion parmi les catholiques. Paray, nous le savons, dépendait de l'abbaye de Cluny, qui avait là un procureur fiscal, investi de la juridiction civile.

« A la requête des catholiques, le procureur fit une information. On ne sait pas quel en fut le résultat. Survinrent de graves événements. Charles IX meurt ; son frère, le duc d'Anjou, lui succède sous le nom de Henri III.

« En 1576, le duc d'Alençon, frère du roi, chef des *malcontents,* quitte la cour pour rejoindre le roi de Navarre et le jeune prince de Condé. Ils opèrent leur jonction avec Casimir de Bavière, venant à leur aide à la tête de 600 reîtres. Ces princes français pénètrent en Bourgogne. Le 22 février, on apprit qu'ils prenaient leurs brisées sur Chalon. Courtépée dit qu'ils logèrent à Anzy-le-Duc, à Paray, à Marcigny, saccagèrent Semur et y causèrent beaucoup de dommages. Les catholiques de Paray durent s'en prendre aux huguenots de la ville comme étant cause du pillage dont ils avaient été victimes. Mais ceux-ci, enhardis par le rude châtiment infligé aux catholiques, continuèrent à tenir publiquement leur consistoire chez Jean Gravier. Il paraît même que quelques synodes se tinrent à Paray. En 1597, les officiers de Paray, sur les plaintes des catholiques, verbalisèrent et défendirent aux huguenots de tenir désormais des assemblées. A partir de ce jour, la guerre à outrance fut déclarée entre les deux partis. Elle dura jusqu'à ce que le plus fort eût anéanti le plus faible. »

Nous n'en suivrons pas les divers épisodes où tantôt les huguenots, tantôt les catholiques remportent la victoire. Revenons à l'histoire de Romay à cette époque.

L'enfouissement très secret de la Madone actuelle, naguère couronnée, au temps des guerres de religion, ne fait pas l'ombre d'un doute parmi nous. Il est établi par une tradition constante et invariable à Paray, au hameau de Romay, dans les environs et dans tout le Charolais.

Mais la tradition est muette sur la date de l'événement et sur le nom des auteurs qui prirent sur eux d'enlever la Madone et de la cacher pour la soustraire aux *briseurs d'images*. Pour ce qui est du lieu où elle fut enfouie, il y a trois versions : suivant la première, plus particulièrement accréditée au village même, on aurait descendu la Vierge dans un puits à l'usage du domaine, voisin de la chapelle, et que l'on voyait encore il n'y a pas longtemps à quelques pas de la porte d'entrée de la chapelle. La deuxième version désigne, comme lieu de la cachette, la fontaine située au bas du jardin du domaine, sur le chemin qui aboutit au moulin de Romay, suivant le témoignage de quelques pèlerins du Charolais. La troisième version soutient que la Vierge fut transportée dans le grand pré du domaine se prolongeant vers Paray, à travers le Val d'Or, et qu'elle fut enfouie en terre, à proximité d'une fontaine, indiquée par quelques habitants de Paray qui tiennent encore pour cette opinion. Nous sommes de ce nombre, ainsi que M. l'abbé Cucherat, dont le témoignage verbal, souvent exprimé devant nous, reste gravé dans notre souvenir. Et ici la légende se mêle à la tradition. A chaque printemps, l'herbe, disaient nos anciens, pousse en forme de couronnes dans le voisinage de la source, au point qu'on a nommé ce lieu *le pré des couronnes de la Vierge*. Elle ajoute que les bœufs, venant s'abreuver à cette fontaine, respectaient l'herbe tout autour de la petite source. Ce fait donna l'idée de fouiller la terre en cet endroit, et on y retrouva la statue, perdue depuis de longues années. De siècle en siècle, on redira avec respect cette tradition plus ou moins altérée, malgré la critique moderne, ennemie jurée de toute tradition (1) et de toute légende (2). On a cru à cette providentielle découverte, et on y croira dans l'avenir parce qu'elle a été recueillie sur place par des historiens bien informés et vraiment consciencieux.

Les *huguenots* ont attiré sur la ville de Paray de très grands malheurs ; aussi les catholiques les détestaient-ils *cordialement* et ils s'opposèrent de toutes leurs forces à leur sépulture dans le cimetière de la paroisse.

En 1562, ils saccagent l'église des moines, le prieuré et le château des abbés commendataires de Cluny.

---

(1) « Les traditions ne doivent pas être rejetées, ne sont-elles pas les fossiles de l'histoire ? » *Jeanne d'Arc en Bourbonnais*, 2ᵉ édition, p. 15, par Francis Pérot, officier d'Académie, membre du Conseil héraldique de France, etc.

(2) La légende est la tradition altérée. Il importe, quand il est possible, d'en dégager ce qui peut servir à l'histoire locale.

Cinq ans après, c'est-à-dire vers 1567, ils livrent la ville au pillage. Les catholiques se défendent avec vaillance, mais le plus souvent ils succombent, écrasés par les masses *huguenotes*. En 1581, Claude Bouillet, maire de la ville de Paray, combattant à la tête des habitants, tombe frappé mortellement d'un projectile, lancé par une catapulte, et meurt sur le champ de bataille. A cette vue, les combattants de Paray redoublent de courage. Ils ont à cœur de venger leur chef et se précipitent sur l'ennemi avec un héroïsme sans pareil. Ils le repoussent victorieusement en lui faisant subir des pertes sans nombre (1).

Le comte de Charny et Guillaume de Tavannes, quelques années après, prirent la route du Charolais, ruinant bourgs et villages, et ils saccagèrent une seconde fois Paray.

Dans ces combats sanglants, il ne paraît pas que notre chapelle ait eu beaucoup à souffrir. Il n'y avait rien, du reste, dans le sanctuaire, qui pût exciter la convoitise de ces nouveaux barbares. La Madone, en lieu sûr, était à l'abri de leurs coups : on doit même tenir pour certain que dans les moments de calme, les fidèles accouraient à Romay en foule pour offrir des supplications plus ardentes à la Sainte Vierge pour le salut d'une ville si foncièrement religieuse jusqu'au moment de l'invasion du calvinisme. Nous empruntons à M. Cucherat (2) le récit suivant qui montre l'in-

_____

(1) En souvenir de cette mort sur le champ de bataille, la ville de Paray fit placer sur la porte du *Poirier* le buste de Claude Bouillet.

(2) *Romay et Sancenay*, par M. l'abbé Cucherat.

fluence de Notre-Dame de Romay sur la disparition de l'hérésie :

« Une femme de grand caractère et de haute vertu, la Mère Bauderon (1), restauratrice de l'hospice de Paray après la Révolution française, et décédée à 91 ans, il y a une vingtaine d'années, aimait à redire aux sœurs hospitalières, ses compagnes, un miracle opéré à Romay : autrefois, il y avait à Paray un assez grand nombre de familles protestantes. Un miracle, arrivé à Romay, détermina la conversion de plusieurs. Une de mes parentes était mariée à l'un d'eux, nommé Decamp. De ce mariage était née une petite fille privée, dès sa naissance, de l'usage de ses jambes et incapable de marcher. Elle avait environ quatre ans, lorsque sa mère, recueillant les souvenirs de son enfance ou cédant peut-être aux instances de quelques amies, pleines de confiance en Notre-Dame de Romay, consent à lui laisser présenter sa fille pour solliciter d'elle sa guérison.

« On apporte la pauvre enfant dans une jatte : on la dépose ainsi au milieu du sanctuaire pendant la sainte messe, offerte à son intention. Au moment de l'élévation, l'enfant se lève d'elle-même et court saisir la clochette que le clerc venait de remettre sur le marchepied de l'autel. Elle était guérie ; et, après le saint sacrifice, la petite revenait à Paray de son pied, don-

______

(1) La famille Bauderon était bien considérée. Elle habitait la maison Babin, qui fut au xviie siècle la demeure de Claude Desclaux et de Suzanne Gravier, ardents calvinistes. Au bas de la tourelle angulaire de la maison, on lit : C. D. (Claude Desclaux) et S. G. (Suzanne Gravier) et la date 1608.

nant la main au prêtre et escortée par tous les témoins de cette merveille. Toute la population fut mise en émoi et l'on vit revenir à la foi plusieurs religionnaires de Paray. »

Dans les registres de la paroisse, au 20 mars 1683, on trouve l'acte d'abjuration d'Abel Decamp, père de l'enfant miraculée.

La Sainte Vierge, qui *a vaincu toutes les hérésies* successivement dans le passé et qui doit les vaincre à l'avenir jusqu'à la fin des siècles, n'a pas peu contribué à la défaite du calvinisme à Paray. Ce qu'il y a de remarquable, c'est qu'il n'en reste pas le moindre vestige. Souvent on observe que là où a passé le protestantisme, il laisse après lui son esprit *raisonneur* qui naît du libre examen.

Parmi nous, au contraire, les paroissiens d'*origine parodienne* sont généralement chrétiens. Il y a assurément bon nombre d'indifférents et de non pratiquants. Plusieurs même ne connaissent plus le chemin de l'église. Ils restent encore chrétiens par quelque côté, au moins par la dévotion à Notre-Dame de Romay. Les plus éloignés de Jésus-Christ et de ses ministres gardent encore la pratique de la visite à Romay le dimanche et les fêtes de la Sainte Vierge. Ils pénètrent sans aucun respect humain dans la chapelle et y prient de tout leur cœur *la bonne Dame*. Personne ne conteste le fait. A l'heure de la mort, il suffit que l'on réveille ce reste de religion pour les ramener presque tous à résipiscence. Notre-Dame de Romay n'a jamais cessé d'être pour la paroisse de Paray *la porte du ciel*.

Avant de parler du schisme anticoncordataire, qu'on

nous permette une digression à propos du protestantisme à Paray. Dans le *Pèlerin de Paray*, écho mensuel des sanctuaires du Sacré-Cœur, livraison du 1er juin 1897, parut une étude par M. l'abbé Clément, chapelain de la basilique du Sacré-Cœur, sous ce titre : *Paray-le-Monial au XVIIe siècle*, et le sous-titre : *Paray a-t-il été protestant ?*

L'auteur prouve par des arguments solides que les calvinistes n'ont jamais été en majorité à Paray. Sans vouloir entrer en lice sur cette question, bien que nous possédions de nombreux documents qui nous permettraient de la traiter à fond, nous nous contenterons d'en produire quelques-uns qui viennent à l'appui de la thèse de M. l'abbé Clément.

D'après les deux historiens (1) qu'il cite, vers 1619 et 1626, il n'y avait plus que *douze familles catholiques à Paray*. Nous connaissons le document principal sur lequel s'appuie cette information et il est facile d'établir qu'il est sans valeur, parce qu'il est en opposition avec une quantité d'autres documents indiscutables, notamment de nombreuses fondations dans les testaments et autres actes notariés. M. l'abbé Clément cite, à juste titre, la confrérie du Saint-Sacrement et reproduit le texte précis d'une fondation de messes en faveur de cette confrérie, la plus ancienne de la paroisse que nous connaissions.

Dans une charte que possédait M. Cucherat, portant la date de 1613, on voit figurer le nom de près de

---

(1) Le Père Daniel, *Histoire de la bienheureuse Marguerite-Marie*, et le Père Charrier, *Histoire du Père Claude de la Colombière*.

quarante hommes, acceptant la pieuse fondation en leur nom et au nom des officiers et confrères absents. Nous avons recueilli, pour notre part, plusieurs autres fondations faites en faveur de cette confrérie, avant et après les deux dates de 1619 et 1626.

Parmi les fondations sans nombre du Mépart, on peut rappeler la confrérie des tailleurs d'habits, du 16 août 1619 (Bellauvene, notaire), suivant laquelle la corporation assistait, le 10 juin, aux premières vêpres de la fête de son patron, saint Barnabé, et le lendemain, 11 juin, il y avait procession et grand'messe.

A une date intermédiaire entre 1619 et 1626, c'est-à-dire le 12 février 1624, signalons un acte de fondation sur parchemin (1) d'une confrérie du Rosaire, sous l'administration de Mᵉ Léger Molins, curé de Paray, docteur en théologie. Elle fut établie par un religieux des Frères-Prêcheurs de Mâcon, nommé Frère Jacques Jouhanne, prieur. Comme on avait négligé de se pourvoir de l'autorisation épiscopale, nécessaire pour valider l'érection, il y eut lieu d'y suppléer pour effacer cette irrégularité.

Les *bourgeois* et les habitants de Paray, en sollicitant l'établissement de cette confrérie dans l'église paroissiale de Saint-Nicolas, promettent de fournir un autel (2) et de l'orner d'un tableau du Rosaire, où sera représentée la Vierge donnant le chapelet au B. Père saint Dominique.

______

(1) *Archives de Saône-et-Loire* (Le Mépart de Paray).

(2) Dans un plan par terre de l'église Saint-Nicolas, relevé par nous aux *Archives de Saône-et-Loire*, la chapelle du Rosaire fait suite à la sacristie au collatéral sud, vis-à-vis la maison Jayet, aujourd'hui la mairie.

Peu de temps après, Françoise Bouillet, femme de M⁵ Pierre Quarré, docteur en médecine, *mue de dévotion envers la Mère de Dieu*, fait un legs en faveur de cette confrérie.

En 1619, la confrérie de Sainte-Anne, qui ne comptait pas moins d'un siècle d'existence et dura jusqu'à la Révolution, était très florissante. Elle ne recevait que des hommes, contrairement à la confrérie du Saint-Sacrement, où les femmes étaient admises. Ses membres ont atteint le chiffre de deux cents. Les règlements exigeaient que tous les confrères accomplissent le devoir pascal, assistassent aux offices de l'Église et donnassent le bon exemple. La confrérie s'occupait d'œuvres de charité et surtout soutenait les veuves. Elle dut aussi opposer une barrière aux progrès du calvinisme et contribuer, pour sa part, à son extinction définitive.

Enfin, il existait encore dans la paroisse une très ancienne confrérie dite *de Saint-Éloi*, composée des ouvriers sur le fer et sur les métaux, tels que les orfèvres, les forgerons, les serruriers, les chaudronniers, etc. Elle opposa, incontestablement, comme les confréries précédentes, une résistance aux huguenots.

Un contrat, rendu par M⁵ Barthélemy Bellauvene (1), notaire à Paray, le 1ᵉʳ décembre 1608, relate qu'il y a eu *autrefois* une fondation faite en l'église de Notre-Dame et de Saint-Nicolas dudit Paray, « savoir les « premières vêpres, la veille de la fête de saint Éloy, « qui écheoit le vingt-quatre de juin (2); le lendemain,

_____

(1) *Alias* Bellavene.
(2) Saint Éloi, évêque de Noyon et de Tournai, est décédé le

« une procession qui, de l'église Saint-Nicolas, se
« continue autour de la ville et l'église de Notre-
« Dame et de suite une grand'messe à diacre et sous-
« diacre à l'autel de saint Éloy et le même jour diront
« les secondes vêpres, qu'il soit encore énoncé au
« contrat que celui de la fondation ayant été perdu
« ou déchiré, qu'il ne paraît pas qu'aucune rétribu-
« tion que les sociétaires aient de ladite fondation,
« sinon seulement de la somme de dix livres qui leur
« fut payée lors du contrat, jour 1er décembre, pour
« la fondation de la procession qui n'était pas com-
« prise au contrat premier. »

Cette fondation ayant été réduite dans la suite par
l'autorité de l'évêque, parce que les rémunérations
étaient trop modiques en proportion des charges, en
date du 17 octobre 1688, les sociétaires réduisirent la
fondation à une messe basse de saint Éloy, à Notre-
Dame, et aux vêpres des défunts, la veille, à Saint-
Nicolas.

Après avoir consulté les titres de la confrérie, les
confrères de Saint-Éloy, reconnaissant que les prêtres
de Saint-Nicolas ne touchaient annuellement que 27
sols, par dévotion au glorieux prélat leur patron, ré-
tablirent la fondation sur les bases du contrat de 1608,
en augmentant les rétributions.

Il y a encore, à Paray, des restes de cette confrérie,
continuée après le Concordat. Les confrères deman-

1er décembre 659. La confrérie de Paray célébrait sa fête, comme
on voit, non pas le 1er décembre, mais le 25 juin, en mémoire
de la translation des reliques de cet illustre saint. A Noyon,
25 juin, translation de Saint Eloi. *Petits Bollandistes,* tome VIIe,
page 325.

dent, chaque année, une messe basse le jour de la fête et offrent le pain bénit à l'assistance, non plus le 25 juin, comme autrefois, mais le 1ᵉʳ décembre.

Ces diverses confréries supposent un bon nombre de catholiques.

Ayant demandé des explications sur ce chiffre tout à fait invraisemblable de douze familles, restées catholiques à l'époque de l'arrivée des Pères Jésuites, un des historiens, visés par M. Clément, nous écrivit de Mâcon, le 28 février 1891, en nous envoyant obligeamment les renseignements que nous lui avions demandés : « Si on prend à la lettre les douze familles du document inédit sur l'établissement de la Visitation, cela devra s'entendre *des familles notables habitant la ville même* ». Nous dirons bientôt que cette explication même ne peut nous satisfaire, car, les actes notariés, à quelque époque du protestantisme que ce soit, permettent de compter un plus grand nombre de familles catholiques parmi les notables de la ville de Paray.

M. Cucherat voulait faire paraître dans le *Pèlerin de Paray* une étude sur le protestantisme, pour démontrer péremptoirement que Paray n'avait jamais été protestant et, comme il le dit dans sa *Notice sur Romay*, qu'il n'y a jamais eu *plus d'une quarantaine de familles protestantes.*

M. Hippolyte Abord, avocat, dans son *Histoire de la Réforme et de la Ligue* (1ᵉʳ volume, page 30), écrit cette phrase : « A Arnay-le-Duc, à Charolles, à Paray, les huguenots se comptaient en assez grand nombre. » Cela ne veut pas dire que la grande majorité était protestante.

M. l'abbé Méhu, curé de Poisson, au voisinage de Paray, ne manquait pas de documents sur le Charolais. Il déclarait que l'opinion de *Paray protestant*, ainsi que l'entendaient les deux historiens de la Bienheureuse Marguerite-Marie Alacoque et du Père de La Colombière, n'était pas soutenable.

Un parodien, auquel de patientes études ont permis d'acquérir une connaissance sérieuse de l'histoire de notre pays, nous écrivait, en 1890, de Chagny, où il remplissait les fonctions d'agent-voyer : « J'ai parlé un peu des calvinistes de Paray, dans une courte notice sur l'église Saint-Nicolas et l'ancienne maison Jayet. Je signale la création d'un collège protestant dans cette ville, en 1603. Ce renseignement est inédit et aucun historien ne l'avait encore mentionné (1).

« Je pense également comme vous que l'opinion du Père Daniel n'est probablement pas exacte. D'après l'examen des documents qui nous sont restés de cette époque tourmentée sur Paray et les environs, il me paraît peu certain que leur nombre ait dépassé ou même atteint la moitié du chiffre de la population. »

M. Bonnet est revenu parmi nous après avoir pris sa retraite. Nous échangeons souvent nos idées. Ses documents et les nôtres, sur la question, forment un arsenal de preuves pour démontrer clairement qu'en aucun temps les calvinistes n'ont été la majorité dans la paroisse de Paray.

De plus, il nous est possible d'augmenter la

---

(1) Depuis, nous avons découvert l'existence de ce collège, attestée par des catholiques dans une enquête sur les protestants en 1600.

liste donnée par M. l'abbé Clément, des familles notables que le protestantisme n'a jamais pu entamer. Nous n'avons que l'embarras du choix, soit parmi les notables, soit parmi les commerçants.

Nous avons dit que parmi les premiers calvinistes, on comptait Guillaume Baudinot et Marguerite Quarré, son épouse. A part ces deux exceptions, nous faisons figurer, à juste titre, ces noms au rang des meilleures familles dans la suite des âges. En tête, la plus ancienne, les Quarré, ensuite les Bouillet se divisant en une dizaine de branches, les de Boyveau, les Joleaud de Saint-Maurice, les de la Panderie, les Rosselin, les Thouvant, les Baudinot, les de la Métherie, les Debeluze et les Malteste (1). Parmi les familles qui ont donné des prêtres sociétaires au Mépart, Serrurier, Corial, Robin, Michon, Billet, Bellauvene, Quidy, Bauderon, Jacob, Pillet, Colin, Pannetier, Dardouillet, Chalon, notaire, De Roche, notaire, *Giraud*, notaire, *Hélie Monchanin, Jean Martin, Jean Potin*, etc., etc. Voilà plus de douze familles qui n'ont jamais donné dans l'erreur de Calvin.

Ces quatre derniers noms sont cités, comme témoins catholiques, dans l'enquête du 30 mai 1600, faite par devant le lieutenant de la juridiction de Paray, possédé par l'illustrissime prince Claude de Condé et en présence des échevins, pour connaître les raisons que les réformés pouvaient avoir pour continuer les

---

(1) C'est Malteste, d'après l'annuaire de Saône-et-Loire, qui nous conserva les vers latins qu'on lisait sur un des piliers de notre église bénédictine et que nous traduisons : « Que cette maison reste debout jusqu'à ce que la fourmi ait bu tous les flots de la mer et que la tortue ait parcouru la terre tout entière. »

exercices de leur culte qu'ils avaient commencés, depuis 1576 et 1577, au faubourg du Poirier, aujourd'hui le grand faubourg, chez Guillaume Gravier et dans la grange des Quarré, rue de la Saunerie, présentement rue de la Visitation. Ils affirment de plus qu'ils les ont entendus chanter les psaumes, qu'il y a dans la ville un collége où ils instruisent les enfants et les conduisent, comme font les catholiques, à l'entrée et à la sortie de l'école, qu'ils connaissent leur ministre *Courtois*. L'un des témoins assure qu'il les a vus faire la cène. Entre 1600 et 1607, il y eut un moment d'apaisement à la suite de luttes très acharnées de part et d'autre.

Dans une assemblée générale des habitants de la ville, tant de l'une que de l'autre religion, il fut convenu que désormais ès charges publiques de la ville, il serait élu un des réformés. En conséquence, Esaye Gravier, calviniste, fut nommé échevin ; mais cette concession faite par les catholiques n'empêcha pas les hostilités de recommencer avec opiniâtreté des deux côtés, et l'échevin des réformés ne garda pas longtemps sa charge et ne fut jamais remplacé par un calviniste. En résumé, les protestants, à un moment donné, furent assez nombreux et surtout très turbulents à Paray. Il n'en est pas moins vrai que, s'ils ne furent jamais la majorité, leur activité en négoce, leur astuce, ainsi que la condition de fortune de quelques-uns et la notabilité de plusieurs d'entre eux les rendaient redoutables, telles parmi nous, la juiverie et la franc-maçonnerie, à l'heure présente. Les catholiques honnêtes et bons inclinaient trop souvent à des concessions dont abusaient les huguenots. Par contre, les abbés commendataires étaient puissants, tant au point de vue politique que religieux; aussi bien, tous les cardinaux, abbés de Cluny et doyens de Paray, les de Guise, de Richelieu et Mazarin prirent toujours la défense des catholiques. La construction du temple au champ de la Justice du Bronchet, commune de Saint-Léger, fut arrêtée et reprise plusieurs fois. Finalement la destruction totale fut prononcée et l'édifice fut démoli pierre par pierre. Pellisson, économe de Cluny, et les procureurs fiscaux de Paray, travaillèrent de concert à leur extinction. Les Mépartistes, influents par eux-mêmes et par leurs familles, avec des curés tels que Messires des Molins, Quidy, Bouillet de Romey, déployèrent un grand zèle dans cette lutte si ardente. En 1618, les Pères de la Compagnie de Jésus, vinrent à Paray pour tenir le collège de la ville. Par l'enseignement, la prédication et surtout par deux missions qu'ils donnèrent dans la paroisse, ces excellents missionnaires ramenèrent un bon nombre de dissidents. Le Père de la Colombière plus tard fit plusieurs conversions éclatantes. La Visitation et les Ursulines secondèrent avec succès les efforts du clergé et des religieux de Saint-Ignace par l'enseignement chrétien qu'elles donnaient avec une admirable charité aux filles des réformés convertis, jusqu'au moment où l'hérésie fut définitivement écrasée (1674). La révocation de l'édit de Nantes par Louis XIV, en l'année 1685, éloigna de Paray un certain nombre de protestants, comme Viridet, notaire, fils ou peut-être petit-fils du ministre protestant Viridet. Il se retira à Genève, en 1690, et s'établit à Morges. On a de lui trois ouvrages de médecine.

Il ne nous déplairait pas, s'il plaisait à Dieu, d'aborder un jour ou l'autre la question délicate, mais intéressante, du calvinisme à Paray, en faisant, autant que faire se peut, la part de chacun dans la victoire définitive des catholiques de Paray.

II

Dans son ensemble, le Charolais est resté la partie la plus foncièrement religieuse du diocèse d'Autun. Il le prouve par la pratique des devoirs religieux, par les œuvres de zèle et par la fécondité des vocations religieuses. Les protestants, qui avaient tenté de faire de Paray et de Charolles leur boulevard, n'ont point reparu après la grande Révolution, tandis qu'ailleurs, quelques paroisses du diocèse en sont encore infestées.

Mais, au Concordat, on a vu surgir dans des paroisses bien chrétiennes du Charolais le schisme anticoncordataire. Des familles entières ont refusé de se soumettre à l'Église catholique, sous le prétexte avoué que le Pape était tombé dans l'erreur en signant le Concordat où plusieurs fêtes chômées avant la Révolution sont supprimées. De là, méconnaissance de l'autorité du curé et éloignement des sacrements.

On a surnommé, dans le peuple catholique, les partisans de ce schisme, les *Blancs*, et leurs ministres sont appelés les *curés blancs*. Ils ont conservé le sacrement de baptême et les sépultures gardent le caractère religieux. Ils portent des cierges aux enterrements et prient longuement pour leurs défunts sur le bord de leur fosse. Au reste, ils sont très honnêtes dans toute leur conduite. Ils observent scrupuleusement les jeûnes, le repos du dimanche et des anciennes fêtes et récitent avec dévotion les prières de l'Église. Ils prient de préférence dans les anciennes églises, comme l'antique chapelle de Dun, aujourd'hui relevée de ses ruines, la chapelle de Romay et celle de Sancenay.

L'ancienne paroisse d'Hautefond, Génelard, Saint-Germain-des-Bois, Saint-Julien-de-Civry, Tancon, ont conservé jusqu'à nos jours des vestiges de cette fausse religion. Les anticoncordataires semblent avoir une sorte de prédilection pour notre sanctuaire de Romay. On les y rencontre principalement aux grandes et petites fêtes de la Sainte Vierge, de préférence avant ou après la messe. Ils sont profondément recueillis et leurs prières se prolongent des heures entières avec une édification que ne donnent pas toujours nos meilleurs catholiques.

Les prières si ferventes de ces pauvres égarés sont souvent exaucées dans le sens de leur conversion qu'ils ne demandent pas ; car la plupart sont dans la bonne foi. La Madone miraculeuse les ramène à la vérité ; ils se convertissent quelquefois avant de mourir. Depuis une vingtaine d'années, nous avons eu la consolation d'ouvrir la porte du bercail de Jésus-Christ à plusieurs. La plus éclatante conversion d'anticoncordataires à Paray est celle qui eut lieu l'année du couronnement de Notre-Dame de Romay. Nous transcrivons ici la relation que nous avons donnée dans le *Pèlerin de*

Paray, du 1er juin 1897. « Au mois de septembre 1896, nous adressions aux lecteurs du *Pèlerin* un appel de prières et de supplications, pour obtenir de Notre-Dame de Romay la conversion d'une nombreuse famille anticoncordataire, dont trois membres, deux hommes et une jeune fille, étaient réconciliés depuis peu de temps avec notre Sainte Mère l'Église. Une communauté religieuse promit à cette intention *douze mille actes de vertu.* Une autre maison s'engageait à réciter, par jour, six *Notre Père,* à tour de rôle de chaque membre de la pieuse communauté, afin d'intéresser les âmes du Purgatoire à la même intention. Ces prières, unies à beaucoup d'autres, furent exaucées, et nous en rendons des actions de grâces à la Vierge protectrice de Paray.

« Quatre enfants de cette famille, avec le libre consentement du père et de la mère, demandaient, il y a deux mois, à recevoir l'instruction nécessaire pour devenir catholiques et faire leur première communion. L'aînée de ces enfants, une fille de 24 ans, fut instruite par une pieuse chrétienne de Paray, qui lui rendit aussi le service d'être sa marraine. Deux garçons, l'un de 14 ans, l'autre de 12 ans, entrèrent chez les Frères des Écoles chrétiennes et suivirent les catéchismes de la paroisse, et la petite fille de 8 ans fut confiée aux religieuses du Saint-Sacrement. Le samedi, 8 mai, veille de la première communion, les quatre enfants abjuraient le schisme en présence de leurs parrains et marraines. Cette première cérémonie fut suivie immédiatement du baptême sous condition. Malgré l'heure avancée de la journée, une foule recueillie a suivi cette cérémonie des plus touchantes.

« Le lendemain, les quatre néophytes prenaient place, parmi les premiers communiants, à la Table eucharistique, tout rayonnants de la joie du Ciel. Lundi, à 6 heures et demie, les enfants de la première communion se rendaient en procession à Romay pour la messe d'actions de grâces. Les nouveaux convertis parurent fort émus de se trouver à cette cérémonie aussi nouvelle pour eux que celle du jour précédent. Leurs parents les avaient conduits à la chapelle quelquefois ; mais alors elle était silencieuse. Pas de prêtre à l'autel, pas de prédication ; pas de chants en l'honneur de la Mère de Dieu, comme ces cantiques que faisait entendre cette masse de premiers communiants. Ils ne savaient comment exprimer leur joie et leur bonheur. »

Toutefois, le père et la mère n'ont pas encore suivi l'exemple de leurs enfants. Ils restent toujours dans l'erreur. Que Notre-Dame de Romay daigne leur ouvrir les yeux, toucher leur cœur et les ramener au giron de l'Eglise, afin de pouvoir dire qu'il n'y a plus dans cette paroisse qu'un seul pasteur et un seul troupeau.

Notre-Dame de Romay aura encore à triompher de la nouvelle secte des libres-penseurs et des francs-maçons. Ils ont déjà un pied sur le sol béni du Sacré-Cœur ; ces ennemis du Christ ne sont encore qu'une poignée, mais si Notre-Dame ne les arrête, ils seront bientôt légion, car les minorités ardentes finissent trop souvent par se changer en majorités puissantes qui troublent les localités les plus pacifiques. Que les catholiques de Paray, si dévots à la Vierge de Ro-

PLAN DU CHATEAU DE BLOIS

Rez-de-chaussée.

1914

LÉGENDE

A. Tour du Foix.
B. Salle des Etats.
C. Galerie de Charles d'Orléans
D. Aile de Louis XII.
E. Chapelle Saint-Calais.
F. Aile de François Ier.
G. Aile de Gaston d'Orléans.

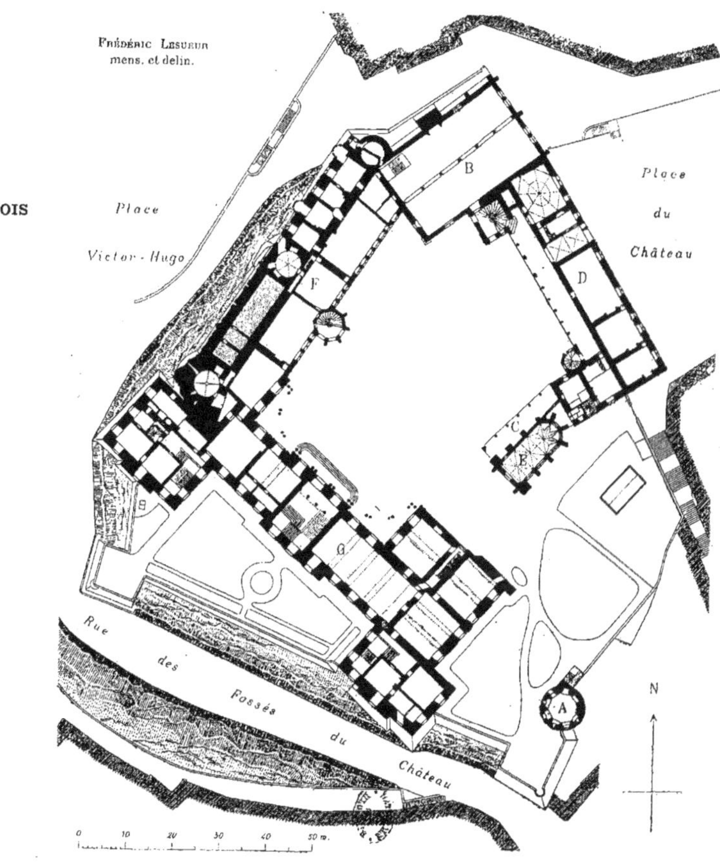

may, prient et veillent en face du nouvel ennemi qui conspire, du même coup, contre leur paix religieuse et leur prospérité matérielle.

CHAPITRE VI

LE MÉPART DE PARAY ET LA CHAPELLE DE ROMAY

Le Mépart a joué un grand rôle dans l'histoire religieuse de Paray et dans celle du sanctuaire de Romay. Aussi bien, il est indispensable de lui faire une bonne place dans cet ouvrage. Pendant plusieurs siècles, il fut une pépinière de prêtres, non seulement pour la paroisse de Paray, mais aussi pour tout le Charolais. Il a formé, en plein Moyen âge, cette génération chrétienne qui lutta, de concert avec l'autorité civile et religieuse, contre le calvinisme, avec une vigueur inlassable.

Suivant Du Cange (1), on appelle Mépartistes (*Mispartitæ*) des prêtres que les administrateurs des paroisses ou les supérieurs religieux s'associent pour gouverner les âmes. — Il paraît qu'on les désignait ainsi, parce que la part qui leur était attribuée dans les revenus était moindre que celle du curé, ou encore

____

(1) Lettre pastorale de Mgr Perraud, évêque d'Autun, intitulée : *Les Chapelains de la Basilique*, du 16 mai 1875.

parce qu'ils n'avaient que la moitié des oblations, comme l'indique le mot latin *mispartitæ*, partage par moitié.

Les prêtres des Méparts ont porté divers noms : *mépartistes, portionnaires, familiers, prêtres-sociétaires et chapelains*.

A Paray, on les nommait *prêtres-sociétaires* dans le langage officiel ; mais le peuple les appelait plus souvent *chapelains*. C'est pourquoi Mgr Perraud, en fondant à Paray une institution analogue à l'ancien Mépart, déclare que son projet est moins une innovation qu'un retour aux vieilles traditions de Paray. Nous lisons dans une note de sa lettre pastorale sur les chapelains de la basilique cette observation : Méparts et Mépartistes sont deux termes, créés à la fin du Moyen âge et usités seulement dans les diocèses ou parties de diocèses compris dans l'ancien gouvernement de Bourgogne et de Bresse. Ces termes, inconnus partout ailleurs, n'ont jamais été francisés et ne se trouvent pas dans nos dictionnaires. Le Charolais à lui seul comptait les Méparts d'Oyé, Marcigny, Nochize (1), Paray et Toulon. Celui de Paray fut de beaucoup le plus nombreux et le plus célèbre. On peut le définir ainsi : Une société de prêtres, tous nés à Paray, de parents légitimes, originaires du lieu, en supportant les charges, et attachés au service paroissial, qui disposaient des libéralités et des fondations faites par les habitants.

____

(1) Nochize, toute petite commune du canton de Paray, n'est plus paroisse depuis la Révolution.

Les prêtres-sociétaires ne vivaient pas en communauté. Le supérieur était l'évêque, et le chef de la société, le curé de la paroisse. La société avait un conseil composé du curé, président de droit, d'un secrétaire et d'un receveur des deniers, élus tous les deux par les suffrages des membres résidents. Plusieurs de ces prêtres quittaient provisoirement la société pour rendre des services dans les paroisses du voisinage et reprenaient leurs droits en rentrant. Quelques-uns devenaient curés de paroisse à titre définitif dans le diocèse et même dans d'autres diocèses,

Le Mépart prit d'abord le nom de Mépart de Notre-Dame et encore Notre-Dame-lès-Paray. Lorsque l'église de Saint-Nicolas fut construite, comme annexe de Notre-Dame, il prit le nom de cette église et devint le Mépart de Saint-Nicolas (1). Toutefois Notre-Dame ne perdit jamais son titre d'église paroissiale et le sceau du Mépart porta jusqu'à la fin la Vierge d'or sur fond de sable, assise, et tenant sur ses genoux l'Enfant Jésus. Ce sceau se voit encore sur une petite cloche fêlée, découverte dans le grenier d'une maison qui appartenait autrefois à la famille Alexandre Quarré de Verneuil et présentement au docteur Aubery. Elle a dû servir de sonnette pour la messe ou pour la communion des malades.

Les deux lignes de maisons qui bordent la place, dite anciennement de Saint-Nicolas, maintenant place Dargaud, furent construites, en grande partie, par les

____

(1) Cette église date de 1531. Elle reçut la consécration de Mgr Hurault, en 1533.

familles des prêtres-sociétaires, tels que les Quarré.
les Bouillet, les Corial, les Chalon et les Chevalier. Au
temps des guerres de religion, le clergé paroissial s'é-
tait vu obligé de quitter la colline de Notre-Dame
pour se réfugier dans l'enceinte de la ville. En attendant la construction d'une église en rapport avec la
population, il célébra les offices dans une chapelle
basse et étroite, sise rue Notre-Dame, du nom de
Saint-Nicolas (1).

Mais à quelle époque faut-il faire remonter la fondation du Mépart? Quelques historiens s'appuyant sur
un document très authentique, il est vrai, mais qu'ils
ne connaissaient pas dans toute sa teneur, ont daté la
fondation de 1451. Ils ont confondu l'approbation des
règlements et statuts par le cardinal Jean Rolin,
évêque d'Autun, avec la fondation qui est beaucoup
plus ancienne. La demande d'approbation, présentée
par Pierre Pépin, curé et chef de la société, et signée
par quatorze membres, est motivée sur le fait que ces

(1) On voit au musée de la ville de Paray une photographie
des ruines de cette chapelle. Au bas on lit : ruines de la *première
chapelle* de Saint Nicolas, dont il ne reste actuellement qu'un
pan de murs qu'on aperçoit de la rue Colin, actuellement rue
Notre-Dame. Cette petite église avait été construite vers la fin
du xi⁰ siècle, époque à laquelle le bourg de Paray ayant pris
une certaine extension par suite de la fondation du monastère bénédictin, l'ancienne église paroissiale de Notre-Dame
encore debout aujourd'hui au milieu du cimetière devint insuf-
fisante. Elle servit au culte jusqu'au commencement du xiv⁰ siècle et fut remplacée par la nouvelle église Saint-Nicolas. Actuellement, toute trace de cette chapelle provisoire a disparu et le
terrain qu'elle occupait appartient à M. de Gouvenain et à
M. Barrié.

règlements et statuts s'observent depuis très longtemps (1).

Toutefois, la première des fondations faite au Mépart est de 1302. Courtépée en cite une autre, celle
que fit Lilard Liquoquant, en 1328, au profit des prêtres-sociétaires. Ils jouissaient des dîmes de Versau-
gues en entier et de partie de celles de Saint-Yan, de
l'Hôpital-le-Mercier, de Varennes-Reuillon, par différentes concessions. A partir de 1451, le nombre des
membres va en augmentant notablement. Il atteint le
chiffre de trente-six prêtres en 1524, imposante tribu
sacerdotale, comme on n'en vit guère dans les autres
Méparts du diocèse d'Autun.

Pour donner une connaissance plus complète du
Mépart de Paray, nous allons reproduire textuellement un procès-verbal d'inscription au Mépart de
maître Jean Corial, prêtre, docteur en droit canon et
civil.

« Par devant le notaire royal de la ville de Paray,
« soussigné, étant en l'église Saint-Nicolas du dit
« Paray, a comparu en sa personne M. Jean Corial,
« prêtre, du dit lieu, docteur en droit canon et civil,
« lequel, adressant ses paroles à messire Jean-Éléo-
« nor Bouillet, docteur en théologie, prêtre, curé et
« chef de la société du dit Paray, messires Antoine
« Boyveau, Barthélemy et François Bellauvene, Pierre
« Quarré, Joseph Pillet, docteur en théologie, Claude
« Baudinot, Joseph de la Panderie, Jean Meynaud,
« Jean-Baptiste Paucher, Claude de Lamethairie et

____

(1) *A longissimis temporibus* et encore *ab antiquo*.

« autres, tous prêtres sociétaires du dit Mépart, leur
« a remontré qu'ayant plu à Dieu de l'appeler en
« l'ordre et dignité de prêtrise, et que les prêtres
« natifs et baptisés de la dite ville et de père et de
« mère qui en sont *originés* ont droit d'être admis et
« agrégés au corps de la dite société, à condition de
« faire les charges et participer aux revenus d'icelle
« concurremment comme les autres sociétaires de la
« dite société, servant en icelle ; il supplie et requiert
« les dits sieurs curé et sociétaires de le recevoir et
« admettre dès aujourd'hui dans le corps de la dite
« société aux conditions susdites, de faire les charges
« portées par les anciens statuts et règlements de la
« susdite société. Sur quoi les sieurs curé et socié-
« taires, étant assemblés au trésor (sacristie) de l'é-
« glise Saint-Nicolas, et pris résolution entre eux sur
« le dit fait, ont, par voix du dit sieur curé, leur chef,
« déclaré qu'ils reçoivent et admettent comme par
« iceux, et ont reçu, par ces présentes, le dit sieur
« Corial au nombre des sociétaires de la dite société
« et dans le corps d'icelle pour participer aux fonds
« et revenus de la dite société comme les autres sieurs
« sociétaires en icelle, en faisant les fondations et
« autres charges de la société à son tour, comme les
« dits sociétaires, qui sont de dire, avec le dernier
« venu en ordre, la messe de sainte Anne tous les
« dimanches de l'année alternativement, et faire les
« offices de diacre et sous-diacre *es grandes-messes*
« paroissiales et festes solennelles et de fondations ;
« le devoir de porter la croix aux processions, sonner
« les vêpres aux jours ouvriers jusqu'à ce qu'aucun le

« relève de sa charge ; faire son hebdomade (semaine)
« d'entrée, outre celle de son ordre de réception et
« autres charges accoutumées, conformément à la
« sentence rendue par feu Monseigneur de Ragny,
« évesque d'Autun ; donner certificat, sous six mois,
« aux sociétaires comme il s'est étudié à apprendre le
« plain chant ; ce qui a été accepté par le sieur Corial,
« lequel a encore remontré que, attendu que, messires
« Philibert de Lamethairie et Philibert Matherat, prê-
« tres, se présentent aussi pour être reçus au nombre des
« sociétaires, requiert parce qu'il a célébré la messe en
« la sainte église de Saint-Nicolas auparavant les dits
« sieurs de Lamethairie et Matherat, que la préséance
« et droit de primauté lui soit accordée à l'exclusion
« des dits sieurs et dont il requiert acte aux sieurs
« curé et sociétaires pour lui servir et valoir ce que de
« raison, lequel acte a été octroyé au dit sieur Corial
« et de tout ce que dessus, il a aussi requis acte au
« dit notaire, ce qui lui a été accordé, ayant déclaré
« les dits sieurs curé et sociétaires que le sieur Corial
« a fait les devoirs accoutumés pour la dite réception.
« Fait, lu et passé audit Paray le 10e novembre 1666,
« heure de vêpres, en présence de maître Jean-Bap-
« tiste Pauthonnier, notaire royal au dit Paray, et
« Benoît Delace, habitant au dit lieu dénommé, té-
« moins requis. Le sieur Delace n'a signé pour ne le
« savoir, de ce enquis.

« Ont signé le présent acte : les dits prêtres socié-
« taires présents et les dits notaires et autres prêtres
« mentionnés plus haut : Antoine Pillet. Louis Gra-
« vier, Guillaume Baudinot, Alexandre Destrop, Jac-

« ques Jille, docteur en théologie. — Jean Corial.

« Paulhonnier, notaire, De Roche, notaire. »

Le récipiendaire versait trente francs au receveur du Mépart et requérait acte de sa réception au notaire royal et apostolique, comme il en avait le droit.

Nous avons dit plus haut que, selon toutes les probabilités, les habitants de Paray avaient reçu par donation l'oratoire de Romay et l'avaient passé au clergé du Mépart, pour le service religieux. De là, une phase nouvelle dans l'histoire du sanctuaire. En décrire les particularités afférentes à chaque curé, titulaire du Mépart, sera, pendant de longues années, faire marcher de front l'histoire du sanctuaire de Romay et celle de la paroisse de Paray. A l'entrée septentrionale de notre église-basilique, on remarque depuis quelques années un tableau de grandes proportions, où sont inscrits les noms des curés de la paroisse, qu'il nous a été donné de découvrir à force de recherches. Cette liste, malgré quelques lacunes, offre un grand intérêt au point de vue paroissial. Une simple date s'attache à certains noms, il est vrai, mais d'autres, au contraire, révèlent tout un passé sacerdotal et familial à l'honneur de Paray. Les notices seront nécessairement plus raccourcies que celles qui ont paru dans le *Pèlerin de Paray* (1).

Le premier curé inscrit au tableau paroissial est M. Guillaume de l'Aigue (2).

____

(1) Le *Pèlerin de Paray-le-Monial*, années 1899, 1900, 1901 et 1902.

(2) *Essai historique sur Paray*, par l'abbé Cucherat. — *Pèlerin de Paray*, 1878.

Une charte de Mgr Geoffroy David, évêque d'Autun, de l'an 1394, le cite comme curé de l'église paroissiale de la Bienheureuse Vierge Marie de l'église de Paray, agissant tant en son nom qu'au nom de ses successeurs et au nom des prêtres de Paray. La charte donne le nom de *onze prêtres* présents et *autres prêtres* de Paray absents pour motifs de ministère paroissial dans le voisinage.

Entre Guillaume de l'Aigue et Pierre Pépin, le deuxième inscrit, il y a un nombre d'années suffisant pour plusieurs curés. Impossible de combler cette lacune et de relier Romay à Paray pendant ce laps de temps. Pierre Pépin est curé de Paray en 1451. En qualité de chef du Mépart, il fait approuver par le cardinal Rolin, évêque d'Autun, les statuts et règlements de la société. L'acte est du 3 juillet 1451.

Tanneguy Moreau, curé de Paray, vient après Pierre Pépin; mais à une si grande distance de temps, que d'autres curés, dont les noms nous sont inconnus, ont dû occuper la cure dans l'intervalle. C'est l'époque la plus florissante du Mépart par le nombre des membres. Ils ont été un moment trente-six. Ils sont encore trente-quatre, lorsque Mᵉ Tanneguy Moreau adresse une supplique à Mgr Jacques Hurault, évêque d'Autun, pour que, par extinction successive, le nombre des sociétaires soit réduit à vingt-cinq. L'ordonnance est du 18 décembre 1523, datée du château d'Issy-l'Évêque, résidence d'été des évêques d'Autun.

Jehan de Clugny, curé de Paray en 1562. Il est l'auteur d'une relation manuscrite que les Bénédictins auraient conservée dans leurs archives historiques comme récit très exact du pillage de leur monastère et de leur église, dans la journée du 3 juin 1562. Les archives de la Commission des Monuments historiques (1) l'appellent *Dom Jehan de Lucry, curé de Paray.* C'est une erreur, croyons-nous. Jamais il n'y eut ni *Dom* (2), ni *Lucry* à la cure de Paray. Jusqu'ici pas trace des rapports du clergé avec Romay. Y a-t-il lieu de s'en étonner ? Assurément non, puisque ces noms de curés de Paray ont à peine échappé à l'oubli et qu'il peut se faire que de leur temps la chapelle ne fût pas encore dépendante de la paroisse.

Jean Quarré a vraisemblablement succédé à Jehan de Clugny, puisque l'un et l'autre portent le titre de curé en l'année 1562. A partir de ce moment apparaît l'union de la paroisse avec la chapelle. Un acte de fondation à la chapelle de Romay, du 11 novembre 1575, porte la signature de maître Jean Quarré, prêtre, curé de l'église *parochiale* de Notre-Dame de Paray. Nous avons rapporté cet acte au chapitre des fondations.

Vient ensuite M. Nyzier des Molins, mais il existe trop d'intervalle entre lui et Jehan Quarré, pour croire que le premier a été le successeur du second. M. Nyzier des Molins est mentionné en 1614. En 1600, M. Pouilly, vicaire de Paray, bénissait solennellement la cloche de la chapelle de Romay, refondue par les soins et aux frais de la confrérie de Sainte-Anne, laquelle avait de toute antiquité son autel à Romay, au dire de

___

(1) Gide, libraire-éditeur, 2, rue Bonaparte, Paris.

(2) *Dom* indique un religieux de Saint-Benoît ; or en aucun temps la cure de Paray n'a eu un bénédictin pour titulaire.

M. Cucherat. Quel était alors le nom du curé de Paray?
Nous l'ignorons.

M. Nyzier des Molins donne la preuve de sa dévotion
à la Sainte Vierge par l'établissement de la confrérie
du Rosaire. Il remplissait à n'en pas douter les fondations faites à Romay. Nous ne savons rien de plus.

JEAN QUIDY, CURÉ DE PARAY
(1627-1661)

Avec M. Jean Quidy dont l'histoire est mieux connue
que celle de ses prédécesseurs, l'union entre l'église de
Saint-Nicolas et la chapelle de Romay se dessine en traits
des plus saillants. Depuis la réunion du prieuré à l'abbaye de Cluny, sous saint Odilon, 999, l'abbé de Cluny
était seigneur de Paray et patron de la cure. M. Quidy
reçoit sa nomination de Jacques III de Veny d'Arbouze,
abbé commendataire de tout l'Ordre de Cluny, et le
visa de Mgr Claude de Ragny, évêque d'Autun. Sa
famille allait de pair avec les bonnes familles de la
paroisse. Il tient sur les fonts baptismaux l'enfant de
M⁰ Jean Boyveau, syndic de Paray. Un curé parrain
d'un enfant d'un maire, cela ne se voit plus en notre
temps. En 1639, il baptise l'enfant de Marguerite
Quidy, sa nièce, mariée avec M. Théophile Raceaud,
avocat.

Un document (dont, par discrétion, nous n'indi-
querons pas la provenance) nous révèle les qualités
pastorales de l'honorable M. Quidy. La peste se déclare dans sa paroisse, au mois de février 1628. Le
mois suivant elle sévit avec une épouvantable violence,

au point que dans l'espace de quatre ou cinq jours les principaux habitants quittèrent la ville, il ne resta que les pauvres. Ils formaient environ quarante petits ménages (1). Il n'y avait de secours spirituels, dit l'annaliste, que du vertueux M. Quidy, curé de cette paroisse, qui, comme un bon pasteur, ne voulut pas quitter son troupeau. Il visita et consola ses chères brebis, et fit même continuer le mieux possible le service de son église.

Comme il n'était chargé de la paroisse que depuis quatre mois, il n'avait pas fait connaissance avec la Visitation. Marguerite Sauzion, professe de Lyon, première supérieure du monastère de Paray, *prévenue par quelques personnes jalouses,* n'osa pas s'adresser à M. le Curé, qui aurait assisté les religieuses mieux qu'aucun autre.

Quelles étaient ces personnes jalouses dont il est ici question ? Nous tairons notre sentiment pour conclure que la jalousie se glisse partout, jusque dans le monde de la piété et y cause non moins de mal qu'ailleurs. L'histoire du passé est encore l'histoire du présent. Que de petitesses dans la pauvre humanité !

Cependant la peste provoqua des explosions d'actes de confiance en Notre-Dame de Romay. La Visitation fit célébrer une messe à Romay, *qui est,* dit la relation que nous avons sous les yeux, *une chapelle miracu-*

____

(1) Nous ferons observer qu'il ne s'agit ici que des habitants de l'enceinte de la ville proprement dite. Les registres de cette année contiennent cinquante-quatre baptêmes catholiques et quelques baptêmes protestants.

leuse à une demi-lieue de Paray. Au plus fort du terrible fléau, M. le Curé prévint la Révérende Mère Supérieure que le Jubilé allait s'ouvrir et qu'il ordonnerait des prières publiques et une procession générale à la chapelle de Romay, pour apaiser la colère de Dieu. Il l'invitait à y envoyer la sœur tourière. Comme il y avait eu plusieurs malades au monastère, elle craignit que la présence de la sœur ne fût une occasion de trouble pour l'assistance. Elle fit une offrande de six cierges en cire blanche pour représenter la communauté.

Cette pièce authentique, de l'année 1628, nous éclaire sur la dévotion du clergé, de la Visitation et des fidèles de la paroisse à Notre-Dame de Romay, dans les calamités publiques. On y constate l'usage des messes, des processions et des offrandes de cierges, comme il se pratique à notre époque. Fait digne de remarque. Pendant la peste, une partie de la population abandonne le foyer de la terrible maladie, et l'autre accourt à Romay.

En la même année, l'abjuration d'un calviniste marquant vint réjouir le cœur du pasteur. Les vieux registres nous l'apprennent en ces termes :

« Le vingt-unième décembre courant, 1628, en
« l'église Saint-Nicolas de Paray, avant la messe pa-
« roissiale, Jacques-Antoine Quesnault de la Rozière
« a fait solennellement abjuration de l'hérésie calvi-
« niste et profession de foi catholique par devant
« nous soussigné, curé du dit lieu, après l'invocation
« du Saint-Esprit, et avoir reçu l'absolution de son
« hérésie, laquelle nous lui avons imposée en pré-

« sence des révérends prêtres Goutallier, jésuite, su-
« périeur de la résidence, et de tous les prêtres
« sociétaires résidant en ladite église. » — Suivent
les signatures les plus honorables de la ville. —
J. Quipy, curé de Paray.

Cependant les Bénédictins de Cluny, possesseurs de
la seigneurie de Paray, dans laquelle le hameau était
compris, se désintéressent insensiblement des terres
du territoire de Romay, d'un modique revenu. Les
moines de Paray, très éprouvés par les pillages des
huguenots, avec le consentement de l'abbaye de Cluny,
aliènent peu à peu les terres et domaines de la seigneurie de Paray.

Dans la *Notice historique et généalogique sur la
famille Quarré*, de Bourgogne, il est dit que Pierre
Quarré, bourgeois de Paray, *sieur de Romey*, achète
le fief noble de Romey, de Roubert de Villaines (1),
ainsi qu'il appert du bail passé le 12 février 1527, par
Jean et Pierre Quarré, ses fils, à Guillaume Ravoulet,
acte reçu par Barthélemy Jacquand, *prêtre, notaire
public à Paray.*

Il acquiert successivement les *grangeries de Romay*
et plusieurs pièces de terre *assises* au finage de
Romay.

Vers le commencement du xviie siècle, on constate
l'existence d'un ermitage, établi pour le service de la
chapelle de Romay. Il est à croire que les habitants
de Paray, propriétaires du bâtiment, par la cession à
eux faite par l'abbé de Cluny, seigneur de Paray,

____

(1) Villaines est un hameau de la commune de Volesvres.

trouvèrent que le service confié aux prêtres du Mépart n'était pas suffisamment régulier. Ils obtinrent donc de l'autorité épiscopale un chapelain, désigné sous le nom d'*ermite de Romay*. Il habitait une maisonnette, adossée au mur latéral *de bise de la dite chapelle*. Elle existait déjà en 1500.

M. Cucherat a relevé les signatures suivantes des registres anciens de la paroisse : *Nicolas Faivre, hermite en hermitage de Romey, proche Paray*, et ailleurs : *Frère Nicolas Le Febvre*.

L'auteur de la généalogie de la famille Quarré, contrairement à M. Cucherat, affirme que Nicolas Le Febvre était le premier ermite et qu'il était religieux de l'Ordre de Saint-Paul.

Nous apprenons, d'autre part, que cet ermitage a été desservi par les religieux Carmes de Chalon-sur-Saône. Pierre Quarré répara la maison de l'ermite en 1625.

Après sa mort, on vit surgir une grave contestation entre la famille Quarré et les habitants de Paray, à propos de cette maison. Les 4 et 10 décembre 1632, le Frère Nicolas Le Febvre, qui l'habitait, intervient dans le débat pour déclarer qu'il tient ce local de la concession de demoiselle Étienne Belriant, veuve de Pierre Quarré. Nous ne savons pas quelle influence subit cette honorable personne ; mais quelques années après, le 18 septembre, on publia le libelle de la veuve Pierre Quarré contre Jean-Baptiste Fournier, de la ville et du couvent de Chalon-sur-Saône. Ledit Frère Fournier, successeur de défunt Paul Penin, religieux de l'Ordre de Saint-Benoît, reconnaît, par déclaration sous seing privé, du 12 février 1668, que la résidence qu'il fait dans la maison, avec jardin, lui a été accordée par Pierre Quarré, prêtre-sociétaire au Mépart de Paray, moyennant quoi il s'engage à dire quatorze messes à *voix basse* pour ses défunts.

Le procès relatif à la maison de l'ermite continue entre Denis Quarré et les habitants de Paray. Ces derniers en appellent au témoignage des Bénédictins de Cluny. Ils échouent encore dans cette nouvelle tentative ; car on trouve, à la date du 29 novembre 1696, une reconnaissance au terrier du Doyenné de Paray des fonds et héritages dépendant du domaine de Romay, appartenant à Denis Quarré, par lequel il est dit, article II, que la maison joignant la chapelle lui appartient, comme bâtie *par ses auteurs*, ainsi qu'il apparaît dans la requête répondue par le Rév. Père dom d'Arbouse, abbé de Cluny, le 6 janvier 1625.

On devine, par ces démêlés, que la situation du carme chapelain devenait difficile. Le clergé de Saint-Nicolas tendait à reprendre pleine et entière possession de la chapelle de Romay. Cependant, les paroissiens appréciaient le ministère de l'ermite. Aux archives de Mâcon, il existe une requête des échevins et de plusieurs bourgeois de Paray, à l'effet d'obtenir que le Rév. Père Isaac de Saint-Jean-Baptiste, prêtre religieux-profès de l'Ordre des Carmes, desservant la chapelle de Romay et y résidant avec permission de Mgr l'évêque d'Autun, soit maintenu dans cette fonction.

La suite montre que le clergé de la paroisse eut gain de cause. Sur ces entrefaites, Mgr l'évêque d'Autun visita la paroisse, et dans le procès-verbal de visite, il demande si le Mépartiste de Saint-Nicolas s'était fait relever de l'excommunication encourue pour avoir frappé l'ermite de Romay. Cette scène scandaleuse explique pourquoi l'ermitage prit fin, peu de temps après. Alors le curé de Paray redevint titulaire de la chapelle exclusivement. Il découvrit, en prenant possession, que le revenu en était considérable, mais qu'il n'en jouissait pas, parce qu'il était absorbé par les familiers du sieur Buez, abbé de Cluny. C'est là une preuve évidente que l'abbaye de Cluny conservait des droits sur la chapelle.

Depuis trente-sept ans, le digne et zélé M. Quidy était curé de Paray. Il songea à se démettre de son bénéfice. Auparavant, il voulut faire plusieurs œuvres pies, entr'autres il fonda, le 9 août 1661, une grand'messe de Saint-Joseph, le quatrième dimanche du mois. La résignation de sa cure en faveur de M. Bouillet, prêtre-sociétaire, est du mois de décembre de la même année (1). L'année suivante, sieur Jean Delucenay fonde une procession pour le Jeudi-Saint, vers sept heures du soir, en laquelle on faisait station aux églises des Jésuites, des Visitandines et du Doyenné bénédictin, et, au retour, après avoir chanté une antienne devant le Saint-Sacrement, on se rendait au tombeau de M. Quidy, pour y chanter le *Miserere* (2).

____

(1) De 1627 à 1632, M. Quidy écrit *Paroy*, et les années suivantes *Pareid*. Ensuite il revient à la première orthographe *Paroy*, vieux français. Ces variantes seraient de nature à déconcerter les étymologistes à *outrance* s'ils étaient suceptibles de l'être jamais.

(2) Voir cette fondation au chapitre V° : Fondations à la Chapelle de Romay.

La fondation de cette procession est antérieure à celle des confrères du Saint-Sacrement. Nous en concluons que les deux processions se réunissaient le même jour et à la même heure et aux mêmes églises, en 1664, pour donner plus de solennité à cette édifiante manifestation de foi de nos pères au Dieu de l'Eucharistie.

MESSIRE ABEL-JEAN-ÉLÉONOR BOUILLET, CURÉ DE PARAY

(1661-1698)

Le successeur de M. Quidy notifie sa nomination en ces termes : « Le 10 novembre 1661, j'ai pris possession de la cure de Paray par résignation que m'en a fait M. Quidy, docteur en théologie, ci-devant curé de cette ville ». M. Bouillet était lui-même docteur en théologie. Sa mère était née Baudinot.

La famille Bouillet était une des plus importantes et des plus honorables familles de la région. Louis Bouillet, en 1664, est conseiller ordinaire de Monseigneur le prince de Condé. Son rôle fut non moins influent pendant plus de deux siècles que celui de la famille Quarré, avec laquelle elle contracta de nombreuses alliances. Elle se divisait en une foule de branches. Chacune d'elles portait le nom de la terre qu'elle possédait soit par héritage, soit par acquisition (1).

---

(1) Voici les noms qui reviennent le plus souvent dans les actes civils et religieux : Bouillet de La Fin (paroisse de Vigny-les-Paray), Bouillet de Saint-Léger (anciennement paroisse affinant Paray-le-Monial), Bouillet de L'Heurtière ou de l'Ortière

La descendance de cette grande famille se survit encore après trois siècles, dans la personne de Mme veuve Edmond Préveraud, née Pauline Bouillet, fille de M. Bouillet des Haliers et de dame Lucie Barrois, mère de plusieurs enfants, entre autres de M. l'abbé Préveraud, curé de Céron, — de M. Compain, avoué à Avallon, propriétaire à Volesvres, dont la mère était née Bouillet, — et enfin de M. Henri Bouillet de La Faye, propriétaire à Hautefond (1). Le nouveau curé, par son père François Bouillet, appartenait aux Bouillet de l'Heurtière, et par sa mère, Claudine Quarré, à la branche des Bouillet de Romey. Il signait : *Bouillet, sieur de Romey,* et dans la paroisse, on le désignait sous le titre de *Monsieur de Romey.*

Par sa naissance aussi bien que par sa prêtrise et son titre de *Monsieur de Romey,* il n'est pas douteux que sa dévotion à Notre-Dame de Romay et son dévouement à son sanctuaire ne furent dépassés par aucun des curés de Paray. Nous ne connaissons pas en détail ses œuvres pour entretenir et développer cette dévotion parmi son troupeau : *mais il est certain*

(paroisse de Saint-Vincent-les-Bragny). Bouillet des Halliers (paroisse de Volesvres), Bouillet de Romey (paroisses de Volesvres et de Paray), Bouillet du Trembly (paroisse de Dyo-en-Charolais), Bouillet d'Hautefond (ancienne paroisse près Paray), Bouillet de Boulery (paroisse de Paray), Bouillet de la Faye (paroisse de Marly-sur-Arroux), Bouillet de Fitrèche, Bouillet de Chenalée, Bouillet de Boisire ou Boissière, Bouillet de Siry et le reste.

(1) M. de la Faye est fils de Guillaume-Ferdinand Bouillet de la Faye et de Georges-Simonne-Antoinette le Prêtre de Vauban, tous les deux décédés.

que son zèle à l'égard de Romay fut à la hauteur de celui qu'il déploya dans l'exercice de son ministère pastoral. Pourvu de la chapelle de Romay, à titre de curé de Paray, il se vit disputer ses droits par M. Jacques Corial, natif de Paray, prêtre, curé de l'Hôpital de Chenay. Ils entamèrent un procès que M. Corial perdit à Charolles. Il en appela à la Cour de Dijon. L'affaire était pendante, lorsqu'une transaction s'opéra devant M. Deroche, notaire à Paray. Acte passé le 18 juin 1664.

Des recherches sérieuses faites aux archives de Dijon, par les soins d'une connaissance de Mlle Hedwige de Verneuil, n'ont pu aboutir à la découverte du dossier de ce procès en appel. Nous le regrettons vivement, car ce dossier nous aurait peut-être permis de préciser de quelle façon et dans quelles conditions la chapelle de Romay passa des mains des Bénédictins à celles des curés de la paroisse.

Les rapports de M. Bouillet, curé, avec le Père de la Colombière, furent toujours excellents, au témoignage du P. Charrier, son dernier historien. A l'Avent de 1675 et au Carême de 1676, le P. de la Colombière fut seul chargé de prêcher trois fois par semaine à l'église de Saint-Nicolas. Ces prédications mirent fréquemment en présence le curé et le religieux. Ils entretinrent des rapports d'une amitié chrétienne et fraternelle. Le P. de la Colombière aima tendrement M. Bouillet, l'excita efficacement au bien durant son séjour à Paray et resta son ami jusqu'à sa mort. Le P. Charrier ajoute : Le curé de Paray était un homme d'une belle intelligence. Le fervent religieux, plus jeune que lui de douze ans, sut le faire triompher des imperfections qu'on lui reprochait (1).

Dans les procès-verbaux de visites épiscopales, il est fait un grand éloge de l'administration de M. Bouillet. Le seul reproche, consigné dans ces actes, est de retarder l'heure fixée pour les offices de la paroisse en faveur de la classe bourgeoise. On conçoit chez ce pasteur un petit faible pour une classe à laquelle il appartenait par sa naissance. Peut-être aussi la voyait-il plus souvent que le clergé et le peuple de Paray.

Nous n'imaginons pas quelles pouvaient être les autres imperfections à lui reprocher. Au-demeurant, quel est celui qui n'a pas les siennes ? Citons, en sa faveur, le procès-verbal d'une visite de l'église de Paray, faite par M. Martignat, curé de Marcigny, au nom de l'évêque d'Autun, le 19 février 1687 : « Nous avons visité l'église paroissiale de Saint-Nicolas, en présence de Jean-Eléonor Bouillet, docteur en théologie, curé de ladite ville, natif d'icelle, âgé de 58 ans. Et comme Mgr d'Autun l'a visitée, il y a huit ou neuf

---

(1) Sous l'administration de M. Bouillet, en l'année 1674, le diocèse d'Autun fut imposé d'une manière extraordinaire pour subvenir aux pressants besoins de l'Etat. Les subsides, versés en cette circonstance entre les mains de M. Hubert de Morey, avocat au parlement, s'élevèrent à la somme de 47,372 livres 7 deniers. Chaque ecclésiastique, jouissant d'un revenu de sa charge, chaque maison religieuse ayant des rentes domaniales, furent imposés au prorata de leurs revenus. Le Mépart de Paray versait la somme de 77 livres 1 sol 6 deniers, et le curé de Paray payait un impôt de 33 livres 10 deniers, etc., etc. (Extrait du Registre des comptes de M. de Morey, Archives du château de Sully. Note adressée récemment à M. le Curé de Paray, par M. le Curé de Sully, P. Muguet).

ans, *toutes choses sont dans la perfection* où il les a trouvées dans la dite église, dans laquelle le service de l'église se fait très régulièrement, tant par le dit curé que par Messieurs les sociétaires qui vivent dans l'approbation de tout le monde, par leur bonne conduite. Les trois sociétaires, actuellement desservants de la paroisse, sont sages, vivent exemplairement *à la confusion des hérétiques.* Il y a *deux mille communions.* »

M. Bouillet préside, le 1er mai 1679, une réunion tenue chez M. Bouillet, avocat et juge à Paray, pour le contrat de fondation d'un hôpital. L'année suivante, le 1er mai, il assiste à la Visitation, comme témoin, à la prise d'habit de Sœur Marie-Rosalie de Lyonne. Le Père de la Colombière écrivit d'Angleterre une magnifique lettre au sujet de la congrégation d'hommes qu'il avait fondée en 1675, sous le vocable de la Bienheureuse Vierge Marie. Cette confrérie comprenait les nobles et les bourgeois de la ville.

Les registres de 1694 portent l'acte de sépulture de Gratian Bouillet, prêtre-sociétaire, âgé de 48 ans. Il fut inhumé dans l'église Saint-Nicolas, le 12 janvier. A quel degré était-il parent de M. le Curé? Nous n'avons pu éclaircir cette question. Au reste, cette famille a donné de nombreuses vocations au Mépart, au Doyenné et aux couvents de la Visitation et des Ursulines.

Le curé de Paray suivit de près dans la tombe son parent Gratian Bouillet. Son acte de décès est ainsi libellé : « Le second jour du mois de décembre 1697, a été inhumé dans le chœur de l'église Saint-Nicolas, le corps de M. Jean-Éléonor Bouillet, âgé de 68 ans 3 mois. » — Signé : Baudinot, prêtre. Ce laconisme ferait supposer qu'il fut emporté par une mort subite.

M. Bouillet avait administré en pasteur accompli la paroisse de Paray pendant trente-six ans. Il la laissait dans un état très prospère. Les procès-verbaux de visites énumèrent, parmi ses œuvres paroissiales, l'établissement d'une congrégation *de la propagande de la foi* avec une quête chaque dimanche pour donner des secours à ceux qui, voulant quitter l'erreur, étaient souvent arrêtés par le manque de ressources.

C'est lui qui dota la paroisse de la confrérie des Dames de la Charité en faveur des pauvres honteux. Une telle confrérie n'aurait plus sa raison d'être, tant est rare maintenant cette catégorie de pauvres !

De son côté, le P. Froment, jésuite en résidence à Paray pendant douze ans, avait créé la confrérie de *Notre-Dame du Prompt Secours* pour le soulagement des âmes du Purgatoire. La chapelle de cette confrérie, sous le vocable de saint Antoine et du Rosaire, appartenait à M. Jean-Baptiste Pillet, prêtre-sociétaire, curé de Vitry-en-Charolais. Il autorisa la confrérie à y faire ses exercices, à la condition qu'à défaut du P. Froment, directeur, il aurait droit de le remplacer en cette qualité. Ce qui prouve que les prêtres du Mépart, en devenant curés de paroisse, conservaient encore certains de leurs droits et privilèges dans l'église de Paray. Nous compléterons ces détails sur les œuvres de zèle et les vertus de pasteur de M. Bouillet par ces quelques lignes d'une lettre de Mme Edmond Préveraud, née Bouillet, à nous adressée, à la date du 4 novembre 1899 :

« Mon père parlait souvent de son arrière-grand-
« oncle Eléonor Bouillet, seigneur de Romey. J'ai en
« ma possesion une lettre d'un prêtre Bouillet, curé
« de Thil, près Autun. — Mon père allait se marier et
« ce prêtre lui disait en lui parlant de ses devoirs :
« Souvenez-vous que noblesse oblige ! Rappelez-vous
« souvent de mon oncle Bouillet, curé de Paray. C'é-
« tait non seulement un homme de grands moyens.
« mais surtout un homme de bien. — Votre petite
« ville tient à honneur de l'avoir eu longtemps pour
« pasteur. »

M. Bouillet était, on le voit, non moins vénéré dans sa famille que dans sa paroisse. Nous ne nous reprocherons pas d'avoir esquissé à si longs traits ce type achevé du bon pasteur se consumant pour son troupeau pendant 36 ans.

Maitre Joseph Jacob, curé de Paray

(1698-1712)

Le bénéfice-cure de Paray, dans les conditions où M. Bouillet le laissait en mourant, était plus enviable qu'au temps où il en prit possession. — Après un siècle et demi de combats sanglants et de luttes des plus ardentes. le calvinisme expirait sous les coups vigoureux que lui portèrent les grands abbés commendataires de Cluny, les curés de la valeur des Desmolins. des Quidy, des Bouillet et. en dernier lieu, les Pères de la Compagnie de Jésus.

La paroisse de Saint-Nicolas, si éprouvée par l'hérésie, rentrait peu à peu en pleine possession d'elle-même. On en juge par les nombreuses concessions de bancs, enregistrées à cette époque. Il arriva un incident singulier à propos du choix du successeur de M. Bouillet. Le 24 décembre 1697, le cardinal de Bouillon signait *conjointement* deux nominations au lieu d'une à la cure de Paray : celle de M. François Leclair, docteur en théologie, prêtre du Mépart, et M. François Guinet de Villorbaine, aussi docteur en théologie (1), prêtre-sociétaire, présentement curé de Saint-Pierre-le-Vieux, alors du diocèse de Mâcon.

Cette faute administrative entraîna inévitablement des complications très regrettables. L'évêché dut refuser le visa, jusqu'à ce que l'un des prétendants eût fait bénévolement abandon de son droit. — Aucun d'eux n'y consentit. Cependant la vacance se prolongeait sans amener une solution. Au bout de trois mois, les autorités ecclésiastiques, d'un commun accord, mirent de côté les bénéficiaires nommés inconsidérément et fixèrent leur choix sur maître Joseph Jacob, prêtre, bachelier en théologie, demeurant à Bourg-du-Hault, diocèse de Cavaillon (2).

La nomination est datée de Vienne en Dauphiné, le 18 février 1698, le visa de l'évêché d'Autun est du 12 avril suivant et la prise de possession du 14 avril.

---

(1) Le P. Charrier, dans son histoire du P. de la Colombière, fait erreur lorsqu'il écrit, page 145, 1ᵉʳ vol. : *Seul, M. Bouillet était docteur en théologie.* — La société avait à ce moment, outre ces deux docteurs, nommés au bénéfice de Paray, maître Jean Corial, docteur en droit canon et en droit civil.

(2) L'évêché de Cavaillon n'existe plus.

Au bas du procès-verbal d'installation, on lit ces mots : J'ai retiré *mes provisions et visa*. — Jacob, curé de Paray.

Cette précaution était sagesse dans la circonstance ; car les deux prêtres évincés ne se tinrent pas pour battus. Le 18 avril, ils requirent du notaire Roche un acte par lequel François Leclair, de son gré et formelle volonté, déclare *se départir* de sa nomination au bénéfice de Paray, faite par le cardinal de Bouillon qu'il remercie humblement, et consent que le sieur Guinet de Villorbaine fasse toutes les poursuites qu'il jugera à propos pour raison dudit bénéfice. Malgré plusieurs démarches entreprises pour déposséder le dernier titulaire, l'affaire n'aboutit pas.

Le seul acte d'autorité sur la chapelle de Romay, qui nous reste de M. Jacob, est la bénédiction de la cloche de la chapelle. Nous en empruntons la relation à M. Cucherat qui, lui-même, l'a tirée textuellement des registres de la paroisse :

« L'an 1705 et le huitième jour de novembre, après
« midi, en conséquence du pouvoir à nous donné par
« M. du Feu, grand vicaire de Mgr Bertrand de Se-
« naux, évêque d'Autun, et daté du seizième du passé,
« pour la bénédiction de la cloche nouvellement refon-
« due à la chapelle de Romay de notre paroisse ; à cet
« effet, nous, Joseph Jacob, prêtre, bachelier en théo-
« logie, soussigné, avons bénit ladite cloche avec les
« cérémonies prescrites par le rituel romain, dont ont
« été parrains noble Guillaume de la Troche (1), maire

____

(1) M. de la Troche habitait rue du Ménage, anciennement rue du Minage, et en remontant plus haut rue du Manége, la

« perpétuel de la ville, et dame Anne Bouillet, son
« épouse, qui l'ont nommée *Marie-Anne*. Elle se
« nommait primitivement *Marie*; et d'autant que nous
« retrouvons dans les registres de l'an 1600, le
« 26 mars, que les confrères de Sainte-Anne auraient
« fait refondre la dite cloche et porter à la chapelle
« après qu'elle fut bénite (1) par le sieur Pouilly, vicaire,
« et les dits sœurs et confrères ont assisté à la béné-
« diction, et les supérieurs ont signé le présent acte.
« Elle a été augmentée de 40 livres de poids et la
« dépense, qui a dépassé 60 livres, a été faite des
« aumônes données à la chapelle. »

Cette cloche, deux fois refondue et augmentée de
poids et trois fois bénite, chaque fois avec plus de
solennité, est l'indice d'un développement marqué
de la dévotion des fidèles de Paray envers la Sainte
Vierge, et très particulièrement des confrères de
Sainte-Anne. La cloche dont il est question est assurément celle qui a retenti au Val d'Or, jusqu'en 1792.
Nous en poursuivrons l'histoire au chapitre suivant.

En faisant connaître M. Jacob, nous ne saurions
passer sous silence l'horrible famine qui dépeupla ce
pays sous son administration. Un tableau, présenté aux
États de Bourgogne, constate qu'en 1709, de cinq
parties de la population de Paray, il en périt trois par
la faim. La disette était telle, qu'on en était réduit à

---

maison Victor de Chiseuil, actuellement maison de M. Paul de
Billy.

(1) Elle aurait reçu la bénédiction à Paray, dans l'église Saint-
Nicolas, se prêtant mieux à une telle solennité que la petite
chapelle de Romay.

vivre de glands et de racines de fougères. — 4,000 mé-
tairies restèrent incultes. Des hameaux entiers devinrent déserts. Nous relevons, sur les registres dé
paroisse rédigés par M. le curé Jacob, ces chiffres :
en 1709, décès 609 pauvres et 73 autres personnes. En
totalité, 682 décès, 70 naissances et 6 mariages.
En 1710, 212 décès, 25 naissances et 14 mariages. Ce
chiffre de 894 décès en l'espace de deux ans vous
glace d'effroi, lorsqu'on y arrête sa pensée quelques
instants. Le clergé paroissial en éprouva d'accablantes
fatigues, au double point de vue physique et moral.
M. Jacob dut en souffrir plus encore que ses confrères,
parce qu'il avait le cœur d'un pasteur dévoué à son
troupeau. Est-il surprenant, après ce récit, que dans
ce sol déjà labouré par l'ensevelissement des victimes
de guerres religieuses, on découvre partout des ossements humains ? M. Jacob mourait deux ans après
cette famine qui fut un désastre sans pareil dans l'histoire de notre cité. Il comptait quatorze ans de ministère dans cette paroisse. Voici son acte de décès :

« Le 10 décembre 1712, a été inhumé dans le
« sanctuaire de l'église Notre-Dame Mᵉ Joseph Jacob,
« bachelier en théologie, curé de cette ville, âgé de
« 68 ans, lequel mourut hier, à cinq heures du matin,
« après huit jours de maladie, muni de tous les sacre-
« ments, par moi, prêtre commis. — CHALON, vicaire. »

M. JEAN-MARIE MALARD, CURÉ DE PARAY

(1713-1746)

Maître Jean-Marie Malard, prêtre-sociétaire de
Notre-Dame, remplaça M. Jacob. La nomination est

signée par Mgr La Tour d'Auvergne, archevêque de Vienne, grand vicaire général et coadjuteur perpétuel de Mgr le cardinal de Bouillon. à la date du 15 décembre 1712. Le visa de Mgr Charles-François d'Hallencourt de Dromenil. évêque d'Autun. lui permit de prendre possession du bénéfice le 18 janvier 1713.

Le nouveau curé de Paray avait fait ses études au séminaire de Saint-Sulpice. Il était bachelier de Sorbonne. Sa famille, originaire de La Clayette, prenait rang parmi la bourgeoisie du Brionnais. Plusieurs de ses membres firent alliance avec les meilleures familles de Paray, s'y fixèrent et y occupèrent d'honorables fonctions. A un moment donné, trois Malard remplirent en même temps les fonctions de curé, de maire et de bailli de la justice seigneuriale. Nous croyons qu'ils étaient frères et fils de Guy Malard, époux de demoiselle Corial. Leurs propriétés s'étendaient en partie sur les bords de la rivière de l'Arconce. Pour les distinguer, on leur donna le surnom des lieux de leurs principaux domaines. Ainsi, une branche prit le nom de Malard *de Sermaize* (1) et l'autre Malard de Sormain (2).

M. Malard nous fait l'effet d'un prêtre très actif et

------

(1) Sermaize est tout à la fois un hameau de Poisson et de Vendenesse-les-Charolles. L'annuaire écrit *Sermaise* celui de Poisson, et Sermaize, celui de Vendenesse. La famille écrivait Sermaize. (Il s'agit ici du Sermaize de Vendenesse).

(2) Suivant Courtépée (historique d'Anzy-le-Duc), Sormain était jadis un village dont on voit un seigneur Hugues de Sormain, en 1108. Les immeubles compris présentement sous la dénomination *Sormain* (un domaine et un embouche), appartiennent en majeure partie à la famille Ravier du Magny et aux Jacquelot de Villette. (Note de M. Louis Goin d'Anzy).

très jaloux de ses droits de curé. Il menait de front une foule d'affaires. Son caractère pétulant ne reculait devant rien. De là, une foule de procès où il obtint le plus souvent gain de cause. Aussi, il n'avait pas les sympathies générales. Mais le reproche de parcimonie qu'on lui adressait n'apparaît pas suffisamment justifié par les faits. Nous rencontrons çà et là plus d'une trace de son zèle à combattre l'hérésie protestante. Le 21 juillet 1718, il recevait l'abjuration des nommés Christe, Jeanne et Suzanne Meure, suisses d'origine et luthériens de religion. Parmi les calvinistes de Paray les mieux posés, on comptait les Viridet, dont l'un était médecin et l'autre notaire. La fille de l'un d'eux, âgée de neuf ans, voyant les funérailles d'un seigneur catholique de la ville, fut si frappée de la pompe des cérémonies catholiques qu'elle résolut d'abjurer l'erreur du protestantisme. Elle demanda à entrer à la Visitation comme pensionnaire pour s'instruire de notre sainte religion. Ses parents se précipitèrent au parloir et employèrent promesses et menaces pour avoir leur fille. Voyant son obstination à changer de religion, ils l'abandonnèrent complètement. *Dieu prit soin d'elle,* dit l'historien. Ce fut le curé Malard qui devint sa providence visible. Il se chargea de la pension de la jeune néophyte tout le temps qu'elle resta au monastère.

Le presbytère qu'il habitait avec un vicaire était dans un délabrement pitoyable et la municipalité se refusait à faire la dépense d'une autre habitation. Il la mit en demeure, par voie de justice, de s'exécuter;

Enfin la ville acheta une maison, en face de la petite porte nord de l'église Saint-Nicolas, occupée successivement par M⁰ Jacquand, notaire, et par son successeur, M⁰ Chalon. La famille Chalon avait vendu cette maison au nommé Simon, demeurant une partie de l'année à Paray et l'autre partie au Pin (Allier). Il la vendit à la ville pour en faire un presbytère (1)..

Sous l'administration de M. Malard, la confrérie de Sainte-Anne fit construire la petite chapelle qui porte le nom de leur patronne. A la clef de l'arc qui s'ouvre dans la chapelle, on lit la date dont il a été question ailleurs.

Le tableau du fond de cette chapelle est du peintre Malard, le parent de M. le Curé (2). Il reproduit la scène si touchante d'une leçon de lecture, donnée par sainte Anne à la Sainte Vierge Marie, toute petite enfant. On croit que cette toile est une copie d'un grand peintre italien. M. Gustave Grizard, amateur de peinture, l'a restaurée avec goût, il y a quelques années. Il regarde comme certain que le *Baptême de Notre-Seigneur par saint Jean-Baptiste*, que l'on voit actuellement dans la basilique (3), est l'œuvre du peintre Malard.

La branche Malard de Sormain s'est éteinte dans la personne de M. Henri-Cyrille Malard de Sormain,

---

(1) Cette maison se voit encore près du vieux Saint-Nicolas. Une grille en fer ferme la petite cour qui sépare la maison de la place. Elle appartient à M. le docteur Dumontet.

(2) Au registre des délibérations de la confrérie de Sainte-Anne, que possédait M. Cucherat, on lisait un vote de remerciement au peintre du tableau de sainte Anne.

(3) Chapelle des fonts baptismaux.

grand bienfaiteur de la paroisse de Paray, décédé
en 1889, en son château de la Vešvre de Rigny-sur-
Arroux.

La dernière survivante des *de Sermaize* fut
Mlle Eléonore Malard de Sermaize, insigne bienfaitrice
de l'église paroissiale et de la chapelle de Romay. En
reconnaissance de son incomparable générosité, les
fabriciens de l'église paroissiale de Paray ont fondé
à perpétuité une messe annuelle à dire le 19 avril,
pour le repos de son âme.

Avant le couronnement de la Vierge de Romay, la
statue était élevée sur un socle en bois, dissimulé par
des garnitures brodées. Lorsqu'on voulut la placer là
où elle est, on découvrit, écrite au crayon, cette
consécration à Notre-Dame de Romay, aussi simple
que touchante : « Ma bonne Mère, recevez l'offrande
« que je vous fais de moi-même. Je veux, autant qu'il
« me sera possible, contribuer à votre gloire le reste
« de mes jours, en mettant tous mes soins à embellir
« ce sanctuaire qui vous est consacré. Veillez sur moi,
« protégez-moi. Saints Anges, qui entourez cet autel
« pour adorer la Sainte Victime qui s'offre de temps
« en temps dans ce lieu pour le soulagement des
« malheureux qui viennent prier ici, joignez vos
« prières aux leurs, pour obtenir du Dieu de bonté les
« grâces qu'ils sollicitent. — Eléonore de Sermaize,
« sacristine de Romay ».

Une note, relevée aux registres de catholicité, sous
M. le curé Malard, indique combien les prêtres du
Mépart se montrent respectueux des droits du curé de
Paray.

Le 26 avril 1746, M. Joleaud de Saint-Maurice, prêtre sociétaire du Mépart, bénissait l'union de son frère Jacques Joleaud, épousant Mlle Claudine Deshaires. « J'ai donné, écrit-il, la bénédiction nuptiale du consentement de M. le Curé, qu'il a bien voulu m'accorder pour cela, reconnaissant que mon Ordre (le Mépart), ni moi, n'avons aucune prétention ni droits dans l'étendue de la paroisse de Notre-Dame et de Saint-Nicolas, son annexe. » Ce même jour, M. Malard bénissait un mariage. Trois jours après, il mourut, comme nous l'apprend l'acte suivant : « Le 30 mai 1746, j'ai inhumé dans la chapelle de l'hôpital (1) le corps du sieur Maître Jean-Marie Malard, bachelier-prêtre, curé de ladite ville, après avoir été porté en cette église, qui décéda, hier soir à 8 heures, après avoir reçu les sacrements, âgé de moins de 69 ans, qui a été accompagné de la paroisse, des amis, des prêtres de la Congrégation (le Mépart), des confrères du Saint-Sacrement, de Sainte-Anne et des Dames d'association ».

DES HALLIERS, prêtre-sociétaire.

Me JACQUES CHEVALIER, CURÉ DE PARAY

(1746-1778)

Les abbés commendataires de Cluny, éloignés de Paray, ne se rendaient pas assez compte de la situa-

---

(1) Après avoir fait annuler le testament de son frère Guillaume Malard qui laissait des legs pieux aux pauvres, il préféra la sépulture modeste du cimetière de l'hospice à celle de Saint-Nicolas ou de Notre-Dame.

tion de la paroisse. De là des nominations, suivies bientôt de démissions. En voici un exemple : Claude Leroy, prêtre du diocèse de Sens et curé d'une paroisse de Paris, est nommé curé de Paray à la mort de M. Malard. Il prend possession par procuration et deux mois après il donne sa démission. Les registres du temps ne portent aucune signature de ce prêtre, d'où nous concluons qu'il ne prit pas réellement et personnellement possession du bénéfice, sans savoir le motif de cette démission. M. Jacques Chevalier le remplace. Sa nomination est signée par Mgr le Prince Henri Oswald de la Tour d'Auvergne et visée par Mgr Gaspard-Thomas de la Valette, évêque d'Autun. M. Chevalier, à ce moment, faisait partie de la maison curiale d'Annay, diocèse de Paris. Sa famille habitait Paray et tout porte à croire qu'il était prêtre-sociétaire non résident. La prise de possession s'effectua le 17 août 1746, par l'entremise de Claude Perret, vicaire. Le nouveau curé apparaît comme un digne prêtre et, pendant 32 ans, il fait preuve d'un grand zèle. Autant M. Malard est ardent et pétulant de caractère, autant M. Chevalier est calme et énergique. Il jouissait d'une fortune personnelle qu'il employa à de pieux et charitables usages. Il exécute de ses propres deniers des réparations importantes aux deux églises de Notre-Dame et de Saint-Nicolas. Ses aumônes aux pauvres et à l'hôpital ne tarissent pas.

D'imposantes solennités marquèrent à Paray la béatification de la Mère de Chantal. La fête du 21 août 1752 fut précédée d'un triduum à la chapelle de la Visitation. M. le curé de Paray donna le sermon d'ouverture dans lequel il établit, en premier lieu, « que sainte Chantal a triomphé du monde dans les trois états de fille, d'épouse et de veuve ; en second lieu, qu'elle fit triompher l'Église de Dieu sur l'enfer par le triple caractère de son zèle qui fut tout à la fois désintéressé, patient et ardent ».

Sa péroraison est une éloquente prière à la nouvelle Bienheureuse, Mère des filles de la Visitation. Il la conjure de prendre ce même titre à l'égard des fidèles de sa paroisse, attendu qu'elle est la source originaire des grâces accordées à sœur Marguerite-Marie Alacoque, l'avocate spéciale de Paray, l'honneur et la joie de son peuple.

La signature de M. Chevalier paraît souvent sur le registre des vêtures et des professions religieuses du monastère. Le curé de la paroisse a le droit, par les statuts et règlements de la Visitation, de présider aux sépultures des religieuses du monastère, saint François de Sales ayant voulu *qu'elles fussent filles de la paroisse.* Le registre mortuaire porte trente signatures de M. Chevalier.

Parmi les religieuses d'alors, nées à Paray, nous lisons le nom de sœur Marie-Christine Chevalier, de la famille du curé.

Le P. Charrier, historien du vénérable Père de La Colombière, donne l'inventaire des pièces et titres, fait en la maison des Pères Jésuites de Paray, en vertu d'un arrêt de la Cour du 11 juillet 1763, entr'autres 18 pièces d'un procès que les Pères Jésuites ont eu avec le sieur Chevalier, curé actuel dudit Paray, en 1750 (1).

D'autre part, Courtépée (2) dit que le curé de Paray gagna deux procès contre les Jésuites, pour les empêcher de faire des processions publiques et la première communion aux enfants. Un document extrait d'un acte notarié explique mieux que l'historien de Bourgogne, peu bienveillant pour les Jésuites et les Bénédictins de Paray, les motifs des deux procès (1748-1750); requête avec mémoire des Pères Jésuites et sentence qui maintient définitivement Jacques Chevalier, curé de ladite ville, au droit et possession où il est de faire des processions avec croix et chant dans toutes les églises qui sont sous sa direction, avec défense aux Révérends Pères de l'y troubler à l'avenir; lorsqu'ils conduiront les *Congréganistes* dudit Paray, avec croix et chant, qui ne sont pas sous la direction dudit curé, il leur sera loisible de passer sur le sol et terrain de la paroisse dudit curé (3).

On appelait Congréganistes une confrérie de nobles et de bourgeois de Paray, placée sous le patronage de la Sainte Vierge et fondée par le P. de la Colombière en 1676, le 15 août ou le 8 septembre.

Le 12 décembre 1767, le curé de Paray fait sous

---

(1) *Notes et documents.* Note I. Delhomme et Briguet, éditeurs à Lyon, 1894.

(2) *Voyages dans la province de Bourgogne en 1776 et 1777,* publiés par de Charmasse et de La Grange. Autun. Dejussieu, 1895.

(3) Les églises sous la direction du curé de Paray étaient Notre-Dame-du-Cimetière, Saint-Nicolas, Saint-Roch, Saint-Joseph, sur le chemin de Romay, et Notre-Dame-de-Rómay. M. le curé Chevalier était aussi titulaire de la chapelle de la Sainte Vierge de la paroisse de Grury, prés d'Issy-l'Evêque.

la caution de son frère, médecin et juge, au grenier à sel de Paray, un contrat de rentes au profit des pauvres de l'hôpital, dont le capital de 1,800 livres produisait 72 livres de rentes.

Malgré des apparences de belle santé, le curé de Paray était souvent indisposé. Chaque année, au mois de mai, il s'installait à sa maison de campagne, au domaine des Carrés dont il était propriétaire. Il avait sa chapelle où il célébrait la messe chaque jour, excepté le dimanche où il rentrait à Paray et y célébrait la messe pour ses paroissiens. Dans ses dernières années, il dut renoncer à cette *cure au lait de chèvre*, qu'il faisait à sa campagne des Carrés. Alors il donna à l'hôpital les ornements de sa chapelle. On y conserve son calice. M. Nectoux utilisa l'autel des Carrés, lorsqu'en 1833, il construisit la chapelle de Saint-Roch actuelle, en souvenir de celle de Saint-Roch et de Saint-Sébastien, sise sur le chemin de Bouléry, et qui disparut au percement du canal du Centre (1).

Le testament de M. Chevalier est un grand acte de foi et de charité sacerdotales. Il institue légataire universel son neveu, Jean-Alphonse de Guillermin de Mont-Pinet, garde du corps et fils de Me Antoine de Guillermin de Mont-Pinet et de Pierrette Chevalier, sa sœur. Ce dernier eut en partage la propriété des

---

(1) La chapelle primitive donna le nom de Saint-Roch au quartier des bords de la Bourbince. Elle se trouvait dans la cour des dépendances de la maison Serée, construite pour loger les ingénieurs du canal du Centre. La destruction de la chapelle est le fait de ces ingénieurs de l'Etat.

Carrés, laquelle passa à sa fille Octavie de Guillermin (1), veuve de M. Alexandre Dubard de Curley.

Après les legs de famille à trois frères et une sœur, il laisse à l'hôpital un tiers du produit des meubles de sa maison de Paray. Les deux autres tiers reviennent à son frère Adrien Chevalier, à charge de services et messes pour le repos de son âme à dire à la paroisse et à l'hôpital. Il demande à être inhumé dans la chapelle de l'hôpital, clause non exécutée, comme on va le voir par son acte de sépulture :

« Le 1er novembre 1778, a été inhumé au cimetière de Notre-Dame. messire Jacques Chevalier, bachelier en la Sorbonne, mort la veille, 31 octobre, à l'âge de 66 ans... » Ont signé : M. de la Tour, grand vicaire d'Autun et les deux vicaires de la paroisse.

Le portrait à l'huile de M. Chevalier, restauré par M. Gustave Grizard de Paray, ornait le salon de Mme veuve Alexandre de Curley. A sa mort. fin septembre 1896, ses quatre filles voulurent nous l'offrir, en souvenir de leur pieuse mère que nous considérions comme une des meilleures chrétiennes de la paroisse. Il occupe une place d'honneur dans la belle salle à manger du presbytère.

Dans tout ce récit sur M. Chevalier, il n'y a rien concernant Notre-Dame de Romay. Toutefois, l'auteur anonyme d'un pamphlet manuscrit, les *Anecdotes de Paray*, relève le fait suivant : Il a disparu, de la chapelle de Romay, qui dépend de la paroisse,

----

(1) La famille de Guillermin de Mont-Pinet était de race noble très authentique.

deux burettes d'argent, une petite cloche d'argent et un collier. — Déjà, à cette époque, on attachait au cou de la Madone un collier en signe de vénération.

MESSIRE ADRIEN BAUDINOT, CURÉ DE PARAY

(1778-1789)

Quelques semaines après le décès de M. Chevalier, M. Baudinot, licencié de Sorbonne, est appelé à lui succéder. Sa nomination est signée par maître Jean-Baptiste Develle, prieur de Saint-Laurent d'Hauteville, chanoine et grand chantre de la cathédrale d'Autun, abbé commendataire de l'abbaye royale de Saint-Rigaud (1), de l'Ordre de Saint-Benoît, vicaire général, official de l'évêché d'Autun, y demeurant, fondé de la procuration spéciale de Son Eminence Mgr Illustrissime et Révérendissime Dominique de Roy de la Rochefoucauld, et visée par Mgr Marbeuf, évêque d'Autun. La famille Baudinot était très répandue à Charolles et à Paray. Aux registres paroissiaux de Paray, elle commence à apparaître vers la seconde moitié du XVIIᵉ siècle. A partir de ce moment, elle marche de front avec les familles les plus influentes du Charolais. L'armorial général de France, par Charles d'Hozier, décrit les armoiries de plusieurs Baudinot (2).

---

(1) Paroisse de Ligny, canton de Semur-en-Brionnais.

(2) Baudinot de Selorre, conseiller au Parlement, porte *de gueules à trois fasces d'or, surmontées de trois croissants d'argent, rangées en chef, accolé d'azur à une fasce ondée d'argent, accompagnée de trois quintefeuilles d'or, deux en chef et une en pointe.* Généralité de Bourgogne, tome I, p. 12.

Cette famille donna plusieurs religieux au monastère bénédictin de Paray, plusieurs prêtres au Mépart, et un plus grand nombre de religieuses à la Visitation de Paray. Claude Baudinot remplit pendant de longues années les fonctions de secrétaire au Mépart. Sa réélection, maintes fois renouvelée, prouvait ses aptitudes à cette charge. Son blason, apposé sur les actes de la société, est *fascé d'or et de gueules de six pièces, et en chef d'azur, chargé de trois croissants d'argent.* Les trois croissants se retrouvent dans les blasons des autres Baudinot. On distinguait les diverses branches par les noms de terres : les Baudinot de Comblettes, paroisse de Paray ; de Selorre, paroisse de Saint-Yan ; de la Salle, paroisse de Digoin ; du Breuil, paroisse de Maltat.

L'acte de possession du bénéfice de Paray par M. Baudinot est du 26 septembre 1778. Le titulaire s'est transporté d'abord à l'église de Saint-Nicolas, *où de temps immémorial se font les fonctions curiales.* Puis il se rendit à Notre-Dame, qui garde son titre primitif d'église paroissiale. Le cérémonial accompli à Saint-Nicolas se renouvelle à Notre-Dame, sauf que le curé n'ouvre pas le tabernacle, parce que le Saint-Sacrement n'y est pas conservé. Mais on sonne à grand branle les trois cloches. Dans le mois qui suivait l'installation, l'acte de possession était envoyé au greffe de l'Evêché. Les documents qui nous restent de cette époque témoignent que M. Baudinot fut, comme M. Chevalier, un très digne prêtre, estimé de tous. Aussi bien, le clergé s'empresse de l'élire aux Etats Généraux de 1789. Son nom est inscrit sur la liste des 291 membres ecclésiastiques. Sa santé ne lui permit pas de siéger à ces grandes assises et il eut pour remplaçant M. Sébastien Pocheron, curé de Champvent, annexe de la Guiche, au bailliage de Charolles. Le 24 juin 1786, la Visitation de Paray célébrait dans sa modeste chapelle le centenaire de l'établissement de la dévotion au Sacré-Cœur qui, présentement, remplit le monde. M. Baudinot donna le sermon au soir de la solennité. A la fin de son discours. il apprit à son auditoire qu'il était parent de la Vénérable Marguerite-Marie Alacoque.

Quelle était cette parenté? nous avons fait des recherches à Paray et à Charolles. Nous avons consulté M. Muguet, archiprêtre de Sully, très versé dans la question de la généalogie de notre Bienheureuse Marguerite-Marie. Il résulte de toutes nos recherches que la parenté dont s'honorait M. Baudinot n'était qu'une simple alliance et non une parenté de consanguinité. M. Adrien-Marie Baudinot, curé de Paray, était fils de Jean-Baptiste Baudinot, avocat au Parlement, et de Philiberte Decamp, et petit-fils de Claude Baudinot et de Françoise Geoffroy. M. le Curé de Sully nous apprend que Christine Geoffroy avait épousé Aimé Dargental, arrière-petit-neveu de Marguerite-Marie Alacoque. Si Françoise Geoffroy était sœur de Christine Geoffroy, il y avait alliance déjà éloignée entre les Baudinot et les Alacoque. Malgré une telle distance, on comprend que M. Baudinot s'en fasse gloire. On aime toujours, quand on le peut, se rapprocher par quelque côté des amis de Dieu, comme le fut Marguerite-Marie.

Depuis onze ans seulement, M. Baudinot gouvernait avec sagesse la paroisse de Paray, lorsque sa mauvaise santé le détermina à résigner son bénéfice en faveur de messire François Decamp, prêtre du diocèse, bachelier en droit civil et canon de l'Université de Valence. La mère de M. Baudinot étant née Philiberte Decamp, il est à croire que M. Decamp lui était parent, vraisemblablement cousin-germain. La démission est du 4 mai 1789. M. Baudinot rendait le dernier soupir le 9 mai. Dans ces cinq jours, M. Decamp n'avait pu remplir les formalités préalables à la prise de possession. Il fut donc privé du bénéfice.

L'acte de décès du curé défunt est ainsi conçu : « Le « 9 du mois de mai 1789, est décédé à cinq heures « du soir, et le lendemain a été inhumé, ayant reçu « *avec une dévotion tendre* tous les sacrements, « messire Adrien-Marie Baudinot, prêtre, licencié de « la Faculté de Sorbonne, député du bailliage de « Charolles aux Etats Généraux, âgé de 52 ans, en « présence du clergé de la ville et des curés du voi- « sinage. »

Au commencement de l'année, le 13 janvier, M. Baudinot avait fait son testament en faveur de ses deux frères : Me Claude-François Baudinot, avocat au Parlement, bailli, juge de Paray, et M. Gilbert Baudinot, premier secrétaire de l'intendance de Moulins en Bourbonnais. Comme œuvre pie, il donne et lègue au bureau de charité *établi* ou à *établir*, six mille livres que son héritier universel versera en principal, ou en une rente annuelle à sa volonté. S'il arrivait que le bureau de charité n'eût pas lieu ou cessât d'avoir lieu, le testateur donne et lègue cette somme, payable comme dessus, aux pauvres de l'hôpital.

Les trois frères Baudinot avaient pour sœur demoiselle Françoise Baudinot, bourgeoise. Elle habitait le presbytère et y mourut. Par testament, trouvé aux archives de M. Vial d'Alais, notre vénéré prédécesseur, en date du 28 janvier 1872, elle donne tous ses biens, meubles et immeubles, à son frère prêtre, curé de Paray, s'en rapportant à lui pour ses funérailles et ses bonnes œuvres.

M. Baudinot, en donnant tout son avoir à ses frères, remettait ainsi les choses au point.

La famille Baudinot s'est éteinte à Paray par la mort de demoiselle Françoise-Claudine Baudinot, épouse de M. Charles-Guillaume Vial d'Alais, père et mère de M. Adolphe Vial d'Alais, décédé curé de Paray, le 20 février 1880.

Nous ne pouvons passer sous silence la perte d'un des vicaires de M. Baudinot, jeune prêtre d'avenir, dont la mort prématurée fut un grand deuil pour sa ville natale : M. l'abbé Gaspard Petit, vicaire de Paray, mourut en 1786, à l'âge de vingt-cinq ans. Il était frère du général Petit (1), et de Marie-Thérèse Petit, religieuse-professe de la Visitation Sainte-Marie de Paray, guérie miraculeusement par l'intercession de

---

(1) Nous extrayons d'une notice très intéressante et très documentée sur le général Petit, par M. Georges Bonnet, de Paray, les détails suivants : « Claude Petit est né à Paray, le 14 juin 1763. Il était l'aîné d'une nombreuse famille. A vingt ans, il s'engage au régiment d'Auvergne-Infanterie. Le 25 juillet 1792, il prit un nouvel engagement et fut élu chef d'un bataillon

Marguerite-Marie Alacoque, *d'un anévrisme invétéré du cœur*, suivant les expressions mêmes du décret pontifical de la béatification en l'année 1864. Ce fut le premier des trois miracles de la béatification de notre Bienheureuse.

Rien à signaler à la chapelle de Romay pendant les onze années de l'administration de M. Baudinot. Nous plaçons ici la découverte très fortuite d'un *ex-voto* à Notre-Dame de Romay pendant le mois de mai 1901, dans un mur du jardin des religieuses du Saint-Sacrement. Il est en pierre des carrières de Romay et mesure 0^m50 de longueur sur 0^m30 de hauteur. Il présente au milieu une niche de 0^m15 de profondeur et 0^m25 de hauteur avec feuillure cintrée pour recevoir une porte à vitre. Au centre, on voit un creux pour placer un médaillon en marbre ou bronze, représentant le groupe de Romay. La porte et le groupe ont disparu pendant la Révolution, mais l'inscription est restée intacte. Elle est en lettres majuscules pointées, sauf le mot Romet (1) qui est en toutes lettres. Un habitant de Paray, habile dans l'art

---

de volontaires de Saône-et-Loire au moment où *la patrie est déclarée en danger*.

« Nommé général le 29 août 1803, il fit les campagnes de Prusse et d'Autriche où il fut tué par une balle reçue en pleine poitrine, près de Presbourg (Hongrie), à la tête de ses troupes, le 3 juin 1809. »

En 1880, le Conseil municipal de son pays natal, rendant justice à son courage et à sa valeur militaire, décida que la grande rue porterait désormais le nom de *rue du Général Petit*.

(1) L'orthographe *Romet* se trouve dans de vieux actes assez rares.

de déchiffrer les inscriptions antiques, a traduit ainsi celle de notre *ex-voto :*

CE SIGNE VOTIF ÉLEVÉ FUT DÉDIÉ,
COMME OVATION ET TÉMOIGNAGE DE FIDÉLITÉ,
A NOTRE-DAME DE ROMET.

Ce petit monument en l'honneur de la Madone de Romay, découvert dans le vieux couvent des Ursulines de Paray, dont la fondation remonte à l'an 1664, a sans aucun doute été érigé dans ce lieu par les religieuses Ursulines, avec l'intention de se placer elles-mêmes, ainsi que les élèves de leur pensionnat, sous l'égide de Notre-Dame de Romay.

Madame la Supérieure du Saint-Sacrement a bien voulu nous en faire hommage. Un jour, nous placerons *cette pierre du témoignage* à la chapelle de Romay pour perpétuer le souvenir de la dévotion des Ursulines de Paray à la Vierge de Romay. Au reste, nos dévouées religieuses du Saint-Sacrement continuent cette pieuse tradition. Chaque année, maîtresses et élèves font un pèlerinage spécial à Romay, et, le dimanche, on rencontre souvent le pensionnat allant à Romay ou en revenant, comme lieu favori de promenade et de dévotion. Puissent ces actes si touchants de piété envers Marie préserver cette maison religieuse, très dévouée à l'instruction des jeunes filles, de l'orage qui a déjà détruit un si grand nombre de maisons d'éducation en France !

CHAPITRE VII

NOTRE-DAME DE ROMAY PENDANT LA RÉVOLUTION

La Révolution éclate en France, Paray ne tarde pas à entrer dans le mouvement. Il est d'abord dirigé par des hommes aussi modérés qu'intelligents. Ils comprenaient le besoin de réformes qui s'imposaient dans la nation et ils exécutaient les premières lois ponctuellement, tout en évitant les procédés malhonnêtes et les mesures vexatoires qu'on rencontre dans les périodes suivantes. La municipalité se compose de bourgeois, d'hommes exerçant des professions libérales et de commerçants. Nous remarquons les noms des meilleures familles de Paray : un Bouillet, un Malard, un Corial et d'autres encore. Rien, du reste, ne provoquait à Paray les révoltes et les scènes de désordre. Le peuple était tout entier à la joie d'une ère nouvelle, dont il attendait l'amélioration de son sort, sans être malheureux outre mesure. Aucun abus criant, que nous sachions, ne fournissait à la population l'occasion de se laisser entraîner à ces voies de fait si déplorables et à ces pillages affreux, dont le triste souvenir se conserve encore après plus d'un siècle.

L'histoire n'a eu à enregistrer aucun meurtre à Paray et dans les environs.

Seul, M. Matrier, aumônier de la Visitation, fut victime de son zèle. Il demeura à Paray, le dernier des prêtres de la paroisse, et y exerça le saint ministère en cachette, jusqu'en 1793. Cependant il fut dénoncé et condamné à la déportation. Arrêté à Paray, il fut conduit à Mâcon et, le 26 juillet 1793, il fut emmené brutalement sur le chemin de la déportation, avec douze autres prêtres, parmi lesquels M. Fertiault, vicaire général de Chalon. Les déportés, partis de Mâcon, traversèrent Saint-Sorlin, Cluny, Charolles, où ils furent accueillis par des manifestations hostiles de la population et maltraités par le geôlier.

M. Fertiault, dans ses notes sur ce triste voyage, parle ainsi de Paray : « D'assez bonnes voitures nous conduisirent promptement et par une route bien entretenue à Paray-le-Monial. Cette petite ville, fort jolie, a des habitants des plus hospitaliers. Conduits à une hôtellerie, nous demandâmes seulement à nous rafraîchir et nous reçûmes un accueil vraiment charitable de la maîtresse du logis. Au milieu du tumulte d'une hôtellerie, nous eûmes la douce consolation de voir entrer *un ange de paix,* qui nous apporta tout ce que sa générosité empressée lui permit de nous procurer.

« M. Matrier, l'un des nôtres, prêtre distingué par sa piété et sa bienfaisance, était de cette ville et y avait exercé ses fonctions jusqu'à sa réclusion. Ce fut lui principalement qui fit abonder les cadeaux et les rafraîchissements distribués par Mme Brigaud, épouse du juge de paix (1).

« Plusieurs de nos messieurs avaient, à Paray, des parents et des connaissances, ce qui rendit notre départ plus triste qu'à l'ordinaire. Les habitants s'apitoyaient sur l'infortuné desservant de l'hôpital (2), M. Matrier, et suivirent longtemps des yeux les hommes et les voitures qui entraînaient des ministres de leur culte, dont la grande faute était leur fidélité à leur Dieu et à sa religion. A l'étape suivante, Digoin, la réception fut différente, et les pauvres déportés commencèrent leur exode de misères, qui aboutit aux pontons de la Charente. M. Matrier mourut à l'hôpital de Rochefort, le 16 décembre 1794, des suites de la souffrance du voyage sur terre et sur le navire, *le bonhomme Richard*, en vrai confesseur de la foi (3). »

La chapelle de Romay ne fut pas comprise dans le décret qui ordonnait de raser les clochers, pour la bonne raison qu'elle n'avait pas de clocher, mais un modeste campanile, auquel était suspendue la cloche.

Arrive l'heure des inventaires sacrilèges des vases sacrés, des objets en cuivre, des ornements et de tout le mobilier des églises.

---

(1) M. Brigaud, d'abord notaire à Paray, devint juge de paix du canton de Paray et enfin maire de Paray.

(2) M. Matrier, après avoir été aumônier de la Visitation, desservait l'hôpital et remplissait toutes les fonctions du ministère paroissial.

(3) La *Vie de la Vénérable Mère Marguerite-Marie*, par Mgr Languet, évêque de Soissons, nouvelle édition par M. l'abbé Léon Gauthey, vicaire général de Son Eminence le Cardinal Perraud, évêque d'Autun, pages 491 et suivantes.

La municipalité de Paray, à l'instar des grandes cités de France, procède au changement des rues de la ville. La première délibération à ce sujet est du 3 décembre 1792 :

« Le Conseil, considérant qu'il est intéressant de se familiariser avec tous les noms qui nous rappellent notre heureuse révolution ; qu'il est *instant* d'éloigner de la pensée tous ceux qui pourraient faire naître le douloureux souvenir de la féodalité et de l'esclavage, arrête à l'unanimité, que d'ors *(sic)* et déjà la place Saint-Nicolas s'appellera à l'avenir place de la Liberté, que la grand'rue s'appellera rue de l'Égalité, que celle appelée du Perrier s'appellera rue des Volontaires, à cause des dix-neuf défenseurs de la patrie qu'elle a fournis, que celle des Saintes-Maries (la Visitation) s'appellera rue Mirabeau, que celle dite du Palais s'appellera rue de la République ; que les bornes féodales qui fixaient la banlieue seront détruites.

« Le 17 frimaire an II, le Conseil décide entr'autres choses que la place de la Boucherie sera la place de la Montagne, qu'il y sera planté un arbre qui portera ce nom si cher à la Liberté et que le jour de la plantation, il y aura une fête. On décide encore que la rue des Saintes-Maries ne s'appellera plus rue Mirabeau, mais rue de la Révolution, celle dite Dame-Dieu, rue des Droits-de-l'Homme, la rue du Ménage sera appelée rue de la Fraternité, la rue Palinges sera appelée rue Marat, la rue du Four, rue Lepelletier, en mémoire de Lepelletier de Saint-Fargeau, assassiné par les Guides ou Gardes du corps à Paris, le 20 janvier 1793. La rue Billet, rue du Bonnet-Rouge, la rue des Cordonniers, rue des Sans-Culottes, etc. »

Stupidité inqualifiable ! Qui nous dit qu'on n'y reviendra pas ? L'histoire d'un pays ne s'efface pas en changeant le nom des rues.

La chapelle de Romay avait une sacristie bien fournie en ornements sacerdotaux et en linge d'église. Le premier inventaire ne porte rien de bien précieux. A noter cependant un cœur en argent de 4 gros et demi et une statue de la Sainte Vierge aussi en argent, du poids de trois onces trois gros. Si on se rappelle que le gros valait le huitième de l'once et que l'once était la seizième partie de la livre, il n'y avait vraiment pas dans ce mobilier de quoi enrichir la nation.

En dépit de l'émission des assignats, en 1790, précédée de la vente des biens ecclésiastiques, la République en était réduite à faire argent de tout ; car, à tout prix, il fallait donner des fêtes au peuple pour qu'il ne se prît pas à regretter nos fêtes religieuses, d'une beauté et d'une magnificence incomparables.

Les deux inventaires de la chapelle ne font pas mention de la statue. On la traite comme une quantité négligeable, parce qu'on ne suppose pas qu'on puisse la vendre à prix d'argent. Ce n'est que deux ans après les inventaires, que la Vierge de Romay fait le sujet d'une délibération trop suggestive, pour que nous ne la transcrivions pas textuellement :

« Ce jourd'hui, 14 thermidor de l'an III de la Ré-
« publique, la municipalité assemblée, les citoyens
« maire et procureur de la Commune ont dit que plu-

« sieurs femmes de cette commune sont venues *ré-*
« *péter* (demander) une statue en pierre représentant
« l'*effigie* de la Vierge, connue sous le nom de Notre-
« Dame de Romay, laquelle était placée anciennement
« dans la chapelle du même nom de Romay, et se
« trouvait chez le citoyen Roulier, mégissier au Grand
« Faubourg de cette commune, pour la replacer dans
« ladite chapelle *qu'elles ont fait orner;* que ce matin
« sur les 10 heures, ils seraient allés au domicile du
« dit Roulier, avec les citoyens Sauvageot et Guibert,
« officiers municipaux, accompagnés de quantité de
« citoyennes, l'ont invité de remettre cette effigie. Le
« citoyen Roulier leur a fait réponse qu'il ne pouvait
« la remettre quant à présent, sous divers prétextes,
« mais qu'il la remettrait à la municipalité à midi et
« demi. Ils sont allés de nouveau, à cette heure, au
« domicile du dit Roulier l'inviter de remettre ladite
« effigie. Mais Roulier leur a dit qu'il l'avait fait
« porter par sa fille à la chapelle de Romay, peu de
« temps après que la municipalité était sortie de son
« domicile.

« Les citoyens, maire et procureur, ont vérifié que
« *cette effigie* avait bien été portée à la chapelle de
« Romay par sa fille et plusieurs autres femmes se
« disant d'*excellentes patriotes;* que d'autres femmes
« se disant d'une autre opinion se sont emparées des
« clefs de la chapelle, qu'elles ont remises au citoyen
« Guichard, officier municipal.

« Les citoyens, maire et procureur, ont encore dit
« qu'ils se sont aperçus qu'il y avait deux partis
« fortement prononcés parmi *ces dévotes,* que chaque

« parti veut l'emporter, ce qui pourrait entraîner de
« très grands inconvénients et des débats préjudi-
« ciables à la tranquillité publique, pourquoi ils
« invitent la municipalité à prendre un parti pour en
« empêcher.

« La municipalité, après avoir ouï de nouveau le
« procureur, considérant que la chapelle de Romay
« est un bien national qui est sur le point d'être
« vendu, que, si la statue de la Vierge y restait placée,
« chaque parti voudrait en avoir l'usage et se l'appro-
« prier ; qu'il pourrait en résulter des rixes et des
« dissensions qui troubleraient la tranquillité publique,
« a délibéré que la statue, ainsi que les clefs seraient
« provisoirement apportées et déposées dès aujour-
« d'hui, sauf après la vente de la chapelle ou l'abandon
« d'icelle, faite par les administrateurs aux proprié-
« taires de Romay, et lorsque les esprits seront plus
« calmes, à être ladite statue replacée, s'il y échet,
« en ladite chapelle, et les clefs remises au proprié-
« taire ».

Rien n'établit mieux que cette importante délibération la grande popularité dont jouissait encore la
Madone de Romay en pleine Révolution. Deux partis
se forment parmi les femmes à son sujet, l'un plus
modéré et l'autre plus avancé. Chacun revendique la
statue. Le parti avancé sait que la statue a été enlevée
de la chapelle, qu'elle est chez le mégissier Roulier.
Il signale le fait à la municipalité. Elle intervient,
mais avec une extrême prudence. Comment Roulier
est-il parvenu une première fois à transporter la

Madone en son domicile du Grand Faubourg (1)? Ni l'histoire, ni la tradition ne nous l'apprennent. La chapelle est dépouillée de ses ornements, mais on y voit encore la statue de la Vierge si vénérée. Le jour même de la fête de la Nativité de la Sainte Vierge, la chapelle est vendue, comme bien national, par acte de l'administration centrale du département de Saône-et-Loire, à Jacques Brigaud, juge de paix à Paray, moyennant sept cents livres d'argent. L'acte nous apprend que le bâtiment a quarante-deux pieds de long sur vingt-cinq de large. Dans la description de l'intérieur, il est fait mention de la tribune, ainsi que de la belle balustrade en fer forgé qui ferme le sanctuaire.

« Ladite chapelle provenant et ayant fait partie des domaines nationaux de première origine, acquis à la République par la loi du 5 ventôse 1790. »

Il fallut bien décider quel serait le sort de la statue. Pour le savoir, nous n'avons pas la ressource d'une délibération. Toutefois, une tradition constante, avec de très légères variantes, nous apprend que ce fut encore Roulier qui sauva la statue.

La municipalité, pour éviter les incidents relatés plus haut, la fit rapporter à Paray et on la déposa dans l'appartement qui se trouve au-dessus du porche de l'église bénédictine, avec beaucoup d'autres objets du culte catholique. Elle eut soin de bien fermer toutes

---

(1) On appelait le Grand Faubourg tout ce qui était sur la rive gauche de la Bourbince à partir du grand pont. Dans la rue actuelle dite du Moulin, se trouvait la tannerie Roulier. Elle existe encore et appartient à M. Lauvernier.

lès portes. Mais on avait compté sans l'audace de
Roulier. Sa cousine, Catherine Roulier, lui demanda
avec instance de soustraire encore une fois la statue
à l'impiété.

Une nuit, Roulier, passant par son jardin, traverse
la Bourbince, pénètre jusqu'à l'appartement où gisait
le groupe de Romay, au milieu du pêle-mêle de tout
ce qui avait été à l'usage du culte catholique. Il ne fut
pas surpris, fort heureusement pour lui, dans ce
périlleux sauvetage. Catherine Roulier en ressentait la
plus grande joie. Mais l'un et l'autre crurent qu'il était
prudent de ne pas la cacher dans la maison. Ils
imaginèrent de la placer sous un saule, à l'autre rive
de la rivière, et de l'attacher à l'arbre, au moyen d'une
forte corde. Cependant, Catherine Roulier tremblait
qu'elle ne fût découverte d'un moment à l'autre par
les pêcheurs. Elle s'en ouvrit à son cousin et lui
demanda de la retirer de l'eau et de la porter chez elle,
rue Dame-Dieu. Là, elle resta dissimulée dans un
placard, derrière une pile de linge. Elle y reçut
plusieurs années, dans le plus grand secret, les prières
de cette pieuse fille et de quelques personnes de la
famille.

Voilà pourquoi, pendant les fêtes du couronnement,
une procession traversa la rivière sur la levée et se
dirigea rue du Moulin, en faisant une station, avec la
Madone, en face du saule qui est encore plein de
vigueur. Un poteau, placé pour la circonstance,
indique encore le lieu de la cachette et le saule abrite
une statue de la Sainte Vierge, placée sous un berceau
et entourée de fleurs naturelles, par les soins de la

famille, propriétaire de la prairie qui s'étend jusqu'aux maisons du Grand Faubourg proprement dit.

Pendant que la statue était dans la Bourbince, Jeanne-Marie Bey, ouvrière chez Catherine Roulier, tombait à l'eau accidentellement. Sur le point d'être submergée, la malheureuse implore la protection de la Bonne Dame de Romay, et bientôt elle se trouve sur la rive, sans avoir vu personne la secourir. Nous tenons ce fait de deux parentes de la personne, échappée par miracle au danger de se noyer. Les demoiselles Matrier, très dignes de foi, aimaient à redire par reconnaissance ce trait de la protection de Notre-Dame de Romay.

Enfin la paix est rendue à l'Église de France. Avec le Concordat s'ouvre une ère nouvelle. Le culte est rétabli dans une multitude d'églises. Malgré d'instantes réclamations, la chapelle de Romay reste fermée au culte jusqu'en 1811. C'est à cette époque que remonte la rentrée de la statue dans la chapelle de Romay.

Ce fut Roulier qui s'offrit à la rapporter ; mais sa cousine le supplia de lui laisser cet honneur, et malgré son poids de *cent une livres*, Catherine la porte d'un seul trait jusqu'à la chapelle, disant à son cousin *que la statue ne lui paraissait pas plus lourde qu'une plume.*

Les négociations pour rendre au culte catholique la chapelle offrent un grand intérêt, nous allons le voir.

Il s'agissait d'abord d'acheter la chapelle. Mlle Anne Febvre (1), personne très zélée pour les intérêts

_____

(1) Cette demoiselle est une insigne bienfaitrice de la ville

religieux de sa paroisse, en fit l'acquisition de Jacques Brigaud, notaire à Paray, au prix de 1,248 francs, et elle la donna à l'administration de l'Hôpital de la ville, à charge de faire les démarches pour la rendre au culte.

L'acte de donation est du 15 juillet 1811. Il est enregistré le même jour. Par ordonnance impériale du 3 septembre 1810, la Commission administrative recevait l'autorisation d'accepter la donation. Le jour même de la vente, elle fait part à M. Noiret, curé de Paray, des intentions de la donatrice et recommande à son zèle de pasteur cette restauration du culte à Romay. En même temps la Commission écrivait à Mgr l'Évêque d'Autun et lui demandait l'autorisation pour M. le Curé d'ouvrir au culte cette chapelle, le 15 août 1811. Le secrétaire de la Commission, auteur de la lettre, débute ainsi : « Il existait à la porte de la ville dans le hameau de Romay une petite chapelle consacrée depuis longtemps par la vénération des fidèles à l'invocation de la Sainte Vierge. Cette

---

par ses aumônes sans mesure aux pauvres, et de la paroisse par ses legs pieux. Elle a fait don d'un beau domaine, situé à Pouilly, commune de Vitry-en-Charolais, au revenu net de 2.000 francs, dont les deux tiers reviennent au Grand Séminaire d'Autun et l'autre tiers appartient à l'Hôpital pour frais de gestion à la charge des administrateurs de cet établissement.

Elle a laissé à la Confrérie de la Sainte Vierge une rente de 50 francs pour l'entretien de la chapelle. Enfin, de concert avec son frère, prêtre, ex-curé de Saint-Ythaire, elle a remis à la Fabrique de la paroisse un reliquaire renfermant une parcelle d'une sainte épine de la couronne de Notre-Seigneur, moyennant une messe annuelle le 3 mai, fête de l'Invention de la Sainte Croix.

chapelle était le centre d'un pèlerinage très renommé dans tout le pays, etc. »

Mgr Imberties, évêque d'Autun, autorise l'ouverture et, le 7 août 1811, M. Noiret bénissait solennellement la chapelle. Le concours des fidèles y fut prodigieux et la joie de voir cette chapelle rétablie légalement est inexprimable, disaient les administrateurs dans une autre lettre à Mgr l'Évêque pour le prier d'user de son influence pour faire lever l'interdiction du culte, prononcée par le Conseil d'État le 24 janvier 1812, sur le motif que, d'après l'article 44 de la loi du 18 germinal an X, aucune chapelle particulière ne peut être établie sans une permission expresse de gouvernement, sur la demande de l'évêque diocésain, et que cette demande n'existe pas.

En l'absence de Mgr l'Évêque, M. Circaud, grand vicaire, répond à l'administration de l'hospice de Paray qu'il n'y a rien de mieux à faire que d'adresser les pièces à Mgr l'Évêque, chez M. de la Peyrière, rue de l'Université, 28, à Paris, et qu'il ne doute pas que cette démarche ne hâte le succès de l'opération.

Malgré toute la diligence qu'apportèrent les autorités locales, l'autorisation se fit attendre trois ans.

D'après les conditions de la donation, l'administration de l'hôpital devait pourvoir à l'entretien de la chapelle au moyen des offrandes déposées dans le tronc, et le surplus appartenait aux pauvres.

Cet état de choses dura jusqu'en 1844. Alors Mlle Jeanne-Éléonore de Sermaize achète la chapelle au prix d'une rente annuelle de 25 francs, sa vie durant, et d'une somme de 1,000 francs.

L'acte de vente est du 7 mai 1844. Par le même acte, l'administration de l'hospice fait cession de la chapelle à la Fabrique et la donation est approuvée par décret du 3 septembre 1844.

Il est stipulé, dans l'acte, que la Fabrique de Paray pourra disposer en toute propriété et usufruit de la dite chapelle. En suite de l'ordonnance précitée, elle est érigée *en chapelle de secours* où le culte sera célébré, sous la direction et surveillance du curé de Paray. La Fabrique sera tenue de toutes les charges dont cette chapelle est et pourra être grevée.

Jusqu'à présent les offrandes des fidèles ont suffi aux dépenses du culte, de l'entretien de la chapelle et de la sacristie. Espérons qu'il en sera toujours ainsi ! Nous ne cessons pas de le demander au Ciel par la protection de Notre-Dame de Romay.

CHAPITRE VIII

NOTRE-DAME DE ROMAY & LES CURÉS
DE PARAY
APRÈS LA RÉVOLUTION

Messire Claude Noiret, curé de Paray

(1789 - 1791)

Mgr le Cardinal Dominique de la Rochefoucauld, archevêque de Rouen, primat de Normandie, dernier abbé commendataire de l'abbaye et de tout l'ordre de Cluny, désignait, pour remplacer M. Baudinot à la cure de Paray, M. Antoine Thibault, prêtre, vicaire d'Arnay-le-Duc, le 13 mai 1789. Il refusa ce bénéfice et le 20 mai, M. Noiret est appelé à le remplacer.

Mgr de Talleyrand-Périgord, évêque d'Autun, accordait son visa à cette nomination, huit jours après.

M. Claude Noiret, né à Charolles, le 25 février 1751, était vicaire de Chassagne (ancien archiprêtré de Beaune, diocèse d'Autun). Il avait un frère aîné, Jean Noiret, curé de la même paroisse. Le nouveau curé de Paray prit possession de la cure le 3 juin 1789. Il avait le grade de bachelier de l'Université de Dijon. Le procès-verbal de son installation mentionne cette particularité : le titulaire, en signe de prise de possession du presbytère, allumait du feu dans une pièce de la maison, en présence du notaire et des témoins.

M. Pain, aumônier de l'hôpital de Charolles, qualifie M. Noiret « d'homme érudit dans les choses théologiques. Il ajoute que son frère, Jean Noiret, curé de Chassagne, n'était pas moins remarquable dans l'éloquence sacrée que par ses connaissances dans les belles-lettres humaines. »

Conformément aux statuts du Mépart, M. Noiret, quoique étranger à Paray, devenait chef de la *Société Mépartiste*, par le fait de sa nomination.

Nous verrons dans la suite qu'il fut bien, par son talent et sa foi, l'homme de la situation. Déjà grondait sourdement l'orage révolutionnaire. Néanmoins, la municipalité de Paray comprit fort bien qu'il y avait à compter avec un prêtre de cette trempe. Aussi, voyons-nous M. Noiret comparaître au conseil municipal, le 4 mars 1790, pour remettre sur le bureau un projet relatif à l'éducation de la jeunesse, que le maire de Paray l'avait prié de rédiger. Lecture faite du projet, la municipalité l'accepte avec applaudissements et gratitude et ordonne qu'il sera exécuté, tant dans le petit collège que dans le grand collège, à l'effet de quoi il en sera remis une copie au sieur Chèze, grammairien, et aux autres professeurs du grand collège. Signé : Brigaud, maire.

Pendant ce temps, les événements se précipitaient avec une effroyable rapidité et la municipalité, poussée par son chef de file, le fameux Brigaud, suivait pas à pas le mouvement révolutionnaire, en gardant encore les formes avec un clergé paroissial fort bien posé dans toutes les classes de la société.

M. Noiret avait alors pour vicaires M. Jacques Delucenay, d'une famille très honorable et très chrétienne de Paray, et M. Antoine Migeat, aussi enfant de Paray, de condition plus modeste, mais savant théologien et bon casuiste. Ce dernier réunissait tout à la fois les fonctions de vicaire et celles d'aumônier des Ursulines. Ancien professeur de mathématiques à Lyon, il donnait encore des leçons particulières en ville. Avec tout cela, il trouvait le temps de composer plusieurs ouvrages, dont un seul a été imprimé sous ce titre : *Via et vita sacerdotis Christus* (2 volumes in-18) (1). M. Migeat possédait si bien la langue latine, qu'il écrivit son ouvrage en cette langue, *sans le secours* du *Dictionnaire* (2).

Ces trois prêtres refusent le serment à la constitution civile du clergé. Ils n'attendent pas d'être mis en demeure de prêter le serment demandé par la loi ; mais ils notifient individuellement par écrit à la municipalité, que le dimanche, à la grand'messe, en présence des fidèles, ils prêteront le serment *que leur dictera leur conscience.*

M. le chanoine Paul Muguet, dans son volume sur la *Persécution religieuse dans l'arrondissement de*

(1) Notes fournies par M. le chanoine Muguet.

(2) M. Antoine Migeat avait pour frère M. Adrien Migeat, curé de Ciry-le-Noble. Sur le chemin de l'exil, ils se rencontrèrent à Venise.

Charolles, loue à juste titre la belle conduite de ces trois ministres de la religion. On lira avec intérêt la délibération du conseil à ce sujet, en date du 6 février 1791 :

« Nous nous sommes transportés à l'église de Saint-Nicolas. Lesdits Noiret, Migeat, Delucenay ont monté en chaire l'un après l'autre successivement, non pour prêter le serment, mais pour annoncer qu'ils ne pouvaient le faire tel que la loi l'exige.

« En foi de quoi nous avons dressé procès-verbal et l'avons signé avec lesdits sieurs Noiret, curé et vicaires.

« Et de suite, sur leur représentation qu'ils étaient incertains de savoir s'ils pourraient continuer leurs fonctions jusqu'à ce qu'ils soient remplacés, ou s'ils étaient obligés de cesser toute fonction dès à présent, avons cru que *c'était de notre sagesse* de les inviter à continuer leurs fonctions jusqu'à ce qu'ils fussent remplacés, ou qu'il en fût ordonné autrement par les administrations supérieures, et ont lesdits fonctionnaires signé avec nous. »

Notons encore quelques délibérations municipales concernant le curé de Paray :

« Le 11 avril 1791, le maire représente qu'il s'est rendu chez M. Noiret, curé, pour lui présenter M. Ligonnet (1), venant d'être nommé à sa cure par l'Assemblée électorale du district de Charolles ; que le sieur Noiret a répondu qu'il ne connaissait pas la nomination de M. Ligonnet, qu'il le regardait comme

______

(1) Ancien curé de Saint-Germain-des-Bois, ayant prêté serment à la constitution civile du clergé.

un intrus et ne lui céderait son presbytère qu'autant qu'il y serait contraint par la force. Il a été arrêté que le sieur Noiret sera interpellé de vider le presbytère d'ici au 15 de ce mois, de manière à ce que le sieur Ligonnet puisse s'y loger; à défaut, il y sera contraint par la force et, afin qu'il n'en prétende cause d'ignorance, extrait de la présente délibération lui sera adressé. »

Du 18 avril. — Délibération relatant la présentation par les autorités municipales du sieur Ligonnet, avant l'office, en l'église de Saint-Nicolas :

« Le sieur Noiret et ses vicaires veulent commencer l'office, malgré l'invitation de la municipalité à s'en abstenir. Le maire se retire pour éviter, dit-il, *tout éclat dans ce lieu de paix et de sainteté,* et se rend à l'hôtel de ville avec les autorités, pour dresser procès-verbal de la résistance que ces prêtres réfractaires opposent à la loi. Cette retraite *intimide* les prêtres. Ils rappellent le maire et demandent acte de cette injonction, puis ils déposent leurs ornements et quittent l'église *en prêchant tout le long du chemin la paix et la tranquillité.* La municipalité somme le sieur Noiret de remettre les registres à M. Ligonnet, en lui offrant bonne et valable décharge. »

Du même jour, M. Noiret interpelle la municipalité de recevoir ses protestations contre la nomination de M. Ligonnet à sa cure, ainsi que contre la remise des titres et papiers ci-dessus, qu'il a été sommé de remettre ; ce que nous avons refusé de lui octroyer, dit le maire, ne voulant autoriser aucune protestation contre la loi.

M. Ligonnet n'insista pas. Il se retira volontairement. Trois mois après, un nouvel intrus, Jean Verneau, prêtre de Paray, fut nommé et installé curé de Paray, dans toutes les formes laïques de ce temps-là.

M. Noiret quitta le presbytère et se retira chez de pieux paroissiens, ainsi que ses deux vicaires.

Dans le domaine des *Miquets de Romay*, qui appartient à M. de Carmoy, on montre une pièce qui porta longtemps le nom de *Cabinet du curé Noiret*, en souvenir de la résidence que ce pasteur si digne y fit avant son départ pour l'exil.

Dans la délibération du dimanche 15 mai, le maire annonce le passage à Paray, mardi 17 mai, de l'évêque constitutionnel Gouttes. La municipalité décide qu'on lui offrira à dîner et qu'on lui fera les honneurs de la garde municipale. Elle invite ensuite les prêtres assermentés à assister au service, célébré dans l'église paroissiale pour M. Riquetis aîné, ci-devant comte de Mirabeau, et ensuite au repas donné à M. l'évêque.

Laissons à leur triste besogne les révolutionnaires parodiens, pour suivre un peu notre vaillant expulsé sur la terre d'exil.

Dans les articles que nous avons publiés dans la *Semaine religieuse* d'Autun, sous ce titre : *Journal d'exil d'un prêtre de Paray en 1792*, nous avons nommé M. Noiret, curé de Paray, comme faisant partie du groupe des sept ecclésiastiques (1) qui par-

____

(1) Claude Noiret, curé de Paray ; Jean-Marie Malherbe, curé de Cée-sur-Loire ; Jacques Delucenay, vicaire de Paray ; Claude

tent de Paray, le 21 septembre 1792, sous le coup de la loi d'exil, édictée contre les prêtres qui refusèrent le serment à la constitution civile du clergé.

M. Jean-Marie Malherbe, ancien curé de Cée, dans son journal d'exil, nous donne des détails intéressants sur le voyage et le séjour sur la terre étrangère. On peut constater qu'il avait en grande estime le curé de Paray, dont la santé était très délicate. M. Malherbe ne se sépare guère de son compagnon d'exil. Il a pour lui les attentions les plus touchantes.

Nous ne pouvons, dans cette courte étude, à notre grand regret, les suivre pas à pas, comme nous l'avons fait à l'aide du *Journal d'exil* (1).

Rappelons en passant ce détail.

Arrivés dans la ville d'Aoste, nos deux proscrits passent à l'évêché pour obtenir l'autorisation de célébrer la messe. L'accueil de l'évêque fut plein de bienveillance. De là, ils se rendent à la Visitation. Les sœurs prirent intérêt à leur malheureux sort, et surtout en apprenant que l'un d'eux était natif de Paray, et que l'autre en était le curé.

Au bout de cinq ans, M. Malherbe, profitant d'un moment de calme plus apparent que réel, rentre en France et revient à Paray par Autun et Gueugnon. Grande fut la joie de le revoir parmi ses parents et ses

---

Nectoux, chapelain de l'hôpital de Paray ; Claude Lamarre, curé de Busseuil, ancienne paroisse sur le territoire de Poisson ; Jean Perrin, curé d'Hautefond, ancienne paroisse, neveu de M. Lamarre ; Jean-Baptiste Monnot, curé de Chassy, de l'archiprêtré de Perrecy.

(1) *Semaine religieuse* d'Autun, année 1894, du 13 octobre au 30 avril 1895.

amis. On le fêtait partout et il y avait plaisir à écouter
les péripéties de ses excursions sur la terre étrangère.
La description des lieux et le récit des souffrances des
exilés intéressaient au plus haut point les familles de
Paray restées fidèles à la religion. Son séjour ne fut que
de trois mois. La persécution sévissait de plus belle.
M. Malherbe reprit le chemin de l'exil. Nous ne savons
pas si M. Noirel profita de ce court espace d'apaisement
pour se procurer la satisfaction de respirer l'air natal.
M. Malherbe n'en parle pas dans son journal. Quand
on a vu combien sa santé était éprouvée en exil, il y a
fort à conjecturer qu'il n'entreprit pas ce voyage très
périlleux du reste. Nous dirons dans la suite qu'il
quitta un des derniers la terre d'exil pour rentrer à
Charolles, persuadé qu'on avait déjà pourvu à la cure
de Paray.

Mais voyons à l'œuvre le clergé constitutionnel. Au
départ de M. Noirel, dépouillé de son bénéfice, Jean
Verneau, prêtre de Paray, assermenté, remplit les
fonctions curiales sous le titre de vicaire. Il signe
plusieurs actes : *Verneau, desservant.* Le district de
Charolles, en juillet 1791, le nomme curé de Paray. Il
était natif de Paray et prêtre depuis 1786 ; mais il ne
faisait pas partie du clergé de Paray.

Sur un certificat de résidence, on peut lire ces lignes
qui nous le font connaître au point de vue physique :
« Jean Verneau, âgé de trente et un ans, taille de cinq
« pieds six pouces, cheveux et sourcils noirs, front
« découvert, yeux bruns et enfoncés, nez bien fait,
« bouche moyenne, menton fossoyé, figure ovale
« marquée de petite vérole, qui demeure actuellement

« à Paray, maison appartenant à la commune, qu'il
« réside ou y a résidé sans interruption depuis le
« 1er mars 1791, jusqu'à ce jour, 22 mars 1792. »

La suite va nous apprendre ce qu'il fut moralement.

Dans la délibération du 1er juillet 1791, il est dit que
Verneau, prêtre-curé de cette paroisse, s'est présenté
et a dit que l'oratoire de Notre-Dame de Romay était
garni de plusieurs ornements qui se trouvaient à la
disposition de maintes personnes inconnues, qu'il
serait utile de faire l'inventaire du tout. Il requiert
que la municipalité nomme deux commissaires pour
procéder à l'inventaire. Les citoyens Golliard et Corial
sont nommés à cet effet.

Le 12 juillet 1791, le Conseil décide que, vu l'arrêté
du département du 13 juin, le maire et trois officiers
municipaux sont délégués pour fermer au public toutes
les églises et chapelles qui ne seront point consacrées
au service de l'église paroissiale.

Le jour anniversaire de la fête de la Fédération,
13 juillet 1791, les citoyens sont invités à venir à la
fête qui sera célébrée dans l'église paroissiale et à
midi, à la sortie de l'office, à se rendre sur la promenade dite *le Colombier* (1), pour renouveler le serment
de fidélité à la nation, à la loi et au roi.

Le curé constitutionnel Verneau célèbre la messe
le 14 juillet, puis on prête le serment. Le 25 décembre
suivant, le sieur Philibert Brouillard, choisi par
Verneau, curé, pour son premier vicaire, prête serment de fidélité devant le Conseil général (2) réuni

---

(1) Le champ de foire actuellement.
(2) On appelait ainsi la municipalité de ce temps-là

pour entendre la messe à l'église Saint-Nicolas. Tout ce cérémonial est observé pour ne rien brusquer et arriver insensiblement à la suppression du culte. N'est-ce pas la même marche suivie à l'heure présente ? Il n'y *a rien de nouveau sous le soleil,* dit très justement la Sainte Ecriture. Poursuivons ce récit jusqu'au fatal dénouement qui, du reste, n'est pas loin. M. Verneau est nommé membre de l'administration de l'Hôpital le 1ᵉʳ janvier et le lendemain, il présente au Conseil une demande d'ornements pour son église. On fait un inventaire et on lui attribue tout ce qui ne peut se vendre. L'argent, on le voit, a toujours joué le principal rôle dans toutes les révolutions.

De plus, l'étoile du malheureux curé commence à pâlir. L'ancien presbytère avait été vendu et le curé était installé, plus mal que bien, dans les bâtiments des Bénédictins, achetés par la ville, ainsi que l'église communément nommée église des Moines. Voici la part faite au curé : La cuisine, les deux salles à manger qui sont à gauche en sortant de la cuisine et les autres appartements jusqu'au corridor qui va des cloîtres sur la terrasse. Ce sont les mêmes appartements affectés au curé actuel, au rez-de-chaussée. En outre, un tiers de la cave, à son choix, dans laquelle cave, la commune se charge de faire un corridor en planches, afin que chaque partie soit séparée. Le Conseil lui accorde en outre provisoirement et pour cette année, la chambre haute à droite de la bibliothèque pour loger son vicaire, et de plus, pour servir de grenier audit sieur curé, l'appartement du haut qui est situé sur la sacristie. Il aura la jouissance du jardin et la commune fera élever le mur de la terrasse qui le confine, pour le garantir et le fermer. Vient ensuite la description des appartements destinés aux sieurs Sarret et Cretin, instituteurs, lesquels signent l'arrêté, mais non le sieur Verneau, curé.

« Le Conseil général, assemblé le 7 février 1792, sur les représentations du sieur curé qu'il ne peut accepter la clause par laquelle les appartements qui lui sont fixés, en remplacement de la maison curiale qui a été vendue, ne l'ont été que *provisoirement* et jusqu'à ce que les intérêts de la commune ne nécessiteront pas d'autres distributions, arrête néanmoins que le sieur curé ne pourra être déplacé sans une juste et préalable indemnité, fixée avec lui et le Conseil, d'après l'avis du Directoire du district et du département et l'approbation de l'un et l'autre, lequel arrêté, ainsi que le précédent, seront envoyés aux dites administrations pour être donné par elles tel avis, et après, tel parti qu'il appartient. »

Au bas de la délibération, on lit cette protestation : « Je soussigné, n'entends consommer qu'un échange pur et simple de mon ancien presbytère contre le nouveau qui m'est assigné dans la maison conventuelle des cy-devant moines, malgré la rédaction de deux arrêtés sur cet objet. » L'entente n'existait plus, ainsi que le prouve cette note significative. Le 4 mars 1792, prestation du serment de fidélité à la nation, à la loi et au roi par le sieur Philibert-Aimé Gayet, prêtre choisi par le sieur Verneau pour être son premier vicaire. Le curé, on le voit, avait le choix de ses vicaires. Pouvait-il les renvoyer à son gré ? C'est probable. On simplifiait les formalités pour tout supprimer à bref délai.

L'église des Bénédictins étant devenue église paroissiale sous M. Verneau, le Conseil général, le 10 juillet 1792, fait publier un arrêté relatif au transport des cloches de Saint-Nicolas et à leur installation au clocher de l'église des Bénédictins, ainsi que le transport de l'autel de marbre de Saint-Nicolas. On se demande ce qu'était devenu le maître-autel en rapport avec le style de la grande restauration de l'église en 1147-51. Le maître-autel actuel en marbre, de Gilly-sur-Loire, est sans doute celui de l'église Saint-Nicolas. On voit bien par la rosace du carrelage que cet autel est postérieur au dallage de l'année 1760.

Nous trouvons, de la part de M. Verneau, un acte de désintéressement que nous relatons d'autant plus volontiers que nous allons voir bientôt la consommation de ses sacrilèges. Le 8 octobre 1792, le Conseil arrête que Jean Verneau, curé de Paray, demeurera nommé provisoirement pour la desserte de l'hôpital dont il est chargé depuis deux mois, et que pour faire confirmer la présente délibération, elle sera adressée au district départemental, d'après avis du district, avec d'autant plus de raison que le dit Verneau se soumet *à vider ses mains du traitement de 300 livres* affecté à la dite desserte.

Le 6 novembre, le sieur Verneau est invité à remettre les registres de catholicité à la municipalité. Il obtient décharge de cette remise. Le même jour, sommation est faite au citoyen Pasquier, marguillier, de sonner les pauvres comme les riches. Auparavant, on sonnait les riches à grande volée et pour les pauvres, on se contentait de tinter.

L'apostasie du sieur Verneau est complétée par l'acte suivant en date du 3 frimaire, l'an 2 de la République :

« Les commissaires nommés pour faire l'inventaire de l'argenterie et du cuivre qui sont dans les églises et oratoires de cette commune ont fait déclaration, que s'étant transportés dans l'église paroissiale, munis des inventaires qui ont été dressés précédemment, y ont trouvé le contenu aux dits inventaires et, en outre, une quantité d'ornements précieux et du tout la description et énumération s'ensuit :

« A l'instant a comparu Jean Verneau, curé de cette ville, lequel a dit : « Citoyens, depuis longtemps je ne vois et ne veux voir que la République, mais des ménagements que j'ai cru sages ont retardé la manifestation de mon entier dévouement. Ce délai n'était point pour moi [*sic*], ma démarche était spontanée. S'il m'en coûte, c'est de m'arracher par là à la bienveillance qui m'unit à mes concitoyens ; tout le reste est sans effort et sans mérite. Je renonce solennellement à l'exercice des fonctions du culte catholique. Je vous donne la démission de ma cure et je remets sur votre bureau mes lettres de tonsure, de vicariat et prise de possession de la cure de Paray et je jure d'être fidèle à l'engagement que je prends envers ma patrie, et a signé : Verneau, citoyen. »

« Ouï le procureur de la commune, nous avons applaudi au civisme du citoyen Verneau ; disons que la démission et les titres y mentionnés seront envoyés sans retard au Directoire du district ; attestons de plus que le dit citoyen Verneau a donné, comme il le fait aujourd'hui, dans toutes les occasions des preuves multipliées de son républicanisme. L'assemblée reprend ensuite l'inventaire..... »

Hélas ! sous ces termes si pompeusement emphatiques, on devine sans peine les mobiles auxquels obéissait ce malheureux prêtre. D'une part, il était tourmenté par l'ambition d'être quelqu'un dans les rouages de l'administration civile, et d'autre part, il était poursuivi par la passion du mariage. Le 8 pluviôse 1793, il est installé provisoirement agent national en remplacement de Pierre Corial. Par arrêté du district de Charolles du 18 ventôse, il est révoqué de cette fonction. Il essaie de tenir une école, mais sans succès (1). Les personnes qui avaient cru pouvoir se confesser à lui, à défaut d'autres prêtres, ne pouvaient plus supporter sa vue. et dès qu'elles l'apercevaient d'un côté de la rue, elles fuyaient de l'autre.

Dans une conférence ecclésiastique sur la conduite des prêtres pendant la Révolution, M. d'Alais écrivait : « M. Verneau contracta un mariage sacrilège dont il « n'eut pas d'enfants. Le caractère et l'état de santé « de la personne à laquelle il était uni en violation de « ses vœux, ont dû souvent le faire rentrer en lui-

---

(1) Nous trouvons, trois ans après, sa signature en qualité d'adjoint. Le 8 thermidor 1796, an V, se présente Claude Lefèvre, ministre du culte catholique, lequel pour satisfaire à la loi du 7 vendémiaire an IV sur la police des cultes, nous a déclaré que son intention était d'exercer les fonctions du sien dans la chapelle dite de Romay.

« même ; car il est notoire que ce mariage fut pour
« lui la source de beaucoup de chagrins. On n'a pas
« appris qu'il ait obtenu un bref de sécularisation et
« de validation en 1803. »

Nous devons dire, d'après le témoignage écrit d'une
personne qui le connut bien, que, dans les fréquentes
maladies de cette femme, il fut toujours plein d'attentions et qu'il la soigna comme l'aurait fait une sœur
hospitalière. A la suite de son veuvage, il s'éloigna de
Paray et resta quelque temps à Paris où il fut professeur.
Personne n'a contesté qu'il fût intelligent et instruit
dans les belles-lettres. On sait qu'il collabora à la
traduction en vers des Psaumes de David, entreprise
par son compatriote Dargaud (1).

Une lettre que nous avons reçue récémment (2)
contient des renseignements qui nous soulagent
quelque peu après le récit des défections de ce prêtre
infidèle. « M. Verneau était un homme très doux, d'un
« caractère très paisible. Je ne sais pas s'il suivait les
« offices, du moins, il savait toujours par cœur les
« psaumes de son bréviaire. Il se les récitait, disait-il
« à mon grand-père, la nuit quand il ne dormait pas.
« Au reste, il était très instruit, ce qui rendait sa
« conversation fort attachante. Il était sympathique
« avec son amabilité si discrète. Il mourut dans un âge
« avancé, dit encore M. d'Alais, et se réconcilia avec

---

(1) Dargaud habitait place Saint-Nicolas. Il travaillait à ses
poésies, dans le pavillon de son jardin, que l'on voit encore au
couvent des Carmélites. En 1800, la municipalité donna à cette
place le nom de place Dargaud.

(2) Lettre de Mlle Marie Suttin, Paris, fin janvier 1903.

« l'Église, peu de temps avant sa mort, par le zèle de
« M. Farges, alors curé de Paray (1). L'acte de
« sépulture ne fait pas mention de son titre de prêtre
« et d'ancien curé : Ce jourd'hui, 7 mars 1842, Jean
« Verneau, veuf d'Anne Jandot, âgé de 81 ans, décédé
« hier, muni des sacrements, a été inhumé avec les
« cérémonies de l'Église, en présence de MM. Leroy,
« vicaire, et Condemine, aumônier de l'hospice.
« Mariller, curé. »

---

(1) On se souvient encore de lui après 62 ans, et le peuple,
qui ne pardonne pas de telles fautes, le désignait, même après
sa réconciliation avec l'Eglise, sous le nom de *prêtre assermenté*, avec un certain mépris.

Notre-Dame de Romay et les Curés de Paray
à partir du Concordat

M. CLAUDE NOIRET, CURÉ DE LA PAROISSE

NOTRE-DAME DE PARAY

(1802-1817)

L'ordre chronologique nous imposait d'interrompre le récit de la vie pastorale si mouvementée de M. Noiret, pour signaler plusieurs faits et gestes peu édifiants de l'époque révolutionnaire. Mais tout a une fin en ce monde. La tourmente est passée ! Le calme succède à la tempête après une période de dix ans. Le Concordat, laborieusement préparé, est un fait accompli. Déjà quelques prêtres exercent le ministère pastoral à Paray-le-Monial. M. Migeat, M. Guillier et M. Poncet travaillent avec grand zèle à baptiser et à marier ceux qui ne l'étaient pas ou l'étaient d'une façon douteuse. A partir de l'année 1795, jusqu'au rétablissement du culte à Paray, les registres paroissiaux relatent avec exactitude les témoignages de la revalidation des baptêmes et des mariages des paroissiens vivant encore. Déjà on entrevoyait la nomination prochaine d'un pasteur pour Paray. Les uns, dit M. l'abbé Muguet, réclamaient M. Antoine Migeat ou M. Guillier; les autres demandaient M. Poncet. Le sous-préfet de Charolles désirait M. Migeat. M. Riballier, maire, M. Bertucat, ex-conventionnel, et M. Brigaud voulaient

M. Poncet, originaire de Paray, ancien curé assermenté d'Amance, diocèse de Troyes, rétracté et réconcilié avec l'Église. Le vœu général des paroissiens était fortement prononcé en faveur de M. Migeat. Personne ne parlait de M. Noiret dont on n'avait plus aucune nouvelle. Enfin rentré en France, il arriva à Charolles, son pays natal, le 31 mai 1802. Son retour aplanit toutes les perplexités. On le réintégra dans son poste (1). M. Noiret écrivait le 13 juin à M. Verdier : « J'ai reçu la lettre que vous m'avez adressée..... J'attendrai les ordres de Mgr l'Evêque à Paray où je ne me suis rendu que d'après les empressements réitérés de tous les braves gens de cette commune et sur l'invitation pressante de M. Migeat, qui est venu deux fois à Charolles ». Le zèle de celui-ci et de ses coopérateurs est au-dessus de tout éloge.

Le 11 août, M. Migeat signe dans les registres de catholicité pour la première fois *vicaire de Paray* et non plus *vicaire missionnaire* de Paray. Le premier acte qui porte la signature *Noiret, curé de Paray*, est du 12 octobre 1802. Que de ruines morales et matérielles à relever dans cette paroisse ! — Ouvrier *inconfusible*, M. Noiret se met à l'œuvre avec un courage qui ne compte pour rien les difficultés. L'église bénédictine, devenue église paroissiale du temps même de l'intrus Jean Verneau, avait servi successivement de grenier à foin pour l'armée et de cave pour des marchands de vins du Mâ-

---

(1) L'acte d'institution canonique est daté du 21 novembre 1802, et l'acte de prise de possession du 24 novembre, même année.

connais. Elle était méconnaissable. Un étage du clocher avait été rasé et la pluie l'inondait entièrement depuis nombre d'années. Pas une seule des cent vingt fenêtres n'était munie de ses vitres et de ses croisées. Mais la paix religieuse était rétablie et les paroissiens s'imposaient les plus généreux sacrifices pour faire du vieil édifice des moines une église décente.

Depuis neuf ans le culte catholique fonctionnait à l'église de Paray ; mais la chapelle de Romay restait fermée au culte. La population en réclamait l'ouverture avec instance depuis que la Madone avait pris place sur l'autel. Jacques Brigaud en était toujours propriétaire et la tenait sous clef. Il se rendait parfaitement compte de l'état des esprits et il comprenait qu'il ne pouvait résister plus longtemps aux instantes réclamations du peuple catholique charolais, accourant à Romay et s'agenouillant pour prier devant la porte close de la chapelle, les samedis et les jours de fêtes de la Sainte Vierge.

Les choses en étaient encore là, à la veille de la fête de l'Assomption de l'année 1809. Deux procès-verbaux du commissaire de Paray, extraits des archives de l'évêché d'Autun, nous mettent au courant de la situation et viennent à l'appui de tout ce que nous avons écrit sur la popularité incomparable du culte de Notre-Dame. La révolution avait bien pu en comprimer les manifestations. Ce culte restait toujours vivant dans les âmes et dans les cœurs. Nous ne changerons pas une syllabe à la rédaction des documents qui suivent, d'un très grand intérêt historique :

« Cejourd'hui 14 août 1809, sur l'invitation de M. le maire de la commune de Paray. département de Saône-et-Loire, Nous, Jean-Baptiste Desforges, commissaire de police, nous sommes *transportés* [*sic*] au hameau de Romay, dépendant de cette commune, où se trouve une ancienne chapelle, dédiée à la Vierge, laquelle chapelle appartient actuellement au sieur Jacques Brigaud, notaire audit Paray, et a été profanée pendant le cours de la Révolution. Présumant que l'ancienne réputation de ce lieu ne manquerait point d'attirer un grand concours de peuple demain pour la fête de l'Assomption, et craignant qu'on *abusât* de la dévotion du peuple en lui ouvrant cette chapelle, Nous nous sommes rendu chez la veuve Guillot demeurant près ladite chapelle, où nous avons trouvé la fille Guillot, laquelle nous a déclaré que la veuve Bernard, demeurant à Paray, l'avait nétoyé [*sic*], avait habillé la statue et leur avait laissé la clef. Nous avons recommandé à ladite Guillot de ne point ouvrir la chapelle demain, jour de la fête, et nous nous sommes rendu à notre demeure où nous avons rédigé le présent procès-verbal.

« DESFORGES, commissaire de police.

« Et le 15 dudit mois d'août 1809, nous commissaire de police susdit égallement [*sic*] sur l'invitation de M. le maire de la ville de Paray, nous nous sommes transporté audit lieu de Romay accompagné de Joseph Rozet, garde-champêtre demeurant en cette commune, où étant arrivé heure de 7 du matin, nous avons remarqué qu'il y avait environ 50 personnes à genoux à la porte de la chapelle, qu'elle était fermée.

« Le même jour, étant retourné au même lieu à 9 heures du matin, accompagné du garde-champêtre, nous avons trouvé la porte ouverte et soit sur l'autel, soit sur le marchepied, la quantité de 105 cierges allumés, nous avons vu aussi près de 1,000 personnes des deux sexes tant dans la dite chapelle qu'allant et venant sur la route, nous avons observé aux personnes qui étaient dans la chapelle, que cette chapelle étant interdite, ne pouvait être l'objet de leur dévotion et que tout autre lieu convenait également [*sic*] pour l'exercer, et de suite, ces personnes ayant égard à ces observations, se sont retirées ; nous nous sommes mis en devoir de fermer la chapelle ; mais la clef avait été retirée.

« Informations prises auprès de la veuve Guillot, de son fils et de Jean Mathieu, son domestique, nous avons appris d'eux, qu'hier, veille de la fête, la veuve Guillot avait porté cette clef à Jacques Brigaud, lequel l'avait avertie de la garder et d'ouvrir la chapelle demain. Cette invitation de la part du sieur Brigaud a eu lieu en présence de la femme du nommé Dumont, corroyeur, et de celle du nommé Prost, laboureur, tous deux demeurant à Paray ; mais la veuve Guillot refusa de s'en charger.

« Nous ont déclaré de plus les dits mère et fils et leur domestique que ce matin sur les 8 heures un jeune homme qui leur est inconnu a ouvert la chapelle et en a remporté la clef. Nous a déclaré, en outre, le fils Guillot, ainsi que le nommé Chambonnier, fermier à Mouillargues, commune de Paray, que les samedis, de grand matin, il vient habituellement à Romay des hommes et des femmes qui se disent de la religion blanche et prient à la porte de la chapelle.

« De tout quoi, nous avons rédigé le présent procès-verbal pour être remis entre les mains de M. le maire de Paray et nous nous sommes soussigné. Desforges, commissaire de police.

« Semblable copie sera adressée à M. le Préfet de Saône-et-Loire. »

Brigaud est le parfait modèle de ce que l'on nomme *un opportuniste-radical*. Il a donné en plein dans la Révolution. Il a acheté plusieurs chapelles et églises déclarées *biens nationaux*. Il est l'acquéreur du monastère de la Visitation de Paray. Il s'agit de profiter du rétablissement du culte pour les revendre plus avantageusement. Il fait opposition au maire et se tourne du côté du peuple qui réclame la liberté de prier en son particulier dans ce lieu vénéré.

Malgré ces manifestations, aussi touchantes que pacifiques, la situation resta la même deux ans encore.

Alors. Mlle Anne Febvre, personne très pieuse et très dévouée aux intérêts religieux de sa paroisse, acheta la chapelle de Jacques Brigaud, au prix de 1,248 francs, le 14 juillet 1811, devant Dargaud, notaire impérial, et le lendemain, par acte du 15 juillet, elle en fait donation à l'hôpital de Paray. Son intention est que la chapelle soit, comme par le passé, consacrée à un pèlerinage, sous l'invocation de la Vierge (1).

____

(1) Lettre de M. le Président de la Commission administrative

Le même jour, M. le Président de la Commission de l'hôpital écrit en même temps à Mgr l'Évêque et à M. le Curé de Paray, pour obtenir l'autorisation d'y rétablir le culte. Nous relevons de la lettre à Mgr l'Évêque, ce passage intéressant :

« Il existait à la porte de la ville, dans le hameau de Romey, une petite chapelle, consacrée depuis très longtemps par la vénération des fidèles, sous l'invocation de la Vierge. Cette chapelle était le but d'un pèlerinage très renommé dans tout le pays. A l'époque de la Révolution, elle fut fermée et vendue à un propriétaire. Ce propriétaire, cédant aux instances des habitants, avait essayé de la rouvrir, mais il ne le faisait pas légalement et l'autorité la fit fermer, etc. »

Mgr l'Évêque fit droit à cette demande.

La prise de possession et la bénédiction de la chapelle sont datées du 7 août 1811. Procès-verbal est inséré au registre de la Commission administrative, avec un règlement pour la chapelle et un tronc en faveur des pauvres, puis mention est faite d'une délibération municipale, en date du 7 août 1811, reconnaissant que la donation Febvre est avantageuse à cet établissement.

On n'avait oublié qu'une chose, la demande au Gouvernement d'être autorisé à ouvrir la chapelle au culte.

Le Conseil d'État, par son avis du 24 janvier 1812, suspend l'exercice du culte, sur le motif que, d'après

de l'hôpital à Mgr l'Évêque d'Autun, 15 juillet 1811. Archives paroissiales.

l'article 44 de la loi du 18 germinal an X, aucune chapelle ne peut être ouverte sans la permission expresse du Gouvernement, sur la demande de l'évêque diocésain, et que cette demande n'existe pas.

En conséquence, la Commission administrative de l'hospice écrit à Mgr l'Évêque pour le prier de vouloir bien présenter à Son Exc. le Ministre des Cultes la demande qu'elle forme et les motifs sur lesquels elle l'appuie.

Mgr l'Évêque étant absent, le Conseil épiscopal, dans la personne de M. Circaud, écrit le 23 juin 1812, qu'il n'y a rien de mieux à faire, de la part de l'administration de l'hospice, pour la conservation de l'exercice du culte catholique dans la chapelle de Notre-Dame de Romey, que d'adresser à Monseigneur, chez M. de la Peyrière, rue de l'Université, n° 26, à Paris, une expédition de la donation, un exposé des raisons pour lesquelles il doit demander l'autorisation et une lettre pour l'en prier. Cette démarche, ajoute M. Circaud, hâtera la solution.

Le moyen eut de fait un plein succès.

Mgr Imberties régularisa la situation au Ministère des Cultes et le concours continua, avec plus d'empressement que jamais, de la part des fidèles.

Sous l'administration de M. Noiret, se produisit un fait sensationnel que nous ne devons pas passer sous silence. M. Cucherat le relate dans les plus minutieux détails. Nous le donnons en substance.

Trois paroissiens de Paray revenaient, le soir, du 19 novembre 1807, du hameau du *Pont-de-Bord*, chargés du bois mort qu'ils avaient ramassé çà et là.

Arrivés en face du village de Romay, ils aperçurent distinctement une vive lumière au-dessus de la chapelle. L'un deux, le nommé Lécué, voulut se rendre compte d'où provenait *ce feu*. Il quitte ses compagnons et se dirige vers la chapelle. Que se passa-t-il ? Lécué crut à une vision de la Vierge de Romay et il certifiait avoir appris de la *bonne Dame* qu'il mourrait le lendemain à sept heures du soir. Il vint trouver M. Noiret pour se confesser. Celui-ci était à Charolles. Lécué revint plus tard et pria M. le Curé de le confesser. M. le Curé, fatigué du voyage, lui conseilla d'attendre au lendemain. Il répondit : *Ce sera trop tard !* Alors M. le Curé le confesse et lui dit, sur sa demande d'être administré : Je ne puis pas vous administrer parce que vous n'êtes pas malade. Lécué se retire en disant : Je mets tout cela sur votre conscience. Le lendemain, il passe sa journée à payer ses petites dettes et à faire ses adieux à ses parents et à ses amis. L'heure qu'il avait prédite être l'heure de sa mort approche. Malgré tout ce que ses voisins peuvent lui dire, il s'appuie contre son lit et à sept heures exactement, il rend le dernier soupir, à la stupéfaction de toute la ville.

On garde encore à Paray le souvenir de ce fait extraordinaire et il n'est pas douteux que cette prédiction de la mort à heure fixe, et sa réalisation si fidèle contribuèrent à augmenter la dévotion à Notre-Dame de Romay.

Après quinze ans de ministère, depuis son retour d'exil, M. Noiret mourut plein de jours et de mérites, le 17 septembre 1817, âgé de 67 ans.

M. Douhéret, curé de Charolles, présida ses obsèques, en présence des prêtres de la paroisse et du voisinage, ainsi que d'un très grand nombre de fidèles. Il repose près de la porte de la chapelle du cimetière. On peut lire encore sur sa pierre tombale cet élogieux épitaphe :

ICI REPOSE

MESSIRE CLAUDE NOIRET, PRÊTRE

CURÉ DE PARAY, LE 6 JUIN 1789

DÉCÉDÉ LE 12 SEPTEMBRE 1817

————

SA FIDÉLITÉ A SON DIEU ET A SON ROI (1)

L'AVAIT FAIT PROSCRIRE

RAMENÉ PAR LA PROVIDENCE AU MILIEU DE SON TROUPEAU

IL SUT PAR UNE PIÉTÉ DOUCE

UNE CHARITÉ ÉCLAIRÉE ET DES MŒURS PURES

MÉRITER L'ESTIME DE TOUS

SA MORT, COMME SA VIE, A ÉTÉ CALME ET RELIGIEUSE

Il nous reste de M. Noiret un portrait au fusain, d'une exécution médiocre, où il est représenté dans sa vieillesse. Son extrême maigreur et ses traits accentués accusent de grandes souffrances. On lit au

————

(1) Nous venons de découvrir dans les archives de Paray une délibération du 22 juin 1815 par le Conseil municipal, sous la présidence de M. Brigaud, maire, où le clergé paroissial est violemment accusé d'hostilité au gouvernement à l'occasion des Cent Jours. Il y a tout un dossier, sur cette affaire, aux archives de l'évêché d'Autun, où, d'une part, la haine du maire accusateur apparaît avec évidence, et où, d'autre part, M. Noiret, curé, et M. Girardon, vicaire, dans des lettres fermes et dignes, réfutent péremptoirement l'odieuse accusation.

bas du portrait des vers qui ne valent guère mieux que le dessin. Cet hommage de fête patronale est un souvenir de filiale admiration d'un paroissien dévoué à un pasteur vénéré.

M. Larue, vieillard de 98 ans, mort il y a trois ans, avait fait sa première communion sous M. Noiret. Sur son lit de mort, il disait de lui qu'il était de petite taille, mais très actif et très énergique.

Jean-Marie Malherbe,

Chanoine honoraire, curé de Paray

(1817-1832)

A la mort de M. Noiret, les deux vicaires de Paray se nommaient M. Malherbe et M. Circaud. Nous avons parlé de M. Malherbe, qui fut le compagnon fidèle de M. le Curé de Paray et l'auteur d'un journal plein d'intérêt. Nous y lisons ces détails : Jean-Marie Malherbe est né en l'an 1751, dans la ville de Paray. Il fut ordonné prêtre en 1775 et pourvu du bénéfice de Scée-sur-Loire, ancienne paroisse du diocèse d'Autun, dont le territoire est compris actuellement dans la paroisse de Chassenard. Il ne reste de la paroisse de Scée que le presbytère. Le beau fleuve de la Loire baignait le jardin de la cure. Le nom de M. Malherbe se conserve encore dans le souvenir des vieillards du hameau de Scée.

M. Jean-Marie Malherbe quitta cette paroisse pour n'avoir pas voulu prêter le serment prescrit à tous les ecclésiastiques, dits fonctionnaires publics, par la loi du 26 décembre 1790. Il se retira au sein de sa famille où, dit-il, dans l'union et la conformité des sentiments de la foi, il goûtait toutes les consolations dont était susceptible sa position, lorsque parut le décret de l'Assemblée nationale rendu le 26 août 1792 pour la déportation des prêtres insermentés. — En conséquence de ce décret, il prit le chemin de l'exil avec les six ecclésiastiques que nous avons nommés plus haut.

M. Laurent Malherbe, son frère, partit de la ville d'Autun et faillit, en traversant le village de Couches, être massacré (1). Il rençontra beaucoup de difficultés à Lyon. Il y fut maltraité, et gagna la frontière au milieu des plus sérieux dangers. Ce ne fut qu'après plusieurs mois de courses écrasantes à travers la Suisse, que les frères se rencontrèrent enfin pour partager les mêmes souffrances. L'exil de M. Jean-Marie Malherbe, commencé le 21 septembre 1792, ne finit que le 21 mai 1802. Après les cinq premières années, bravant toute crainte, il profita d'un moment de détente pour rentrer en France et passer quelques semaines dans sa famille. Tout ce premier voyage forme un volume manuscrit renfermant la description des lieux et les péripéties du triste voyage de la petite caravane, dont la fatigue diminuait le nombre d'une étape à l'autre.

M. Malherbe avait laissé à Paray son premier carnet de voyage. En reprenant la route de l'exil, le proscrit prit encore des notes *précises*, jour par jour. Cette fois-ci, à son retour en France, la malle qui renfermait son carnet fut volée et il renonça à refaire de mémoire un document qui n'eût pas présenté moins d'intérêt que celui qui existe encore. Les proscrits de Paray firent plusieurs fois le pèlerinage d'Einsiedeln. Notre-Dame des Ermites leur rappelait Notre-Dame de

---

(1) Le 9 septembre de cette même année, quatre Sulpiciens, s'éloignant de France, furent égorgés à Couches, bien qu'ils fussent munis de passeports en règle.

Romay. Ils y trouvaient tout à la fois le réconfort corporel et spirituel dont ils avaient un si grand besoin : aumônes, messes et même retraites de quelques jours, pendant lesquelles ils redisaient sans doute les exclamations bien connues d'un auteur spirituel (1) : « O heureuse solitude, ô unique béatitude que goûtent ceux qui l'aiment ! »

Le total des lieues, faites la plupart du temps à pied, a été de 556 dans le premier voyage, de 431 dans le second. En tout, 987 lieues.

M. Malherbe était le pasteur connu, estimé de tout son troupeau. Sa famille, profondément chrétienne, le secondait de toute façon. Son frère, médecin, et pharmacien, rendait de très grands services à la population de Paray. Quand il rentrait à la maison après ses visites, il chargeait sa sœur de porter vite aux pauvres malades des aumônes en nature. Impossible de savoir tout le bien qu'a fait à Paray cette famille Malherbe au point de vue corporel et spirituel, et rien de plus édifiant que les quelques détails que nous avons pu obtenir de l'humilité, si bien connue de tout le monde, des deux nièces du curé et du médecin, les vénérées demoiselles Joséphine et Antoinette Malherbe, qui furent pendant de longues années l'édification de Paray.

Sous le ministère de M. Jean-Marie Malherbe, une de ses nièces, Mlle Antoinette, fut guérie miraculeusement d'une maladie déclarée incurable par son médecin, M. de Carmoy, à la suite d'une neuvaine de

___

(1) Musius Corneille (*Louange de la vie solitaire*).

prières faite par les religieuses de la Visitation de Paray. La guérison subite de Mlle Antoinette a fait l'objet d'une enquête canonique par la Commission chargée de la cause de la béatification et de la canonisation de la vénérable servante de Dieu, Marguerite-Marie Alacoque, professe de l'Ordre de la Visitation Sainte-Marie. Nous possédons la pièce par laquelle M. Jean-Philibert Farges, curé de Paray, postulateur de la cause, enjoint à M. l'abbé Condemine, curseur délégué en la dite cause, d'assigner Mlle Joséphine Malherbe, sœur de la miraculée, en qualité de témoin, pour comparaître lundi, à 9 heures du matin, dans le chœur des religieuses de la Visitation de Paray, y prêter serment de dire la vérité et de garder le secret sur les interrogations sur lesquelles le témoin sera interrogé et sur les réponses qu'il sera dans le cas d'y faire, et ce, sous peine d'encourir les censures ecclésiastiques. (Donné à Paray, le 16 du mois d'août 1834).

M. Malherbe, ainsi que sa famille, au dire de ses nièces, professait une grande dévotion à Notre-Dame de Romay. Pour donner satisfaction à la foi de ses paroissiens qui accouraient avec d'autant plus d'empressement à Romay que la chapelle avait été fermée pendant plus de vingt ans, il charge Dom Bauderon (1), prêtre de Paray, d'un service à Romay. Tous les

---

(1) Dom Bauderon, ancien moine de Cluny, avait eu la faiblesse de prêter le fameux serment. Mais il ne tarda pas à se rétracter et il mena jusqu'à la fin une vie régulière qui lui fit pardonner sa faute.

samedis, il célébrait la messe à la chapelle et l'assistance était nombreuse. M. Malherbe mourut le 26 juin 1832, à l'âge de 81 ans. Il fut inhumé le 26 juin, en présence de ses deux vicaires, Laurent Burthier et Claude Maillard, de tout le clergé de la ville et du canton. On lit sur sa tombe, fixée au mur de l'entrée de la chapelle du cimetière, cette épitaphe :

D. O. M.

CI-GIT JEAN-MARIE MALHERBE

CHANOINE HONORAIRE D'AUTUN, CURÉ DE PARAY

DÉCÉDÉ LE 25 JUIN 1832

IL FUT AGRÉABLE A DIEU ET AUX HOMMES

Non loin de sa tombe, on voit celle de son frère, prêtre, avec cette inscription :

CI-GIT LAURENT MALHERBE

PRÊTRE

ANCIEN PRIEUR DE L'HÔPITAL DE CHENAY

NÉ LE 5 JUIN 1756

MORT LE 19 MAI 1847

IL CONFESSA LA FOI AUX JOURS MAUVAIS

PAR LA PERSÉCUTION ET L'EXIL

Jean-Philibert Farges
Chanoine honoraire, curé de Paray
1832-1841

M. Farges, né à Amplepuis, archidiocèse de Lyon, curé de la petite paroisse d'Oyé, au cœur du Brionnais, remplace M. Malherbe. Il fut nommé curé de Paray par Mgr du Trousset d'Héricourt, évêque d'Autun, en date du 18 août 1832. M. Nectoux, confesseur de la foi, aumônier de l'hôpital de Paray, l'installe le 16 septembre suivant.

Le nouveau curé s'aperçut bien vite que la succession de M. Malherbe n'était pas commode. Il n'était pas originaire de Paray comme son prédécesseur. Il quittait une paroisse aussi paisible que chrétienne, tandis que celle de Paray se ressentait encore des convulsions révolutionnaires. Il rencontra donc des difficultés de début qui n'étaient pas faites pour l'enraciner à Paray. Combien il regrettait sa solitude d'Oyé !

Prêtre excellent et très apprécié de son évêque, il se mit à l'œuvre sans découragement et ne tarda pas à faire du bien aux âmes qui ne craignirent pas de lui donner leur confiance dès le début. Elles jugèrent bientôt que, sous des apparences de simplicité et de modestie, on découvrait toutes les qualités du bon pasteur.

M. Farges remit en vigueur l'antique confrérie du Saint-Sacrement, autrefois si florissante, nous l'avons vu plus haut.

L'année suivante, il obtint de Monseigneur l'Evêque que la confrérie de Notre-Dame du Mont-Carmel, érigée primitivement à la chapelle de la Visitation par les Révérends Pères de la Compagnie de Jésus, fût transférée à l'église paroissiale par Indult apostolique du 11 novembre 1833.

Mgr d'Héricourt, excellent appréciateur des mérites de son clergé, le nomma chanoine honoraire d'Autun, en 1839. Le diocèse apprit avec satisfaction sa nomination au canonicat honoraire. Il travailla encore, de tous les efforts de son zèle, au développement de la confrérie de la *Bonne Mort,* très florissante alors et bien abandonnée maintenant.

Néanmoins M. Farges, habitué à une vie de recueillement, ne se mêlait pas assez aux familles chrétiennes et aisées de la paroisse. Aussi manquait-il des ressources indispensables pour faire le bien au milieu d'une population où la charité des personnes fortunées attire beaucoup de pauvres. Aussi bien il était pauvre lui-même. Personne ne venait à son aide. Après neuf ans de ministère, en 1841, il donna spontanément sa démission de curé de Paray. On le nomma à Saint-Laurent-en-Brionnais, cure inamovible et paroisse réputée la plus religieuse de tout le diocèse. Il se trouva de nouveau dans son élément, au milieu d'une population rurale. Il occupa ce poste durant vingt ans et il y fit beaucoup de bien. Son souvenir est encore très vivant à Saint-Laurent-en-Brionnais.

En 1861, M. Farges, âgé de 69 ans, sentit ses forces faiblir. Il démissionna en faveur de son neveu, M. Condemine, ancien vicaire de Paray, et, dans ce moment, prêtre auxiliaire de son oncle à Saint-Laurent. M. Farges ne quitta pas sa paroisse. Il fut chargé des fonctions d'aumônier du beau pensionnat tenu par les religieuses du Saint-Sacrement et dont la maison-mère est à Autun. Enfin il se retira définitivement à Tancon, où il finit ses jours pieusement, à l'âge de 78 ans, chargé d'années et plus encore de mérites pour le ciel.

On lit au nécrologe ecclésiastique de l'année 1878 cette note :

« M. Philibert-Jean Farges, né à Amplepuis (Rhône), le 11 février 1792, ordonné prêtre en 1816, ancien curé de Saint-Laurent-en-Brionnais, décédé à Tancon, le 12 octobre 1878. Son neveu et successeur, M. Condemine, le précéda de trois mois dans la tombe. Il mourut le 14 juillet 1878. »

En ce qui regarde la chapelle de Romay, pendant les neuf années que M. Farges passa à Paray, nous ne découvrons rien de saillant à mentionner. Cependant, si nous rapprochons les dates des enquêtes sur la tradition des rappels à la vie d'enfants mort-nés, rapportés au chapitre X, on peut établir sans peine qu'au moment où M. Farges fut curé, on portait à Romay un grand nombre d'enfants mort-nés. Au reste, M. Farges, après avoir exercé le saint ministère à Oyé, non loin de la chapelle de Sancenay, ne pouvait qu'être heureux et fier de retrouver ici une dévotion si bien établie et sa dévotion à Notre-Dame de Romay a dû se traduire par la célébration de la sainte messe et par de fréquents pèlerinages au sanctuaire de Marie.

M. Arsène Mariller

Chanoine honoraire, curé de Paray

1841-1846

M. Mariller recueillit la succession de M. Farges. L'acte de son institution canonique est datée du 5 novembre 1841, et celui de son installation par M. Adolphe d'Alais, du 14 novembre. Né à Semur, le 24 janvier 1800, il reçut le baptême des mains de M. Bonnardel, curé de Semur, confesseur de la foi et fondateur du petit séminaire. Avant la fondation de cet établissement, M. le Curé de Semur avait une école cléricale qui fut comme la première pépinière des vocations religieuses dans le Charolais.

A l'âge de 16 ans, le jeune Mariller quittait cette école pour entrer en classe de troisième au petit séminaire d'Autun. Brillant élève de Semur, il n'eut pas de peine, dit M. Cucherat (1), à prendre la tête de la classe et à s'y maintenir jusqu'en rhétorique.

Prêtre en 1823, il fut nommé vicaire de la paroisse Saint-Vincent de Mâcon. Quinze mois après, vers la fin de 1825, Mgr d'Héricourt l'appela à la charge délicate de directeur du petit séminaire de Semur. L'année suivante, il devint professeur de rhétorique. A la fin de l'année scolaire 1832, il quitte son

____

(1) *Nécrologie de M. Mariller*. Autun, imprimerie Dejussieu. 1880.

cher séminaire et vient à Paray comme aumônier
de la Visitation. Le filleul et le parent du nouvel
aumônier, M. Cucherat, a bien défini dans la nécrologie
de M. Mariller la charge d'aumônier de Visitandines :
« C'est la vie du vigneron que le Père céleste a
« envoyé à sa vigne choisie. C'est la vie de l'agri-
« culteur distingué auquel il a confié ses meilleures
« terres. C'est la vie du serviteur fidèle auquel a été
« remis le ministère des âmes à conduire dans les
« voies silencieuses de la plus haute et de la plus sûre
« perfection. Travail sublime, qui demande à la fois
« le regard de l'aigle, la douce candeur de la colombe,
« la pureté et l'assiduité des anges gardiens ! Tout
« cela, ajoute-t-il, mis en œuvre en la présence de
« Dieu seul et pour Dieu seul, fin dernière et unique
« de ce qui lui est si particulièrement réservé. » Tel
est bien le type de l'aumônier d'un monastère de la
Visitation, tel fut M. Mariller.

Pour lui témoigner sa satisfaction, le monastère ne
tarda pas à l'affilier à la communauté pour qu'il
participât à tous les actes de religion ou de piété
qui s'y font : offices, oraisons, communions, bonnes
œuvres. C'est là un privilège très appréciable au point
de vue de la sanctification d'une âme. L'acte est
signé : Sœur Elisabeth-Eugénie Muller, supérieure de
la Visitation de Paray. Il est du 9 juin 1836.

L'année suivante, son évêque lui demanda le sacrifice
de sortir de cette vie paisible, si bien en harmonie
avec ses goûts de vie intérieure, pour la charge très
importante de supérieur du petit séminaire de Semur,
et pour le récompenser de toutes les bonnes volontés

qu'il témoignait dans ces divers changements, il le nomma chanoine honoraire de sa cathédrale.

Les honneurs le poursuivaient et lui ne les recherchait en aucune façon. Au bout de trois ans, les difficultés qu'il rencontra dans ses nouvelles fonctions le déterminèrent à solliciter de Mgr d'Héricourt son changement. De fait, M. Mariller, avec ses inclinations à la vie mystique et sa nature timide, convenait mieux pour être aumônier de religieuses que supérieur de petit séminaire. En sortant de Semur, il passa un an à l'aumônerie de l'hôpital de Charolles. Ce n'était plus la Visitation de Paray, mais ce n'était qu'un poste d'attente. Mgr d'Héricourt le choisit l'année suivante pour le renvoyer, en qualité de curé, à Paray-le-Monial. Agréé par le gouvernement le 5 novembre 1841, il prit possession de cette cure, devenue vacante par la démission de M. Farges, le 14 novembre, par l'entremise de M. d'Alais, curé de Charolles. Dans tous les rangs de la société on fit bon accueil à l'ancien aumônier de la Visitation. Les paroissiens pieux de cette paroisse se souvenaient encore des instructions si doctrinales qu'il donnait chaque dimanche, avant la bénédiction de cinq heures, dans la chapelle de la Visitation. M. Mariller remplit très dignement, dit M. Cucherat, tous les devoirs et toutes les fonctions d'un bon curé, depuis le 14 novembre 1841, jusqu'au 9 juin 1846.

Pendant ce temps, M. d'Alais, qui l'avait installé à Paray, fut nommé grand vicaire d'Autun par Mgr d'Héricourt. Mais de telles fonctions étaient antipathiques à la nature si primesautière de M. le Curé de

Charolles. Il ne put se faire à ce genre de vie. Son évêque le comprit bien vite et, d'une part, pour être agréable à son grand vicaire qu'il estimait, et, d'autre part, connaissant la docilité de M. Mariller, il lui demanda comme un service sa démission. Le curé de Paray l'envoya simplement en suppliant Monseigneur de le nommer curé de l'humble commune de Saint-Didier-en-Brionnais, qui n'était pas encore paroisse.

M. Mariller avait au cœur deux dévotions qu'il avait puisées à Semur, au contact de M. Bonnardel, la dévotion au Sacré-Cœur et la dévotion à la Sainte Vierge. Sa place était à Paray plus que partout ailleurs. Il ne quitta cette ville que de corps, par obéissance à l'autorité épiscopale. La Visitation ne consentit jamais à se priver entièrement de la direction spirituelle de ce fervent contemplatif et le conserva jusqu'à sa mort comme supérieur de la communauté.

Pendant que M. Mariller gouvernait la paroisse de Paray, une de ses paroissiennes, aussi généreuse que pieuse, peut-être sous l'inspiration de son pasteur, acheta, de l'administration de l'hospice, la chapelle de Romay, pour une somme de mille francs une fois donnée et une rente de vingt-cinq francs par an, payable jusqu'à la mort de l'acquéreur. L'acte de vente est du 7 mai 1842. Par le même acte, elle fait cession de l'immeuble à la fabrique de Paray et, par décret du 3 septembre 1844, l'Etat approuve la donation.

Nous transcrivons la délibération concernant cette cession : « Cejourd'hui, 3 avril 1842, les Membres de la Fabrique réunis à l'effet de délibérer sur la cession de la chapelle de Romay que Mlle de Sermaize se propose d'obtenir de l'hospice, en faveur de la Fabrique de l'église paroissiale de Paray. Considérant que Mlle Febvre, par acte du 12 juillet 1811, avait prévu le cas que, pour une raison quelconque, l'hôpital viendrait à se dessaisir de la jouissance de la chapelle de Romay, elle voulait alors que les revenus fussent réunis à ceux de la fabrique de Paray, et que, par la cession proposée par Mlle de Sermaize, les intentions de Mlle Febvre reçoivent leur exécution.

« Considérant que les quêtes et dons faits à la chapelle peuvent suffire à son entretien et, qu'en raison de la dévotion généralement répandue pour le culte de Marie en cette chapelle, il est à espérer que les dons et aumônes augmenteront par la destination spéciale qui en sera faite pour sa décoration : par ces motifs, le Conseil de Fabrique s'engage à consacrer exclusivement, pendant la vie de Mlle de Sermaize, tous les revenus de la chapelle de Romay à son entretien et à son embellissement, sur la condition imposée par Mlle de Sermaize. En conséquence, le Conseil fait acceptation pure et simple de ladite cession, s'engageant d'ailleurs à suivre et accepter toutes les conditions, imposées par Mlle Febvre par l'acte de donation ci-dessus relaté. Et ont soussigné au registre les membres présents : Gaspard de Verneuil, Théodore d'Alais, Henri de Sormain, Alexandre de Verneuil, de Chiseuil, maire, Mariller, curé de Paray. »

Le 24 novembre suivant, le Conseil prend une nouvelle délibération confirmant la précédente, à la demande du gouvernement : « Cejourd'hui, 24 novembre 1842, le Conseil de Fabrique, réuni sous la présidence de M. Mariller, curé de Paray (1), en vertu de l'autorisation de Mgr l'Évêque, en date du 21 novembre dernier.

« Voulant satisfaire à la demande de M. le Garde des Sceaux tendant à obtenir du Conseil de Fabrique l'engagement de se charger de l'administration temporelle de la chapelle de Romay, cédée par la Commission administrative de l'hospice de Paray à ladite Fabrique.

« Considérant que le Conseil, en acceptant ladite chapelle, a bien entendu pourvoir à ses dépenses et profiter des avantages qui pourraient y être attachés. Le Conseil est d'avis, à l'unanimité, de prendre l'engagement de se charger de l'administration temporelle de la chapelle de Romay et de pourvoir à ses dépenses.

« Fait et délibéré à Paray, le 24 novembre 1842. »

A l'égal des curés originaires de la ville de Paray, M. Mariller aima Notre-Dame de Romay.

Toute trace des anciennes indulgences avait disparu. En 1846, il sollicita du pape Grégoire XVI une indulgence de quarante jours à gagner par tous les fidèles qui visiteraient la chapelle de Romay. Voici le rescrit apostolique traduit littéralement sur l'original latin :

De l'audience de Sa Sainteté,

Notre très saint seigneur, le Pape Grégoire XVI, a bien voulu accorder à tous les fidèles de l'un et de

---

(1) Présentement, ni le curé, ni le maire ne peuvent remplir la fonction de président.

l'autre sexe une indulgence de quarante jours, applicable aux fidèles trépassés, qu'ils pourront gagner, une fois seulement, chacun des jours de l'année, pourvu que devant la statue de la Bienheureuse, mentionnée dans la supplique et qui est exposée dans la chapelle de Romay, ils récitent avec un cœur contrit et dévot *sept Ave Maria* en l'honneur de la Sainte Vierge et prient aux intentions de Sa Sainteté.

La présente sera valable sans aucune expédition de Bref.

Donné à Rome, en la secrétairerie de la Sacrée Congrégation des Indulgences, le 4 janvier 1846.

<table>
<tr><td>J. (illisible),
Sous-Préfet.</td><td>Jacques GALLO,
Secrétaire.</td></tr>
</table>

On lit au verso : Benigne-Urbain-Jean-Marie du Trousset d'Héricourt, évêque d'Autun.

Vues les présentes, nous aquiesçons avec le plus grand empressement à ce qu'elles soient mises à exécution dans notre diocèse.

Donné à Autun, sous la signature de notre Vicaire Général et sous notre sceau, le 22 juillet 1846.

En s'éloignant pour la seconde fois de Paray, M. Mariller savait qu'il y serait rappelé souvent par ses fonctions de supérieur de la Visitation. Au reste, son séjour à Saint-Didier-en-Brionnais fut de courte durée : deux années à peine et, dans cet intervalle, Mgr l'Évêque *lui proposa* la paroisse de Cuiseaux. Il n'accepta pas pour des motifs qui ne sont pas connus, mais que son attachement au cher Paray laisse facilement présumer.

M. Sarret, curé de Saint-Christophe-en-Brionnais, étant décédé en 1848, Mgr d'Héricourt en fit accepter la succession à M. Mariller. Il prit possession de cette cure importante le 18 juin 1848. Onze ans après, M. Mariller touchait à la soixantaine. Ses forces s'affaiblissaient. On lui donna pour vicaire son neveu et filleul Arsène Laplace, curé de Saint-Julien-de-Civry. L'oncle et le neveu vécurent dans ces conditions pendant dix ans, M. Mariller, assuré d'avoir en M. Laplace un digne remplaçant, se démit en sa faveur de la charge pastorale tout en restant sous le même toit avec son neveu. Jamais ministère en famille ne réussit mieux ! Nous en fûmes témoin pendant une mission que nous prêchâmes à Saint-Christophe-en-Brionnais, avec le concours de M. l'abbé Gauthey, chapelain de la Basilique. M. Laplace, notre parent, déjà gravement atteint de la maladie qui le conduisit à la tombe quelques mois après, avait fait appel à notre amitié pour donner à sa paroisse une mission qui pût servir à l'obligation de Pâques. Elle s'ouvrit au commencement de mars pour finir le jour de la fête de saint Joseph. Le vieil oncle était encore assez vaillant pour diriger un excellent chœur de chanteuses, tandis que le pauvre neveu, cloué sur son lit, priait et souffrait nuit et jour pour le succès de la mission. Ce ne fut pas en vain. Cette mission réussit au gré du pasteur et des missionnaires du Sacré-Cœur.

Depuis plusieurs années, M. Mariller, se voyant vieillir, aspirait à prendre sa retraite. Il nous en fit la communication pendant la mission, et, convaincu que M. le Curé ne tarderait pas à succomber, nous fûmes d'avis qu'il agirait sagement en quittant Saint-Christophe après la mort de son neveu. Ce qui arriva de fait. M. Mariller prit logement à l'aumônerie de l'hôpital de Paray et devint le commensal de M. Cucherat. Mais il prévoyait bien que sa fin approchait et il se préparait sérieusement à la mort.

M. d'Alais, curé de la basilique du Sacré-Cœur, moins âgé que lui, le précéda dans la tombe. Appelé à lui succéder, Mgr Perraud nous déchargea de la direction des Clarisses et désigna M. Mariller pour nous remplacer. Il assista, ainsi que M. Cucherat, à la solennité de notre installation, et, après la messe, en nous présentant ses vœux de compatriote semurois, il nous dit : Il y aura bientôt trente-neuf ans que M. d'Alais, votre prédécesseur, m'installait curé de Paray. Ne faites pas comme moi : j'ai donné ma démission et j'en ai eu du regret. Notre réponse fut qu'il en serait ce que voudra le Sacré-Cœur.

Les trois prêtres, issus de Semur, dont le plus ancien et le plus jeune avaient été installés curés de la paroisse de Paray, ne devaient pas rester bien longtemps dans l'union et la paix du Seigneur, sur cette terre bénie du Sacré-Cœur. Le samedi 1er août, M. Mariller confessa le matin et le soir à la Visitation, dont il était resté le supérieur, et chez les Clarisses, à l'occasion des indulgences de la Portioncule accordées à ces deux communautés. Le soir, après son repas, il alla se confesser au Père Queuille, de la Compagnie de Jésus, et se coucha vers neuf heures, selon son habitude.

Le lendemain, à 5 heures du matin, on le trouva

immobile, sur son lit. Il respirait, le visage était bon ; mais aucun signe de connaissance. Il mourait du sommeil du juste, après 48 heures d'apoplexie (1).

Ses funérailles eurent lieu le mercredi 5 août, à la Basilique du Sacré-Cœur, au milieu d'un très grand concours de prêtres et de fidèles. Il nous fut donné de prononcer l'oraison funèbre de ce digne prêtre, l'honneur de Semur, du Petit Séminaire et de Paray.

Son corps a été déposé au cimetière de Notre-Dame, à droite de la porte de la chapelle, et sur le contrefort, M. Cucherat a fait graver cette simple épitaphe que nous ne lisons jamais sans une vive émotion :

ICI REPOSE

EN ATTENDANT LA RÉSURRECTION

M. ARSÈNE MARILLER

ANCIEN CURÉ DE PARAY

DÉCÉDÉ SUPÉRIEUR DE LA VISITATION

LE 3 AOUT 1880

AGÉ DE 80 ANS

R. I. P.

---

(1) M. Cucherat, son parent et son biographe, mourut aussi d'une attaque d'apoplexie, dans la nuit du vendredi au samedi 16 avril 1887, et fut enterré dans le cimetière des Sœurs hospitalières.

M. Gabriel-Adolphe Vial d'Alais
Chanoine honoraire, ex-vicaire général d'Autun
curé de Paray

M. d'Alais, successeur de M. Mariller, enfant de Paray, a fait exception au proverbe écrit dans l'Evangile : Personne n'est prophète dans son pays. Il est resté fort populaire pendant sa vie et après sa mort. Le dernier dimanche de juin 1846, M. Nicolas Guillier, prêtre, préfet apostolique de Cayenne, délégué par Mgr l'Evêque d'Autun, mit en possession de la cure de Paray M. d'Alais. Le décret d'acceptation par le gouvernement est du 4 juin 1846.

M. Cucherat a fait la biographie de M. d'Alais après sa mort. Nous lui empruntons ces détails sur l'origine du nouveau curé :

« M. d'Alais est né à Paray, le 12 décembre 1805. Sa famille paternelle était ancienne à Paray. Je trouve dans la charte de fondation de l'église Saint-Nicolas, du 21 mai 1504, M. Grégoire Vial, bourgeois de Paray, parmi les promoteurs de cette œuvre sainte et patriotique. Et aux vieux registres, conservés à la mairie, on trouve, le 21 mai 1738 et le 3 février 1739, la trace des liens intimes qui unissaient M. Samson Vial, conseiller de France, avec MM. Gravier, qui ont donné au roi-martyr un de ses plus célèbres ministres, le comte Gravier de Vergennes (1).

______

(1) La sœur de M. d'Alais, Mme veuve de Champeaux, nous avait donné le portrait à l'eau-forte de M. le ministre Gravier

La mère de M. d'Alais était une fille de M. Baudinot, de la maison des seigneurs de Selorre et de Lyonne. Des genoux de sa mère, il fut envoyé au cloître des Bénédictins, où quelques-unes des anciennes Visitandines s'étaient réunies après la tempête. Ce sont ces dignes filles de Saint-François de Sales qui lui apprirent à lire et lui donnèrent les premières leçons d'histoire et de calcul. Il aimait à le rappeler, et toute sa vie, il a gardé un particulier souvenir des deux religieuses de Paray qui ont conservé à la cité les pieux ossements de Marguerite-Marie Alacoque, savoir : Mme Rose de Carmoy et Mme Marie-Thérèse Petit, sœur du brave général de ce nom, et l'une des miraculées dont le nom figure dans le décret apostolique des trois miracles de Marguerite-Marie.

De là, M. d'Alais alla au collège du vertueux M. Barthélemy, dont la maison est enclavée présentement dans le monastère de la Visitation.

En 1819, sa famille le conduit au petit séminaire d'Autun, où il passa peu de temps ; car ayant obtenu du roi Louis XVIII une place à la maîtrise royale de Saint-Denis, il y termina ses études secondaires.

Il entrait ensuite au séminaire de Saint-Sulpice, à Paris. La Révolution de 1830 l'ayant chassé de Saint-Sulpice, il alla se fixer à Rome pour achever ses études théologiques. Il y reçut tous les ordres jusqu'à la prêtrise. Rentré en France, il se mit à la dispo-

de Vergennes. Nous l'avons offert à M. Gravier des Mousseaux, chef de gare à Vichy, venu à Paray pour des recherches historiques sur la famille Gravier.

sition de son évêque. Sa seule ambition fut un poste près de sa ville natale. Son évêque le nomma curé de Volesvres.

Dans son enfance, il se rendait souvent, avec sa pieuse famille, à la chapelle de Romay, ouverte au culte depuis quelques années. Il y puisa une grande dévotion à la Sainte Vierge. — Volesvres est à proximité de Romay et plusieurs maisons de ce village dépendent de cette paroisse. Souvent il célébrait la sainte messe à la chapelle et venait à Paray pour visiter ses parents et ses nombreux amis.

Plus tard, devenu curé de Paray, il célébrait ordinairement la messe à Romay le samedi. Il fit tout son possible pour établir une messe à Romay ce jour-là, afin de continuer la vieille tradition de la messe du samedi pendant toute la bonne saison. Le sanctuaire se relevait peu à peu de ses ruines ; mais la chapelle restait pauvre, malgré les énormes sacrifices de Mlle de Sermaize. Aussi bien, il n'y avait pas de calice à Romay. M. d'Alais confiait à son enfant de chœur le soin d'apporter et de rapporter son calice.

Sur le registre historique de M. d'Alais. qui n'a malheureusement que quelques pages, écrites de sa main, nous relevons ces lignes : « Vers le milieu de « l'été en 1854, le choléra-morbus, jusqu'alors confiné « dans les grands centres de population, s'est ré-« pandu dans les petites villes et campagnes du de-« partement. Paray a été heureusement préservé et « on a offert, comme *ex-voto,* un cœur en vermeil à « la chapelle de Romay, un lustre très beau à la cha-

« chapelle de la Visitation (1), et on a voué une messe
« par semaine pendant un an à la chapelle de Saint-
« Roch. Cette même année, à l'occasion de la guerre
« d'Orient, terminée par la prise de Sébastopol, on a
« porté en procession à Romay une statue en fonte de
« Marie immaculée. »

Les témoins de cette fête, en l'année de la proclamation du dogme de l'Immaculée Conception, disent
que la procession fut très belle et qu'à la nuit, la ville
fut splendidement illuminée.

En tout temps, les fêtes en l'honneur de Marie, sous
le nom de Notre-Dame de Romay, eurent à Paray un
incomparable succès. M. d'Alais reste donc dans la mémoire de la population de Paray l'un des curés les plus
dévoués au culte de la *bonne Dame*. De tous les prêtres
de la ville, c'est lui qui célébrait le plus souvent la messe
au sanctuaire. A l'âge de 75 ans, il avait conservé
toute sa vigueur, et, marcheur intrépide, il sillonnait
souvent le vaste territoire de sa paroisse pour la visite des malades. On l'appelait sans cesse, car les
paroissiens avaient une grande confiance en son expé-
rience et en son diagnostic médical. Il avait, du reste,
étudié la médecine dans sa jeunesse pendant deux ans.

Un fluxion de poitrine l'enlevait à sa paroisse et à
ses nombreux amis, après huit jours de maladie. Il
eut, dès le début, conscience que c'était sa fin et il
prit toutes ses mesures en conséquence.

M. d'Alais, après avoir dépensé toute sa fortune et

---

(1) Ce lustre est depuis un an à la chapelle de la Sainte Vierge,
à la Basilique.

celle que lui laissa à sa mort son frère, M. Théodore d'Alais, en aumônes, en bonnes œuvres et en pensions de séminaristes à Semur et à Autun, *mourut pauvre*, ne laissant que son mobilier, usé par un long service. Depuis la fondation des chapelains de la Basilique, le 1er juin 1876, deux chapelains remplissaient auprès de lui les fonctions vicariales. Il voulut que son premier vicaire (1) le confessât et lui administrât les derniers sacrements et il institua le second vicaire son exécuteur testamentaire (2).

« Nullement troublé par la perspective de la mort, « que ses connaissances médicales lui montraient « comme prochaine, il se contenta de dire : *La vo-* « *lonté de Dieu soit faite.*» Il écrivit en ces termes son testament spirituel : « *Je recommande mon âme* « *à Dieu et à son infinie miséricorde. J'ai confiance* « *dans le Cœur de Jésus, le Cœur Immaculé de Marie* « *et la Bienheureuse..* »

Il s'est éteint, dans la paix de Dieu, au matin du jeudi 19 février 1880.

Suivant le témoignage de M. Cucherat, dans sa brochure nécrologique de *M. d'Alais, curé de Paray,* sa mort fut un grand deuil pour la paroisse.

« Ses funérailles, dit-il, eurent lieu le samedi, à « dix heures. Toute description serait impossible, « toute narration au-dessous de la vérité et des sen-

---

(1) M. Gillot, présentement docteur en théologie, chanoine honoraire, superieur des chapelains-missionnaires de la basilique du Sacré-Cœur.

(2) M. Merle, chanoine honoraire, aumônier de la Visitation.

« timents. La population entière de la ville était sur
« pied.

« Malgré la circonstance gênante d'un samedi de
« Carême, soixante-dix prêtres étaient accourus de
« tous les points du diocèse. Mgr Perraud, évêque
« d'Autun, qui avait M. d'Alais en grande vénération,
« députa M. Mangematin, vicaire général d'Autun,
« archidiacre de Charolles, pour présider les funé-
« railles et se faire l'interprète de la douleur géné-
« rale. »

Quatre chapelains-missionnaires eurent le très
grand regret de ne pouvoir accompagner à sa dernière demeure leur vénéré doyen. Ils donnaient, en
même temps, des missions dans l'Autunois (1).

Le pieux défunt fut d'abord inhumé à l'entrée de la
chapelle, autour de laquelle il est d'usage d'enterrer
les curés et les prêtres de Paray. A la demande de la
famille, les autorités municipales permirent le trans-
fert de la dépouille mortelle dans le caveau de gauche
de la chapelle.

Mme veuve d'Alais, belle-sœur du défunt, sollicita
de Mgr Perraud, évêque d'Autun, une inscription tu-
mulaire, que Sa Grandeur composa et lui adressa
immédiatement. Cette épitaphe est d'une belle latinité.
On peut la lire sur un stèle de marbre noir en lettres
dorées. Nous en donnons la traduction en français :

____

(1) MM. Barnaud et Brussier, à la Chapelle-sous-Uchon;
MM. Dory et Gauthey, à Epinac.

D. O. M.

POUR MOI, JE DÉPENSERAI TOUT TRÈS VOLONTIERS

ET JE ME DÉPENSERAI ENCORE MOI-MÊME

POUR LE SALUT DE VOS AMES (1).

GABRIEL-ADOLPHE VIAL D'ALAIS

ANCIEN VICAIRE GÉNÉRAL ET CHANOINE HONORAIRE

D'AUTUN

DOYEN DES CHAPELAINS

CURÉ-ARCHIPRÊTRE DE PARAY-LE-MONIAL

Au bas de l'épitaphe, on voit un buste en relief du vénéré défunt.

(I) *Ego autem libentissime impendam, et super impendar ipse pro animabus vestris.*

IIe Épître de saint Paul aux Corinthiens, chap. 12, 8, 15.

Ce texte s'applique à merveille aux œuvres et à la vie de M. d'Alais.

CHAPITRE IX

LES CLOCHES DE LA PAROISSE
et des
CHAPELLES DE ROMAY ET DE SAINT-ROCH

I

Les anciennes Cloches de la Paroisse

La sonnerie des cloches catholiques produit une vive impression sur toutes les personnes religieuses et recueillies. Elle répond aux sentiments les plus élevés de notre âme, et elle a son écho dans la conscience humaine. Il n'y a donc pas lieu d'être surpris qu'elle inspire la poésie, l'éloquence et l'art religieux.

L'histoire conserve le nom des plus illustres fondeurs et quelques-uns de ces noms se lisent encore sur l'airain des cloches les plus anciennes de la catholicité.

Par contre, ces cloches, exprimant si bien par leur tonalité variée nos joies, nos deuils et nos espérances du triomphe final, exaspèrent les ennemis de la religion.

Les disciples de Calvin ont incendié les clochers et ont réduit en fusion le métal des cloches.

La Révolution de 93 a ordonné que les clochers seraient rasés et que les cloches seraient fondues au profit de la Nation (1).

L'exécution de l'ordonnance sur le sort des cloches, dans la paroisse de Paray, est trop intéressante pour ne pas lui réserver une large place dans cette histoire, d'autant plus que l'enlèvement des cloches a soulevé, à Paray, une sérieuse émeute populaire, avec laquelle la municipalité a dû compter.

La paroisse a prouvé, par une profonde émotion, combien elle était attachée à ses cloches.

A vrai dire, ce soulèvement populaire est le seul à signaler dans l'ordre religieux, avec l'incident que provoqua, un peu plus tard, le déplacement de la statue de Notre-Dame de Romay.

On était au commencement de l'année 1792. Les cloches de Notre-Dame du Cimetière, de Saint-Nicolas et de l'Hôpital avaient pris le chemin de l'église bénédictine. La municipalité avait reçu ordre de tenir prêtes toutes les cloches de la ville pour les envoyer, à la première réquisition, à l'hôtel de la Monnaie de Dijon. L'entreprise de la descente des cloches est adjugée au sieur Jallier, charpentier. Il procède d'abord à la descente des cloches de l'église des moines (2).

____

(1) Le 9 pluviôse, an I, le Directoire du district défend de sonner les cloches dans tout le district de Charolles.

(2) Le Conseil de la commune, estimant d'un poids trop minime la cloche des religieuses de la Visitation et celle des Ursulines, en laissa l'usage aux religieuses, à la condition qu'elles serviraient uniquement aux exercices de la maison.

Le travail touchait à sa fin et les cloches gisaient sur le sol, munies des cordages de l'entrepreneur. La nuit venue, ce dernier ferme les portes de l'église et en emporte les clefs. Cependant ces préparatifs du départ des cloches causaient dans toute la ville une agitation sans exemple.

On en peut juger par la délibération suivante, à la date du 23 janvier 1792 :

« Nous, Mathieu-Nicolas Bertucat, maire ; Lazare Rozet, Marie Touzet et Antoine Prust, officiers municipaux, instruits qu'on avait forcé les portes de l'église des Bénédictins, dans la nuit dernière, nous nous y sommes transportés. Nous avons reconnu qu'on avait brisé un panneau de vitre, vis-à-vis la première chapelle en entrant (1) ; qu'après s'être introduit dans ladite église, on avait coupé trois cordages qui avaient servi au sieur Jallier pour descendre les cloches du clocher ; qu'on avait cassé les *ançons* (2) de la grosse cloche et qu'ensuite, pour sortir, on avait brisé la serrure de la porte, qu'on avait après cela laissée ouverte en se retirant. Instruits pareillement qu'on avait enlevé les cloches des chapelles de *Saint-Roch* et de *Romay*, nous nous sommes transportés sur les lieux pour vérifier les faits que nous avons trouvés vrais. Ces dernières cloches paraissent avoir été enlevées par le dehors (3). Ce dont et de tout quoi nous avons dressé procès-verbal. »

---

(1) C'est-à-dire la chapelle actuelle des fonts baptismaux, restaurée par Son Em. le Cardinal Thomas, en souvenir de son baptême.

(2) Anneaux pour suspendre les cloches.

(3) Saint-Roch et Romay n'avaient pas de clocher, mais simplement un petit campanile.

« Le même jour, à une heure de l'après-midi, le sieur Jallier ayant été trouver le procureur de la commune pour le prévenir qu'on était entré dans ladite église et qu'on y dévastait tout ; ledit procureur, absent de chez lui, s'y était déjà rendu pour faire sortir tout le monde et fermer les portes. Ce à quoi il n'a pu parvenir. Il est venu inviter le maire et le sieur Rozet à lui aider à cet effet et s'y est rendu avec eux.

« De nouveau transportés dans ladite église, où ils n'ont trouvé de récalcitrant à leur invitation de sortir que le sieur Pierre Colin, lequel, cependant, voyant tous les citoyens sortir et jugeant que sa résistance serait vaine, est sorti également avec tout le monde.

« Cependant les officiers municipaux allant pour fermer les portes, ledit Colin s'est avancé de nouveau pour vouloir rentrer. Alors, M. Rozet, officier municipal, s'y est opposé en barrant le passage. Ledit sieur Colin s'est retiré de deux ou trois pas en invectivant et attendant Rozet à son passage et, au sortir de la porte, lui a appliqué un violent soufflet, en disant *qu'il ne connaissait pas d'officier municipal,* et s'est ensuite retiré. Alors les officiers municipaux l'ont suivi dans ce flagrant délit, et ont requis aide et assistance de prêter main-forte pour saisir le coupable et l'emmener en prison ; mais, main-forte ayant été refusée, la municipalité n'a pas eu d'autre parti à prendre que celui de se retirer et de faire sa dénonciation au juge de paix, et de dresser procès-verbal. »

Le même jour, 29 janvier, un grand nombre de citoyens se réunirent dans l'ancien réfectoire des moines Bénédictins (1). pour protester contre la descente des cloches et leur enlèvement. Le maire est invité à présider cette assemblée ; tout d'abord il leur a déclare qu'il veut bien y consentir, mais qu'il s'oppose à toute délibération à ce sujet, en leur disant qu'il y a futilité de leur part à s'opposer à l'exécution d'un arrêté du Directoire du département ; que la gendarmerie va venir présider à cet enlèvement et le protéger, et qu'eux-mêmes devraient se mettre en armes et aider à ce transport, *plutôt que de mettre tant d'importance à une cloche plutôt qu'à une autre ;* » et la foule se retira paisiblement (2).

Du 30 janvier 1792, arrêté du Directoire, qui a délivré au sieur Jallier, entrepreneur, la descente des cloches de toutes les églises supprimées du district, et le transport d'icelles jusqu'aux chargements et conduite desdits chargements à Dijon.

Ce jour-là, la municipalité donne décharge audit Jallier des quatre cloches de l'église abbatiale et des deux de Notre-Dame ; plus douze chandeliers en cuivre jaune, pesant vingt-neuf livres ; douze autres en cuivre blanchi, pesant vingt-sept livres et demie ; six croix en cuivre blanchi, pesant douze livres et demie ; ensemble deux *ançons* de la grosse cloche des moines qui ont été cassés : toutes lesquelles cloches et effets

---

(1) Salle faisant suite à la grande pièce qui sert de cuisine au presbytère, où sont installées deux classes de l'école publique de garçons.

(2) La population s'opposait donc au départ de certaines cloches et, de fait, celles de Saint-Nicolas furent conservées.

ledit Jallier, cy présent, reconnaît avoir retiré lesdits objets et en accorde décharge.

Lors du vol de la nuit du 28 au 29 janvier, plusieurs objets, notamment deux crucifix et deux chandeliers en cuivre, ont été enlevés ou brisés.

« Déclarons, avant les signatures, que suivant notre procès-verbal du 29 janvier, ledit entrepreneur n'a pu se charger des cloches de la chapelle de Saint-Roch et de Romay, attendu qu'elles ont été volées, ainsi que le fait est constaté par notre présent procès-verbal. »

Cet épisode de la Révolution à Paray méritait bien d'être reproduit dans tous ses détails. Nous y revenons volontiers pour faire connaître les personnages en scène.

M. Bertucat, maire, est l'homme de la loi, sans être sectaire. Intelligent et ambitieux, il veut arriver à la députation. Son ambition est satisfaite sous la Convention. Il vote l'exil perpétuel de Louis XVI et *non la mort* (1). D'une bonne famille du pays, il se laissa entraîner plus loin qu'il n'eût voulu. Sa prudence et son influence sur la population épargnèrent plus d'un désordre à la ville. Mais, malheureusement, la société populaire qui se forma à Paray, sous le nom de *société républicaine épurée*, pesait sur son administration et le poussait souvent à des perquisitions vexatoires auprès des familles soupçonnées de recéler des prêtres assermentés.

____

(1) Cette rectification s'impose, car, à Paray, on a cru généralement qu'il avait voté la mort du roi.

Rozet était un officier municipal honnête et ami de la paix. C'est lui que le clergé réclama pour l'accompagner au départ pour l'exil. Les sept prêtres n'eurent qu'à se louer de ses bons offices, dans leur voyage pénible pour atteindre la frontière. Au départ, les exilés convinrent que Rozet, à l'heure de la séparation, recevrait cent francs.

Colin, d'une très ancienne famille d'ouvriers de Paray, était un citoyen très ardent et très loyal, mais ennemi du mal. On le trouvait toujours pour protester contre les excès. Sa femme, fort bonne chrétienne, se dévouait pour protéger et cacher les prêtres.

Parmi les cloches envoyées à Dijon ne figurent pas celles de Saint-Nicolas. La délibération dit bien que le peuple se retira paisiblement. Ce ne fut pas sans avoir obtenu une concession, puisque nous voyons dans la suite que la ville conserva les trois cloches de l'église Saint-Nicolas, déplacées déjà pour le départ. Est-ce pour empêcher qu'elles fussent de nouveau employées au culte qu'on enlevât les battants ? Nous ne savons rien à ce sujet.

Que devinrent les cloches de Saint-Roch et de Romay ? Les perquisitions minutieuses que l'on ne manqua point de faire pour découvrir les auteurs audacieux qui opérèrent simultanément l'enlèvement des deux cloches n'aboutirent point. Nous en avons la preuve dans la légende des cloches dont il reste encore des traces dans notre vieille population de Paray. Dès que la disparition des cloches de Saint-Roch et de Romay fut établie par un document, comme celui de la délibération de la fin de janvier 1792, on nous apprit de divers côtés *qu'une voiture de cloches, en suivant la vieille route de Charolles, était venue s'engloutir dans le crot des Anliers et que tout avait disparu à jamais, cloches, chevaux et hommes !!!*

Quant aux deux cloches enlevées, les uns désignaient comme lieu d'enfouissement ce même *crot* et les autres le déchargeoir du canal, situé dans le même pré. Tout était préparé pour faire des sondages dans les deux endroits désignés ; mais en relisant plus attentivement la délibération concernant le fait, nous avons conclu que les cloches n'avaient pas dû être tranportées si loin des deux chapelles, pour ne pas exposer les auteurs à être surpris en flagrant délit.

Ces cloches, objet d'une vénération particulière de la part des habitants de Paray, existent-elles encore ? Nous penchons pour l'affirmative. Peut-être qu'un jour, en exécutant quelques travaux dans la Bourbince, la pioche d'un ouvrier viendra heurter le métal d'airain de la cloche de Romay ou de Saint-Roch. Nous ne croyons pas qu'on découvre les deux cloches réunies au même lieu. Celle de Saint-Roch serait en aval de la ville et celle de Romay en amont.

Des quatre belles cloches que possédait l'église des Bénédictins, la plus grosse portait vulgairement le nom de cloche des *quartiers*, ainsi appelée parce que les religieux, au moyen de quelques tintements, appelaient les pauvres à la distribution du pain par quartiers.

Un antique dicton populaire, dont nous venons de recueillir les derniers vestiges, croyons-nous, allait répétant, avant la Révolution, que l'aumône des quartiers cesserait le jour où la cloche des quartiers ne sonnerait plus. L'événement donna pleinement raison à la croyance populaire. La municipalité réclama le droit de distribuer elle-même l'aumône *des quartiers.*

A peine cette aumône passa-t-elle entre les mains des autorités de la ville, qu'elle fut supprimée, parce que les biens et revenus sur lesquels elle était établie devinrent la propriété du département.

Les quatre cloches, descendues du clocher, furent du nombre de celles que Jallier expédia, au nom de la municipalité, à Dijon.

L'église de Notre-Dame du Cimetière conservait encore trois cloches au moment de la Révolution. Les deux plus fortes prirent le chemin de Dijon et la plus petite resta à Paray, comme en témoigne la séance du conseil de la commune du 7 juin 1790. Il y est dit qu'entre plusieurs autres arrêtés, on décida que les citoyens Colin, Dérot, Bertucat et Petit feront établir le cabinet nécessaire pour installer l'horloge neuve et que la petite cloche de Notre-Dame sera prise pour servir de timbre. Où fut placée cette horloge ? Nous pensons qu'on l'installa dans la tour de l'escalier de l'église bénédictine. Cette horloge étant usée, la ville en fit placer une nouvelle à Saint-Nicolas, avec les trois cloches paroissiales qui échappèrent à la destruction accomplie en janvier 1792.

L'église Saint-Nicolas avait également trois cloches. La sonnerie de cette église était loin de valoir celle de l'église des Bénédictins. Elles devaient subir le sort de leurs sœurs de l'abbaye ; mais elles furent sauvées grâce au soulèvement populaire que nous avons décrit plus haut. Elles existent encore. De l'église des moines, elles revinrent à Saint-Nicolas où elles servent de timbres à l'horloge de la ville, sise au vieux clocher, surmonté d'un dôme.

Nous donnons les inscriptions de ces cloches, telles que nous les avons relevées, il y a six ans.

La cloche la plus forte (1) a eu pour parrain, haut et puissant seigneur Frédéric de Roy de Larochefoucauld, grand aumônier de France, abbé de Cluny, doyen de Paray.

« J'ai été bénite par M. Jacques Chevalier, bachelier de Sorbonne, curé de la ville de Paray.

« Maire, Benoît Rosselin, avocat au Parlement, Eschevins, Maîtres Michon, Bourviller et Grisard. 1757. »

Sur cette cloche se détache en relief un Christ en croix, une Vierge et un saint Nicolas, avec trois petits enfants à ses pieds.

Sur la cloche moyenne se lit cette inscription : « J'ai été bénite par M. V. C. S. Jacques Chevalier, bachelier de Sorbonne, V. C. S., curé de la ville de Paray, l'an 1757.

« J'ai eu pour parrain, haut et puissant seigneur Dubois, marquis de la Rochette, capitaine de cavalerie, seigneur de Mazoncle (2), de Montceau (3) et autres places. »

____

(1) Elle s'aperçoit à une fenêtre du clocher, depuis la place Guignault, et marque les heures.

(2) Hameau de la commune d'Hautefond, anciennement paroisse.

(3) Hameau de Paray, confiné par la rivière de l'Oudrache.

La petite cloche est plus ancienne que les deux autres et remonte à 1751.

L'inscription est en latin : « *Sit nomen Domini benedictum.* — Jules-François Thouvant de Boyer, Catherine Riballier. »

En relief un Christ en croix et des fleurs de lys. Ces cloches n'ont pas de battants.

L'église Saint-Nicolas était pourvue de cloches avant l'époque où celles-ci furent installées au clocher. Il est permis de supposer que leur métal a servi à la fonte des trois nouvelles cloches, comme cela se pratique encore de nos jours.

II

Les Cloches nouvelles

La religion catholique, on l'a dit, est *une éternelle recommenceuse.* Elle relève ce que les révolutions démolissent. Le Français est un enfant terrible en sa colère. Il n'épargne rien, sans souci de tout ce qui peut être monumental ou artistique. On prétend que cela tient à ce qu'il est moins ami du beau et de l'art que l'Italien et l'Espagnol. Les huguenots brûlaient les églises, les bibliothèques et les ornements de prix. Les Jacobins inventorient tout ce qui a une valeur pécuniaire et, à un moment donné, le vendent pour en retirer profit.

Nos cloches actuelles peuvent avoir le même sort que les anciennes. Dans cette crainte, nous les ferons connaître historiquement, pour les arracher à l'oubli, si elles venaient à disparaître dans les tourmentes de l'avenir.

A l'époque du Concordat, la paroisse de Paray se reconstitua sous le titre de l'Assomption de la Sainte Vierge et le culte s'exerça dans l'église bénédictine, acquise par la ville en 1791, ainsi que le couvent des Bénédictins.

A cette paroisse, l'administration du diocèse réunit les anciennes paroisses de Saint-Léger-lès-Paray (1), Vitry, Volesvres, Hautefond et Vigny. Grâce au zèle et à l'industrie de quelques bons catholiques, plusieurs cloches du canton échappèrent à la fureur destructive des Jacobins, entre autres les cloches de Vitry, de Volesvres et d'Hautefond, ensevelies dans le sol.

Comme les cloches anciennes avaient disparu et que celles de Saint-Nicolas ne pouvaient plus servir à la sonnerie des offices, le Conseil de Fabrique, par autorisation préfectorale, fit transporter à Paray les cloches de Vigny, de Volesvres et d'Hautefond.

Les deux premières prirent place au clocher de la paroisse ; la troisième, celle d'Hautefond, fut installée dans un nouveau clocher, construit sur les restes de l'église du cimetière.

Volesvres ne tarda pas à réclamer sa cloche et le Conseil de Fabrique en fit l'abandon, sans aucune contestation. S'autorisant de ce fait, la commune de

______

(1) Cette commune portant un nom de saint fut appelée, en 1793, *Bon-Léger*.

Vitry adressa une réclamation en forme à la Fabrique de Paray. Nous transcrivons en son entier la délibération par laquelle la Fabrique refuse de rendre la cloche de Vitry.

« Cejourd'hui 7 novembre 1862, le Conseil de Fabrique s'est assemblé extraordinairement, sous la présidence de M. le Curé ; étaient présents : MM. Riballier, second adjoint, Théodore d'Alais, Bouillet de la Faye, Guichard et Carmoy. Et, d'après l'arrêté de M. le Sous-Préfet de Charolles, en date du 23 septembre dernier, à l'effet de donner son avis sur une délibération prise par le Conseil municipal de Vitry, canton dudit Paray, tendant à réclamer une cloche qui avait autrefois appartenu à l'église de cette commune et qui se trouve actuellement à Paray. Considérant : 1° que la cloche dont il s'agit a été, lors du rétablissement du culte en 1800, donnée, par arrêté de M. le Préfet d'alors, à l'église de Paray, avec d'autant plus de raison qu'elle était la seule existante dans un rayon considérable, et que cinq communes, notamment Vitry, lui furent réunies pour le spirituel ; que, depuis cette époque, l'église de Paray en est en paisible possession ; ce qui, d'après l'art. 2279 du code civil, lui en assure une propriété incontestable.

« 2° Qu'à l'époque où il fut enfin permis de rentrer dans les églises, celle de Paray était, comme toutes les autres, dénuée de tout, qu'il lui fallut faire des frais considérables en vases sacrés, en linges, en ornements : que les seuls fidèles de Paray les supportèrent, sans que Vitry, qui participait à l'avantage d'être desservie, les ait partagés en aucune manière, non plus que les frais de traitement de Messieurs les vicaires, pris uniquement sur la Fabrique et sur les fonds communaux de la ville.

« 3° Qu'en vain, Vitry essaierait de tirer un argument en sa faveur sur ce qui a été fait à l'égard de la commune de Volesvres, qui se trouvait dans la même position, parce que des considérations particulières peuvent quelquefois engager à un sacrifice, sans que pour cela on contracte l'obligation de s'en imposer un nouveau ; que d'ailleurs, lors de cette première délibération, le Conseil de Fabrique n'avait point accédé entièrement à la demande de Volesvres et s'en était rapporté à la décision de l'autorité supérieure de M. le Préfet qui dans sa sagesse n'avait point donné l'ordre de rendre la cloche, mais simplement l'autorisation de le faire, et que si cela a été fait, ce n'a été que par pure condescendance, et parce que, à la rigueur, l'église de Paray pouvait se passer de l'une de ces cloches, sans qu'il en fût ainsi pour une seconde.

« Par ces motifs, le Conseil de Fabrique est d'avis qu'il ne peut et ne veut accéder à la demande du Conseil municipal de Vitry.

« Et se sont soussignés les membres de la Fabrique, Malherbe, curé, Ribalier, Bouillet de la Faye, Carmoy, Guichard, et non Théodore d'Alais, propriétaire à Vitry, qui a refusé de signer. »

CLOCHES DE L'ÉGLISE PAROISSIALE OU BASILIQUE
DU SACRÉ-CŒUR

La sonnerie actuelle se compose de trois cloches.

La plus forte se nomme *Marie*. Elle pèse environ 1.050 kilos.

« Bénite par M. Jean-Pierre Farges, curé de Paray, en l'année 1838, son parrain fut M. Henri Malard de Sormain et sa marraine Mme Marie-Amélie de Verneuil, née de Laval. Fondeur : Joseph-Alexis Baudouin, de Mâcon. »

La cloche moyenne se nomme *Marguerite-Marie*. Son poids est d'environ 750 kilos. Elle a été bénite par M. Vial d'Alais, curé de Paray. Elle eut pour parrain M. de Chiseuil, commandeur de Saint-Grégoire-le-Grand, député de Saône-et-Loire au Corps législatif, maire de la ville de Paray, et pour marraine Mme la comtesse de Carmoy.

La petite cloche se nomme *Marie-Antoinette*. Son poids approximatif est de 550 kilos. Elle a été bénite en 1868, le même jour que la moyenne, par M. Vial d'Alais, curé de Paray. Son parrain a été M. Gaspard Quarré de Verneuil et sa marraine Mme de Sermaize. M. Morel, de Lyon, a fondu ces deux dernières cloches.

La grosse donne le *mi bémol*, la moyenne le *fa* et la petite le *la bémol*.

Au moment de l'installation de ces nouvelles cloches, la Fabrique de Paray consentit à se défaire de l'ancienne cloche de Vitry. Elle fut réintégrée au vieux clocher et de là on la transporta au clocher de la nouvelle église, en 1876.

La commune d'Hautefond, moins favorisée que Volesvres et Vitry, n'a pas repris son titre paroissial. L'église, le presbytère et le cimetière ont à peu près disparu et leur emplacement fait partie d'une propriété particulière. Sa cloche, toute petite, est au clocher de la chapelle de Notre-Dame. A chaque sépulture, lorsqu'on approche du cimetière et que les cloches de la basilique sont silencieuses, la cloche, ayant appartenu à la paroisse d'Hautefond, fait entendre sa voix argentine et salue la dépouille mortelle du chrétien qui vient prendre rang au champ des morts en attendant la résurrection générale.

Resurgemus omnes.!

Au territoire de Paray, outre les chapelles rurales de Saint-Roch et de Romay qui possèdent une très petite cloche, sans clocher, plusieurs maisons religieuses ont un clocher et une cloche.

Leur description complétera l'histoire si émouvante des cloches anciennes et modernes.

LA CLOCHE DE LA VISITATION

Le monastère de la Visitation touche presque à l'église paroissiale. La réputation de sa chapelle s'étend dans le monde entier. C'est un joyau auquel tous les arts modernes ont apporté le fini et la perfection de leur travail. Elle est surmontée d'un petit clocher. La cloche qu'il renferme se fait entendre très souvent pendant le jour, de 5 heures du matin à 9 heures du soir.

C'est un don offert au monastère en 1823, époque du rétablissement de la Visitation de Paray, par M. le comte Abel de Vichy (1). Elle a été bénite par Mgr Roch-Étienne de Vichy, évêque d'Autun, qui a bien voulu en être le parrain, avec Mme la baronne de Chiseuil, née Destut d'Assay, pour marraine. Elle habilla richement sa filleule. Son nom est *Henriette-Virginie*, en mémoire de sa marraine.

Sur la cloche on lit cette inscription :

✝ *Unius ad Verbi Dei scripti auditionem voco. J'appelle à l'audition de la parole écrite du Verbe unique de Dieu.*

CLOCHE DE LA CHAPELLE DE L'HOPITAL

M. l'abbé Cucherat, dans la biographie qu'il composa en mémoire de M. de Luvigne, page 26, s'exprime ainsi : C'est à sa générosité, et à celle de Mme de Luvigne que nous devons notre cloche, dont l'ornementation a coûté plus cher que le métal.

Toute cette riche ornementation est due à l'inspiration de M. l'aumônier Cucherat. Une inscription latine, style lapidaire, rappelle la béatification de Marguerite-Marie Alacoque, en 1864, déclarée par le pape Pie IX ; et les noms du parrain et de la marraine, M. Joseph-François de Luvigne et Mme Félicie de Luvigne, née de Finance, grands bienfaiteurs de l'hôpital. On re-

---

(1) La famille de Vichy avait autrefois un domicile à Paray. On voit encore ses armes, gravées sur un pilier en pierre, dans les dépendances d'une maison de la ville, occupée par M. Buche, quincaillier, dont le propriétaire est M. Brossette, rentier à Paray.

marque les médaillons en relief de la Sainte Vierge, de saint Joseph, de l'Enfant-Jésus, de la Sainte Famille, du Sacré-Cœur, etc...

Il n'y a pas moins de douze médaillons. La date de la bénédiction est introuvable : mais elle doit remonter à 1864.

LA CLOCHE DE LA COMMUNAUTÉ DU SAINT-SACREMENT

La cloche actuelle de cette maison d'enseignement est de date récente. Son inscription est d'une inspiration toute embaumée de piété : « Je m'appelle *Henriette.* — Je suis fille du Saint-Sacrement dont je chanterai les louanges dans la ville du Sacré-Cœur.

« J'ai été baptisée à Paray-le-Monial le 5 juin 1884, par M. Benoit Fontaine, supérieur des religieuses du Saint-Sacrement, vicaire général honoraire d'Autun.

« Mon parrain a été M. Henri Malard de Sormain (1), et ma marraine Mlle Anne Jacquelot de Villette. — Vous qui m'entendez, louez le Sacré-Cœur ! »

Dieu veuille que cette fille du Saint-Sacrement à la voix si douce et si touchante chante longtemps, à travers les âges, les louanges du divin Cœur de Jésus !

CLOCHES DE LA CHAPELLE DES CLARISSES

Le Pèlerin de Paray, dans un article sur la bénédiction de deux cloches chez les Clarisses de Paray, fait aussi la description de cette cérémonie :

« Le jeudi 3 mars, la chapelle des Pauvres-Clarisses

____

(1) Le parrain absent fut remplacé par M. de Marguerye.

se remplissait d'une nombreuse assistance, avide de contempler une des plus belles cérémonies de la liturgie catholique. Il s'agissait du baptême de deux cloches. La première a été donnée par Mgr Thomas, évêque de La Rochelle ; elle pèse 225 kilos et porte l'inscription suivante :

« J'ai été fondue l'an de grâce 1880. J'ai eu pour parrain M. Eudes de Champs de Saint-Léger, comte de Bréchard, et pour marraine dame Marie-Amélie de Verneuil, qui m'ont nommée Eugénie. »

« La seconde, donnée par Mme la comtesse de Carmoy, pèse 110 kilos :

« Fondue en l'an de grâce 1880, j'ai eu pour parrain M. Henri Malard de Sormain, et pour marraine dame la vicomtesse Marie de Marguerye, qui m'ont nommée Jeanne-Claudie. »

« Ces cloches sortent de la fonderie de MM. Paintandre frères et fils, à Vitry-le-François.

« La bénédiction a été faite par M. Barnaud, curé de Paray. M. l'abbé Vachia dirigeait les cérémonies.

« L'aumônier des Clarisses (1) a fait une allocution sur le rôle des cloches dans la vie chrétienne. »

CLOCHE DE LA COMMUNAUTÉ DE NOTRE-DAME DU CÉNACLE
OU DE LA RETRAITE

Cette maison religieuse est fondée depuis 1874, dans le but de procurer aux personnes du sexe l'avantage

---

(1) M. l'abbé Gauthey, chapelain-missionnaire de la Basilique du Sacré-Cœur, actuellement vicaire général du diocèse d'Autun.

d'une retraite publique ou d'une retraite particulière. En pleine prospérité depuis quelques années, cette communauté jugea à propos de se disperser peu de temps après le vote de la loi contre les congrégations religieuses, le 1er juillet 1901. Depuis ce temps-là, la cloche est muette !

Le 31 mai 1876, Mgr Petitjean, évêque *in partibus* de Myriophyte et vicaire apostolique du Japon, en vertu d'une délégation de Mgr Perraud, évêque d'Autun, bénissait la cloche du Cénacle, le jour même de la bénédiction de la chapelle.

Son nom est Alix, qu'elle tient de sa marraine. Sur la cloche, se détache en bas-relief l'image du Christ sans croix. On y lit ces mots : « Parrain, Philippe-Antoine - François, comte de Tournon - Simiane, marraine, Marie-Juliette-Maximilienne-Alix Hurault de Vibraye, comtesse de Vibraye — 31 mai 1874. »

Étaient présents à la cérémonie : la Société de Paray, le maire Ladous et autres personnes.

Signalons enfin la petite cloche de la communauté des Carmélites, sortie de la fonderie de M. Fournier, de Dijon, que nous avons bénite sans solennité la veille de Noël 1902 (1).

____

(1) Une cloche pour l'usage de la maison de maître de M. Bouillet de Lafay (anciennement maison Bouthier), porte la date de 1643 et ces deux noms : Marie-Jean Bouthier et Jeanne de Rochefort, avec deux sujets religieux en relief : un crucifix et une Vierge mère.

CHAPITRE X

MIRACLES ATTRIBUÉS
A NOTRE-DAME DE ROMAY

> Conformément aux décrets d'Urbain VIII,
> nous déclarons nous soumettre au jugement
> de la Sainte Église et ne vouloir prévenir en
> rien ses décisions, lorsque nous raconterons
> des faits extraordinaires, sur lesquels elle ne
> s'est point encore prononcée.

I

Pendant les deux premiers tiers du siècle dernier,
la chapelle de Romay fut le théâtre de prodiges sans
nombre, dans l'ordre spirituel et dans l'ordre temporel. Nous les groupons ici sous trois chefs : rappels
à la vie d'enfants mort-nés, en vue de recevoir l'ondoiement, suffisant pour leur ouvrir le ciel ; guérisons
de malades ; préservations des grandes calamités publiques.

La crainte de la critique sur ces faits extraordinaires
ne saurait nous imposer silence, d'où qu'elle vienne ;

car ils donnent à notre sanctuaire sa note vraiment caractéristique, à raison du très grand nombre de cas que présente la tradition.

Nous présumions bien que ces fréquents rappels à la vie d'enfants mort-nés, à partir de la réouverture de la chapelle au culte catholique, en 1811, remontaient au delà du xix⁰ siècle. Cependant nous n'avions découvert aucun fait à l'appui d'une telle présomption. La question s'est singulièrement éclaircie ces jours derniers, grâce au double témoignage de deux ecclésiastiques du diocèse d'Autun.

M. Prétot, aumônier de l'hôpital de Paray, a été pendant quelque temps aumônier de l'École normale de Cluny. Il a recueilli une tradition populaire touchant les enfants morts sans baptême. Les habitants de Cluny racontaient qu'avant la Révolution, dans la grande église abbatiale, on voyait un autel près du porche, où on apportait *le jour et la nuit* des enfants mort-nés, dans le but de demander un signe de vie qui permît de les ondoyer.

Ce qui se pratiquait à Cluny devait avoir son retentissement à Paray. Les deux monastères étaient en relations continuelles. La Vierge de Cluny était sœur de la Vierge de Romay. Il est à croire que cet usage s'est établi ici et là, sous l'inspiration des moines Clunisiens.

Nous verrons qu'à Romay, aussi bien qu'à Cluny, on venait le jour et la nuit pour demander à la Sainte Vierge ces sortes de miracles.

M. l'abbé P. Muguet, curé-archiprêtre de Sully, chargé par Son Ém. le cardinal Perraud, évêque d'Autun, d'examiner notre ouvrage, nous écrivait le 30 janvier 1904 :

« Vous dites dans votre manuscrit que vous n'avez découvert aucun témoin de la tradition, concernant les rappels à la vie d'enfants mort-nés, en la chapelle de Romay, avant la Révolution. Ma vieille parente, dont je vous ai parlé, Marie Rozet (1), née à Paray, le 18 juillet 1761, affirmait la tradition des temps antérieurs à la Révolution et nous redisait sans cesse ce qu'elle avait entendu dire durant les années de son enfance et de sa jeunesse. C'était absolument ce qui s'est dit plus tard concernant les miracles opérés à Romay. Marie Rozet quitte Paray seulement après la Révolution et après son mariage, le 1er février 1803, avec M. Louis Sarrien, marchand à la Clayette, veuf en premières noces de Françoise Jallemon.

« Elle vint demeurer à la Clayette, et y mourut à l'âge de près de 92 ans, le 21 mars 1853.

« Les souvenirs des temps passés s'étaient parfaitement conservés dans sa mémoire. Elle parlait de Romay et des *enfants revenus à la vie pour recevoir le baptême*, etc. »

Nous savons très bon gré à M. le Curé de Sully de ce renseignement inespéré. Oh ! combien il nous arrive à point pour nous permettre de faire remonter,

______

(1) Marie Rozet était fille de Benoit Rozet et de Marguerite Rué, qui eurent douze filles et un garçon. M. Antoine Muguet épousa une petite nièce de Marie Rozet. De ce mariage est né M. Paul Muguet. Marie Rozet était par conséquent l'arrière-grand'tante de M. l'archiprêtre de Sully.

bien plus haut que la Révolution, le courant de la tradition que nous allons étudier.

Le témoin en question mérite entière créance, car Marie Rozet passait, à Paray, pour une fervente chrétienne. Pendant l'ère des persécutions religieuses de cette époque terrible, elle rendit, par son dévouement peu ordinaire, de sérieux services au clergé de Paray, en cachant plusieurs prêtres dans la maison de son père, et en protégeant plusieurs Visitandines expulsées.

Ainsi notre présomption en faveur de la tradition des rappels à la vie d'enfants morts, remontant à plusieurs centaines d'années, revêt dès lors la force d'une preuve proprement dite.

Le fait établi, parcourons l'histoire de quelques sanctuaires de la Sainte Vierge, où l'on rencontre des cas analogues à ceux que nous allons relater en abrégé.

En thèse générale, il est notoire que dans les phénomènes qui surpassent les forces de la nature, il y a, l'œuvre de l'homme et l'œuvre de Dieu, unies ensemble. L'œuvre de l'homme, c'est la confiance en la puissance divine, c'est la foi qui se manifeste par d'ardentes prières et souvent par des sacrifices et des promesses, agréables à Dieu, à Notre-Seigneur Jésus-Christ, à la Sainte Vierge ou bien aux Saints. L'œuvre de Dieu, c'est la dérogation pour un instant aux lois qui régissent la nature. Dieu est l'auteur de ces lois. Il a le droit et la puissance de les suspendre à son gré pour récompenser la foi du chrétien. Cette double action apparaît clairement dans tous les miracles de l'Evangile et très particulièrement dans le grand miracle de la résurrection de Lazare. Nous la rencontrerons aussi dans tous les rappels à la vie, opérés à la chapelle de Romay en faveur d'une foule d'enfants mort-nés. La tradition à cet égard est si constante, et si imposante par le nombre et la valeur des témoins, que tout homme raisonnable pourrait s'en déclarer satisfait, s'il n'était pas imbu de préjugés contre le surnaturel, à l'exemple d'un si grand nombre de nos contemporains. De nos jours, beaucoup d'historiens font bon marché de la tradition. Il leur faut, pour les convaincre, des documents en abondance. Nous avons dû pour cela chercher ailleurs des autorités et des documents que nous n'avions pas dans notre contrée, en ce qui concerne la question des enfants mort-nés, rappelés à la vie. Nous reproduirons seulement les plus véridiques. Des autorités, M. Cucherat nous en fournit. Jacques Marchant (1), nous dit-il, en cite quelques exemples authentiques dans son *Candelabrum mysticum* (2).

« Un homme dont le nom seul impose le respect, Juste Lipse; célèbre philologue hollandais qui vivait au xvi⁰ siècle, en plein protestantisme, n'a pas craint de célébrer en vers latins un de ces rappels à la vie plus extraordinaire que tous les miracles qui se sont accomplis devant l'image si vénérée de Notre-Dame de Hal et de Montaigu en Belgique. » Les documents,

---

(1) Jacques Marchant, doyen et curé de Couvin dans l'Entre-Sambre-et-Meuse, principauté de Liége, mourut en 1648. Il s'est distingué par sa science et sa piété.

(2) Lect. IV : Propos. 2⁰.

ils sont encore plus nombreux que les autorités dans plusieurs sanctuaires de Marie en France.

Nous lisons dans le compte rendu du Congrès marial de Fribourg (Suisse) : « A Saint-Martin d'Heuille, au diocèse de Nevers, on voit dans le sanctuaire de l'église une plaque en pierre sur laquelle une inscription relate que, le 22 octobre 1679, un enfant mort sans baptème, ayant été déposé au pied de la statue de Notre-Dame de Pitié, revint subitement à la vie (1).

« En avril 1430, à Lagny-sur-Marne, un enfant était né depuis huit jours, et on ne l'avait pas baptisé parce qu'il ne donnait aucun signe de vie. On le porta devant l'image de Notre-Dame, et les jeunes filles de la ville se mirent en prière. On vint demander à Jeanne d'Arc de se joindre à elles et la sainte enfant y consentit volontiers. Elle y alla et pria avec les autres. Tout à coup, l'enfant donna signe de vie. On le baptisa. Ce miracle est reproduit en un beau tableau, par l'habile pinceau de Barrias. On en trouve une reproduction chez A. Mame et fils, éditeurs à Tours.

« Dans l'église paroissiale d'Arfeuilles, au diocèse de Moulins, on vénère une Madone que l'on fête le 15 août. D'après les registres et la tradition, de nombreux miracles, *enfants ressuscités pour leur permettre de*

(I) Ce pèlerinage daterait du xive au xve siècle. Il a été rétabli par le zèle du pasteur en 1879. Mgr Lelong, évêque de Nevers, se plaît à présider le pèlerinage de Saint-Martin d'Heuille. Chaque année, cette solennité a lieu le dimanche qui suit le 19 septembre, fête de N.-D. des Sept-Douleurs. Depuis que nous avons écrit ces lignes, Mgr Lelong a été ravi par la mort, en quelques instants, à son diocèse et à ses nombreux amis.

recevoir le baptême, infirmes guéris, etc., ont récompensé la foi des dévots à Notre-Dame d'Arfeuilles. » (Congrès marial de Fribourg, page 196).

Notre thèse des rappels à la vie d'enfants mort-nés se corrobore de plusieurs autres documents encore plus probants. Nous les recevons de Cuiseaux, par l'obligeance très empressée de M. Gueniffey, archiprêtre de Cuiseaux, anciennement vicaire de la Basilique de Paray (1). Il savait très bien tout l'intérêt que ces documents pouvaient avoir pour l'historien de Notre-Dame de Romay. Les mêmes rappels à la vie d'enfants mort-nés se reproduisent un grand nombre de fois à Paray, par l'intercession de Notre-Dame de Romay, à Cuiseaux, par celle de Notre-Dame du Noyer, avec cette différence toutefois qu'à Cuiseaux, plusieurs de ces rappels à la vie sont consignés aux archives de la paroisse et qu'un des plus remarquables a fait l'objet d'un acte notarié existant aux minutes de l'étude de Mᵉ Noirard, notaire, successeur de Mᵉ Robin, tandis qu'à la chapelle de Romay, éloignée de l'église de la paroisse, on n'a jamais pris soin de les enregistrer dans les actes de baptêmes. En revanche, la tradition à Paray et aux alentours est actuellement plus imposante et plus vivante qu'à Cuiseaux.

M. le vicomte G. de Leusse, dans son rapport, lu au Congrès de Fourvière, sur la monographie mariale du diocèse d'Autun (2), écrit qu'à Cuiseaux on invoqua

---

(1) M. Gueniffey est depuis peu chanoine théologal de la cathédrale d'Autun.

(2) Compte rendu du Congrès marial de Fourvière, tome 1ᵉʳ, article : Notre-Dame du Noyer à Cuiseaux, page 211.

tour à tour Marie, sous les titres de *N.-D. des Boidets,
N.-D. de la Croix, N.-D. du Noyer,* soit pour obtenir
la résurrection des enfants mort-nés, soit contre les
épidémies. Soixante cas d'enfants mort-nés, puis rappelés à la vie, sont consignés dans les registres de 1702
à 1867. M. Gueniffey nous fait savoir que, pour ces cas,
il n'y a aucun détail. On cite seulement les noms, la
profession, le domicile des parents et le sexe des
enfants.

Le cas le plus ancien et le plus extraordinaire date
de 1516. C'est la résurection d'en enfant mort-né qui
survécut après son baptême et devint plus tard évêque
de Belley. Ce ne fut pas cette fois un simple rappel
à la vie, mais une résurrection permanente.

« Dans la chapelle de Notre-Dame du Noyer ont
été faits plusieurs miracles, entr'autres *advenus* celui
« si avéré et si connu » de Messire Antoine de la
Chambre, jadis évêque de Belley, fils de seigneur
Savoyard, lequel fut apporté *mort-né* en une peau de
lièvre audit lieu, l'année 1516. Là où, par l'intercession
de la *Benoîte Vierge Marie,* il reprit vie et fut baptisé
par un des chapelains de la chapelle nommé Messire
Jean Goyet, prêtre. Depuis, par son savoir et sa sainte
vie, il fut élevé à la dignité épiscopale de Belley en
laquelle il a vécu longtemps et fut un des Pères qui
assista au saint Concile de Trente et décéda en 1576.
On raconte que ce saint Evêque disait *qu'il vivait* par
les mérites de la Vierge Marie, qu'il allait tous les ans
y faire *son voyage* et faisait dire la sainte messe en
ladite chapelle et y faisait de belles offrandes. »

Note de M. Fumey, curé de Cuiseaux : « Le présent

mémoire a été découvert dans les archives dudit Cuiseaux, tiré d'un petit livre qui fut trouvé après les grandes guerres où la ville fut entièrement brûlée, où il ne resta que la maison des Moyrons. »

Arrivons au document notarié. On ne saurait en offrir de plus authentique que celui-là. Il est plus merveilleux assurément que tous ceux que nous offrent nos enquêtes en Charolais. Treize témoins l'affirment sous la foi du serment. On croirait que la Sainte Vierge a voulu entourer ce miracle de circonstances telles qu'il fût permis de répondre à toutes les objections que pourrait lui opposer l'incrédule le plus acharné à en éluder la véracité.

« Cejourd'hui dix avril mil sept cent soixante-deux. après midi. maison de résidance de Maître Humbert Jannet. notaire royal et premier échevin d'honneur de la ville de Cuiseaux, y résidant. et par devant Humbert Maistre. notaire royal, réservé pour Cuiseaux, y résidant, soussigné, ont comparu en leurs personnes Jeanne Bernard, veuve de Louis Hugonnot ; Claude Roussel, geôlier ; Marie-Marguerite Jannet, fille dudit Maître Jannet ; Claude, fils de Philibert Blandin. cordonnier ; Claude et Marie Picard, fils et fille de Jean-Benoist Picard, marchand ; Claudine Odouze, femme de Jean Puget, manouvrier, tous résidants audit Cuiseaux, et Benoist Rodet, laboureur, demeurant à la Broye, paroisse dudit Cuiseaux.

« Lesquels après le serment par eux *prettés* (sic), par devant mondit notaire royal et témoins, nommés, ont affirmé que le...... (1) étant en bas en la chapelle

---

(1) Du contexte il ressort que la date en blanc est celle du 9 avril.

de Notre-Dame de la Croix, érigée hors les murs dudit Cuiseaux, sur l'heure de cinq après midi, ils ont *vus*, à n'en pas douter, un enfant mâle, mort, qui avait été déposé par ledit Roussel sur l'escalier du chœur de ladite chapelle, lequel enfant changea de couleur pendant qu'ils étaient en prières et qu'ils chantaient les litanies de la très Sainte Vierge avec plusieurs autres personnes qui étaient dans la *ditte (sic)* chapelle ; que d'une couleur livide qu'avait cet enfant, il devint rouge ; qu'ils ont *vus* l'estomac de cet enfant palpiter, et, pendant qu'ils chantaient tous ensemble le *Salve regina*, ils ont pareillement *vus* cet enfant qui leva le bras gauche considérablement et remua les doigts. Ont pareillement *comparut* la *ditte* dame Hennequin, veuve Puvis, douairière de M. Pierre Puvis, lieutenant au bailliage de Cuiseaux ; M. Claude-Louis-Marie Puvis, avocat à la Cour, son fils ; Mademoiselle Marie-Pierrette Puvis, sa fille ; sieur Jean Midor et Claudine Pelletier, sa femme, marchands, tous *résidant* audit Cuiseaux, lesquels après avoir pareillement *prettés* le serment en tel cas requis, ont dit et *déclarés* que, sur l'invitation que leur a fait ledit Maître Jannet de se transporter chez lui pour admirer les couleurs vives d'un enfant mort que l'on venait de *rapporter* de la chapelle Notre-Dame de la Croix de cette ville, qui avait donné des signes sensibles de vie, quoiqu'il eut été étranglé et venu au monde depuis *douze jours*. Ils s'y sont effectivement *rendu* ; qu'ils y ont *vus* un enfant mâle mort qui avait les couleurs belles et vermeilles ; que cet enfant ne donnait *aucune mauvaise odeur* et que l'on aurait dit qu'il venait d'être fait aujourd'hui. Ce que tous les dénommés en dessus affirment véritable *au plus près de leur conscience.*

« Desquelles déclarations et affirmations ledit H. Jannet cy-présent m'a requis de lui donner acte et pour rendre les miséricordes et bontés du Seigneur plus notoires à la postérité que la présente lui soit expédiée. Ce que je lui ai octroyé sous le scel de la Cour de la chancellerie du duché de Bourgogne.

« Fait, lu et passé en présence des sieurs Jean-Baptiste Lambert et Jacques Ventrillon, praticiens, résidants audit Cuiseaux, témoins requis et soussignés avec lesdits.

« *Contrôlé* le vingt-cinq avril mil sept cent soixante-deux, *caze* sixième du folio 32 recto. Reçu douze sols six deniers. »

A tous ceux qui réclament des autorités et des documents, nous répondons: *En voilà bien des documents!* Leur authenticité est sans réplique. Les témoins à Cuiseaux déposent sous la foi du serment, sous cette formule originale, mais expressive, *au plus près de leur conscience.* Après de telles preuves, toute personne de bonne foi ne devra-t-elle pas se rendre à la lumière si éclatante des faits? Ils se reproduisent dans une multitude de lieux et tous par l'intercession de la Sainte Vierge, qui en sa qualité de Mère de Dieu, est toute miséricordieuse pour les mères justement désolées dans leur foi, lorsqu'un nouveau-né meurt sans la grâce du baptême. Telles sont les merveilles de la foi catholique!

Au moment de clore le premier paragraphe du chapitre dixième, il nous arrive de M. Gueniffey, chanoine théologal de la cathédrale, un nouveau renseignement qui confirme tout ce qui s'est passé à Cuiseaux depuis plusieurs siècles. Nous le donnons comme conclusion de la thèse que nous avons soutenue en faveur de la réalité des rappels à la vie à Cuiseaux et dans les paroisses que nous avons citées plus haut. Cette pièce, dont l'original est déposé aux archives de Cuiseaux, est en date du 20 juin 1548. Elle concerne l'amodiation des offrandes, faites en diverses églises et chapelles de Cuiseaux, notamment en la chapelle de Notre-Dame de la Croix. C'était le nom, donné alors à la chapelle de Notre-Dame du Noyer. Il est spécifié dans ce document que « les amodiateurs ne devront *faire aucune exaction aux venans en voyage* [pèlerinage] dans ladite chapelle de Notre-Dame *ni qui appourteront enffans mors nez, n'y permettre faire abbus, ni aussi demandé sépulture desdits enfants sur peine de parjure et d'en prendre action à l'encontre d'eulx, ce qu'ils promettent et jurent, lesqueulx retenans (amodiateurs) ne recouvreront de ceulx qui appourteront enffans mors nez en la dite chapelle, sinon pour chascune chandoille qu'ils fourniront pour lesdits enfants ung denier, deux blans pour la certiffication si la demandent et quatre blans pour la messe si l'on la fait célébrer, et non auttre chouse à peine d'en être pugnys, lesqueulx retenans se prendront garde aux salaires que prend la bonne femme (la sage-femme) affin qu'ils ne soient excessis, laquelle*

*bonne femme lesdits retenans ne pourront hoster ny
charger sans le consentement du chappittre. »*

Comme le dit fort bien M. le chanoine Gueniffey,
toutes ces dispositions minutieuses à l'égard de ceux
qui *appourteront des enffans mors nez*, supposent
plus que des cas isolés, et attestent un usage communément reçu d'apporter des enfants mort-nés pour les
baptiser sur un signe de vie.

Pour ce qui est de notre tradition locale, nous
plaçons en première ligne les attestations très probantes de plusieurs sages-femmes jurées.

Il existe dans notre paroisse une vieille famille qui
compte, de mère en fille, trois générations ayant exercé
pendant 94 ans les fonctions de sage-femme. Le
diplôme de la première porte la date de 1817. Elle se
nommait Catherine Pruzot, femme Charmillon. Ses
petits-enfants et plusieurs personnes âgées déclarent
qu'elle a porté beaucoup d'enfants mort-nés à Romay
et qu'elle eut la joie d'en ondoyer plusieurs de Paray
et des environs. La seconde est Madeleine Charmillon,
femme Gobet, fille de la première, diplômée du
27 mars 1847. Nous l'avons interrogée à plusieurs
reprises au sujet des enfants mort-nés qu'elle avait
portés à Romay. Elle a affirmé jusque sur son lit de mort
que le plus souvent, sur des signes non équivoques de
vie, elle n'avait pas hésité à ondoyer l'enfant mort-né.
Le prêtre, bon théologien (1), commis par nous sur sa

______

(1) Cet ecclésiastique nous a remis le résultat de son enquête,
contenant 42 pages manuscrites, papier ministre, en demandant
formellement qu'on taise son nom. Son travail est déposé aux

demande, pour nous aider dans nos enquêtes, a interrogé cette femme à l'hôpital de Paray quelques jours avant sa mort. Il écrit : « Ce jour-là, ses idées n'étaient pas suffisamment lucides pour obtenir des réponses satisfaisantes, et ajoute : M. Dardouillet, maître serrurier, l'a interrogée pour nous dans des moments où la mémoire était moins affaiblie et elle a certifié avoir vu un grand nombre d'enfants, morts sans baptême, donner des signes de vie, ensuite de quoi elle les a baptisés. » Le rapport parle d'elle en ces termes : « Mme Gobet était extrêmement estimée dans le pays, très habile dans son art, pleine d'intelligence, de dévouement et de foi. Elle n'était certes pas femme à confondre les choses, à prendre la vie pour la mort ou la mort pour la vie. »

Nous souscrivons entièrement à ce bel éloge, rendu à la mémoire de cette femme de bien.

La troisième sage-femme est Mme Anne Gobet, femme Berland, fille de Mme Gobet, exerçant depuis le 11 avril 1881. Elle n'a jamais eu l'occasion de porter des mort-nés. Néanmoins, elle témoigne que sa grand'mère et sa mère ont parlé des rappels à la vie d'enfants mort-nés qu'elles portèrent à la chapelle de Romay. Mme Chevalier, née Rondot, sage-femme, était contemporaine de Mme Gobet. Elle n'a porté à Romay que deux enfants qui ne donnèrent aucun signe de vie. Elle a peine à croire à tous les rappels à la vie dont on parle à Romay et ailleurs. Ce témoin fait des

---

archives de la paroisse, liasse N.-D. de Romay. Mgr le Cardinal Perraud l'a lu avec intérêt et a souligné quelques passages, comme étant peu vraisemblables.

réserves, mais ne nie pas qu'il y ait eu de vrais miracles de mort-nés. Du reste, pour prouver qu'elle ajoute foi à la puissance miraculeuse de la bonne Dame de Romay, elle ajoute le fait suivant : « J'avais de 8 à 9 ans quand je fus menacée de perdre ma mère. La pauvre femme avait un cancer au bras. Son état était désespéré. Tout au plus si, en lui coupant le bras, on pouvait lui sauver la vie. Alors j'ai fait une neuvaine à Notre-Dame, à la suite de laquelle ma mère fut radicalement guérie. » Après cela, la miraculée, paraît-il, usa de ses deux bras avec vaillance pendant près de 23 ans, c'est-à-dire jusqu'à sa mort. Une tante de Mme Rondot, Mme Chevalier, était aussi sage-femme. Plusieurs personnes certifient qu'elle a baptisé à Romay quelques enfants mort-nés.

Enfin la plus ancienne sage-femme dont parlent encore les vieillards les plus âgés de Paray est Françoise Bernard, veuve Prust, bisaïeule du cardinal Boyer. Elle entretenait souvent sa famille des enfants mort-nés qu'elle avait baptisés elle-même. Le jeune Boyer écoutait avec avidité les récits de cette vénérable parente. Il se les faisait redire par sa grand'mère et sa mère. De là, dans cet enfant intelligent, un grand désir de voir, de ses propres yeux, le rappel à la vie d'un enfant mort-né.

Sa mère, née Françoise Touillon (1), d'une édifiante piété, le conduisait presque chaque dimanche à Romay entre les offices paroissiaux. Il pouvait avoir une di-

____

(1) Notre-Dame de Romay, brochure publiée en 1897, pages 58 et 59.

zaine d'années, lorsqu'un dimanche, pendant qu'il priait, agenouillé près de sa mère et d'autres personnes, un paysan entra à la chapelle. A la vue de ce groupe de personnes en prière, il parut tout intimidé. Mme Boyer s'aperçut qu'il portait quelque chose sous sa blouse. Elle l'aborde en lui disant : « Vous apportez peut-être un enfant mort ? — Oui, Madame. — Eh bien, déposez-le près de la grille, et nous allons prier. » Toute l'assistance s'agenouille et prie avec beaucoup de ferveur en regardant fixement la Madone. Le futur cardinal n'était pas le moins fervent, on le pense bien. On pria assez longtemps ; mais le petit mort ne donnait aucun signe de vie. Mme Boyer avait une *foi à transporter les montagnes.* Elle donne l'exemple d'une prière plus instante, accompagnée d'une invincible confiance en la Sainte Vierge. Enfin Notre-Dame de Paray se laisse toucher. Elle accorde ce qu'on lui demande. On aperçoit d'abord un mouvement bien prononcé de la main de cet enfant. Puis une rougeur sur toute la face du visage. Il n'y a plus de doute. Mme Boyer s'empresse d'ondoyer l'enfant et chacun reprend joyeux le chemin de Paray, tandis que le père, après avoir remercié tout le monde, bénissait de tout son cœur Notre-Dame de Romay et s'en retournait en toute hâte porter à son épouse la nouvelle du miracle dont il avait été témoin. Nous tenons ce récit de la bouche même du cardinal, avec autorisation de le publier dans notre brochure de 1897. Où trouver un témoin plus autorisé que celui-là ? Inutile d'insister. Il est à remarquer que, dans un grand nombre de leurs dépositions, les témoins affirment que les assistants, aussitôt que l'enfant *commençait à bouger et à rougir*, poussaient avec ensemble ce cri : Miracle ! miracle ! D'autres témoins prétendent que la Madone elle-même apparaissait avec *un visage empourpré*. Ce qu'ils expriment ainsi : *avec des fraîcheurs*.

Poursuivons l'énumération d'autres témoignages.

Mlle Marie Suttin, femme de lettres, habite Paris. Les lecteurs du *Pèlerin de Paray* ont de temps en temps la satisfaction de savourer sa poésie et sa prose. Sa mère, élevée à Paray par les religieuses de la Visitation dispersées en 1792, avec d'autres personnes de distinction de la ville, a composé un *journal* où elle relate point par point ses souvenirs d'enfance.

Mlle Marie, sa fille, nous écrivait le 5 avril 1897 : « Ma mère avait une grande dévotion entremêlée d'un doux attendrissement pour sa belle Sainte Vierge d'enfance, pour la *Bonne Dame de Romay*. Elle racontait avec charme qu'elle allait souvent en famille à ce petit ermitage, placé dans un site ravissant. Elle en parle maintes fois. Elle y fut guérie d'une fièvre le dernier jour d'une neuvaine qu'elle y fit.

« Un peu plus tard, elle y vit de ses yeux un enfant mort-né, pour lequel on priait, *rougir tout à coup, donnant un signe de vie*. Maman était là avec sa bonne Catherine Papillon, qu'elle aimait beaucoup. Toutes deux ont crié : Miracle ! miracle ! avec toutes les personnes présentes. »

Sous la plume imagée de Mlle Sutin, un tel récit méritait une place dans le livre d'or des faveurs extraordinaires de Notre-Dame de Romay à l'égard des enfants mort-nés.

L'an dernier, mourait à l'hôpital de Paray Joséphine Laforêt, femme honnête, sensée et chrétienne de *vieille roche*. Toujours disposée à rendre service, plusieurs fois elle fut requise par des voisins et des amies pour porter des mort-nés à Romay. Elle nous a affirmé *avec serment* qu'elle avait bien fait vingt fois le voyage de Romay dans ce but, et que dans une dizaine de cas, le miracle avait eu lieu et qu'elle avait ondoyé l'enfant. Elle ajoutait : J'allais alors le déclarer à M. le curé qui l'enterrait, *parce qu'il savait bien que je ne voulais pas dire un faux.* Elle nous a répété souvent ce miracle. Une de ses voisines accoucha d'un enfant mort. La pauvre mère était inconsolable, et ne pouvait se décider à le faire porter au cimetière sans prêtre. Il y avait 48 heures que l'enfant était né. Joséphine va s'offrir de le porter à Romay. Elle part en compagnie de plusieurs personnes. *On se met à prier de tout son cœur*, disait-elle. La main remue plusieurs fois. Elle se contente de ce signe et *ondoie le petit ange.* La mère anxieuse apprit avec la plus grande joie que son nouveau-né avait reçu le petit baptême. Ensuite Joséphine et ses compagnes se rendirent au presbytère pour faire la déclaration à M. le Curé de Paray. Après un sérieux interrogatoire il accorda la sépulture chrétienne. Voici encore un témoignage qui a sa valeur pour confirmer la tradition sur ce point. Nous l'empruntons à l'enquête déposée aux archives de la chapelle de Romay :

M. Charles Dry a été gendarme à Paray, de 1873 à 1874. Il y est resté encore un an après sa retraite.

Actuellement (1) il est employé aux mines de Blanzy (Saône-et-Loire). Bien qu'il eut voyagé beaucoup, il affirmait que nulle part, excepté à Lourdes, il n'avait entendu narrer autant de merveilles qu'à Paray, en ce qui regarde Notre-Dame de Romay. Dans l'exercice de ses fonctions, il a parcouru souvent les environs de Paray et il a pu se rendre compte de l'esprit de la population. Il estime, par tout ce qu'il a observé, qu'une enquête bien conduite et suffisamment étendue, découvrirait des *centaines de témoins*, attestant des *résurrections d'enfants, arrivées à Romay*. De son temps, on en parlait comme d'une chose qui arrivait souvent et dont on n'était pas étonné.

Mme Gobet portait à Romay des enfants morts sans baptême et les déposait sur l'autel. Alors l'enfant bien souvent donnait des signes de vie, comme de *lever le bras, d'ouvrir les yeux ou de prendre des rougeurs aux joues.*

Il écrit, en outre, de Montceau-les-Mines, que sa belle-mère, femme digne de foi, lui avait appris que Mme Gobet porta à Romay un enfant mort-né de Mme Charrier et que les joues de l'enfant étaient devenues fraîches. On le baptisa en présence de la grand'mère. Le père et la mère de cet enfant vivent encore et habitent place du Marché. Que d'autres faits nous aurions encore à citer dans le même genre ! Il nous reste à parler des témoins que notre enquêteur nomme les *témoins en permanence :*

M. Buisson a été fermier du domaine, voisin de la

____

(1) En l'année 1896.

chapelle, pendant cinquante ans. Il avait les clefs de
la chapelle ; souvent des personnes, venues de loin,
le réveillaient la nuit pour l'ouvrir. On disait en Charolais, de lui, qu'il se prêtait volontiers à rendre ce
service. Il a répondu à toutes les questions qu'on lui
a adressées à ce sujet, par des affirmations très caté-
goriques, en ajoutant que *le miracle se faisait si souvent qu'on n'y faisait plus attention.*

Mme Brivet, sa fille, a été au domaine de Romay
trente-huit ans. Elle assure qu'elle a vu apporter des
enfants mort-nés à la chapelle, un grand nombre de
fois.

Mme Dupuis, sa sœur, mariée à Nochize, paroisse de
Lugny-les-Charolles, est plus explicite. Elle estime
que dans une période de vingt-cinq ans d'observation,
on a transporté à Romay environ *une centaine d'enfants.*

Mme Bosset, née Prost, femme du fossoyeur de Paray, sait par son père, chargé de l'entretien du petit
jardin de la chapelle, qu'on apportait beaucoup d'enfants mort-nés à Romay et que bien des fois *le miracle s'est fait,* suivant l'expression consacrée dans
nos campagnes, en parlant des mort-nés.

Mlle Leclerc a travaillé, pendant trente ans, à orner
l'autel de la chapelle de fleurs artificielles. Elle se
rendait à Romay de grand matin. Plusieurs fois elle a
vu des mort-nés, déposés devant la grille du chœur,
et des personnes en prière pour obtenir la grâce du
baptême. Très occupée de l'ornementation de l'autel,
elle ne s'attardait pas à voir ce qui allait se passer.
Cependant elle entendait dire quelquefois que l'enfant

remuait, que ses joues rougissaient ou que son corps était chaud.

Marie Prost, pauvre orpheline, recueillie dès son bas-âge par Mlle de Sermaize, sacristine de Romay, accompagnait sa maîtresse chaque samedi pour lui aider à mettre tout en ordre à la chapelle et à la sacristie. Devenue sacristine en titre à la mort de sa maîtresse, elle a fréquenté le sanctuaire environ cinquante ans.

Elle dépose, en *conscience*, qu'elle a vu des hommes et des femmes venant de Paray, de Volesvres, de Saint-Yan et des contrées les plus lointaines du Charolais, apporter des enfants sans vie à Romay. Beaucoup moins réservée que Mlle Leclerc, elle ne craignait pas de quitter son travail pour se mettre en prières avec les autres. Elle a pu se rendre compte bien souvent des phénomènes qui se passaient, c'est-à-dire des signes de vie donnés par ces enfants inanimés. On s'empressait de les ondoyer.

Telle est la tradition locale, dont le retentissement s'est répercuté au foyer d'une multitude de familles charolaises et plus loin encore. Depuis vingt-cinq ans, ces rappels à la vie sont, il est vrai, devenus plus rares. La tradition s'en effaçait même insensiblement. Il était temps d'en recueillir les échos. Nous l'avons fait en résumant ici ce que nous avons appris par nous-même et par l'enquêteur déjà mentionné. Depuis vingt-quatre ans que nous suivons attentivement ce qui se passe dans notre sanctuaire marial, quatre enfants mort-nés, à notre connaissance, ont été présentés à la Madone, deux fois sans résultat et deux fois avec succès.

Mme Gobet a porté d'abord à la chapelle de la Sainte Vierge de la basilique, sans le moindre signe, l'enfant de Mme Bonnefoy, de Paray, et de là à Romay, où le baptême a pu être donné.

Mme Lagrange, fermière à Romay, a assisté deux fois aux prières adressées à la Madone par des personnes venues de Saint-Yan. La première fois l'enfant n'a donné aucun mouvement. La seconde fois, deux femmes apportèrent l'enfant mort-né d'un paroissien de Saint-Yan, dont la femme est morte en couches. Elle a vu l'enfant prendre les couleurs d'un enfant vivant. Une de ces femmes lui a donné le petit baptême.

Enfin, il y a quelques semaines, on transportait à Romay un enfant d'une famille de Charolles. Les prières les plus ardentes n'ont pas obtenu un signe permettant de le baptiser.

Si on nous demande l'explication de la rareté des miracles en faveur des mort-nés en ces derniers temps, nous reproduirons les raisons que nous avons données ailleurs. La première est l'affaiblissement de la foi en la nécessité du baptême pour le salut ; 2° la crainte d'être surpris par l'autorité civile transportant un cadavre d'un lieu à un autre ; 3° enfin les progrès de l'art médical dont le résultat incontestable a été une diminution sensible des naissances d'enfants mort-nés depuis vingt-cinq ans.

En résumé, nous appuyons notre thèse sur des documents indéniables et nous la confirmons par la tradition la plus digne de foi. Loin de nous la prétention d'établir la véracité de tous ces rappels à la vie. Le docteur Boissarie, le médecin en chef du bureau des constatations, a écrit dans ses ouvrages sur les guérisons de Lourdes : « Depuis des années que je vois ces interminables défilés de malades et de guéris, je me suis habitué au bruit, à l'enthousiasme des foules. J'ai pu distinguer l'illusion qui console de la foi qui anime. J'ai reconnu dans le nombre des résultats incomplets, des affirmations prématurées, des espérances que le temps n'a pas confirmées. Mais je déclare que ces objections de détail n'atteignent pas l'œuvre dans son ensemble... Ce qu'il s'agit de démontrer, c'est qu'il est un certain nombre de faits qui échappent à toute explication scientifique, et cela suffit. Or, ces guérisons inexpliquées et inexplicables par la science, je les ai vues et des centaines de médecins les ont vues comme moi. »

Eh bien ! il en est de même des rappels à la vie et des autres guérisons dont il nous reste à parler ; un certain nombre peuvent être erronés, mais il résulte de l'ensemble de ces phénomènes si nombreux qué, depuis plusieurs siècles, le miracle et le surnaturel sont en permanence à Romay. Avec M. de Champagny, nous dirons aux chrétiens qui, croyant aux miracles de l'Evangile, se refusent à admettre ceux qui leur sont postérieurs : pensent-ils donc que le bon Dieu a donné sa démission et renoncé à faire des miracles à jamais ?

II

Une famille des plus anciennes et des plus honorables de Paray a été favorisée, il y a environ soixante-dix ans, d'une guérison surprenante dans la personne d'un fils aîné, fort bien doué du côté de l'intelligence, mais très pauvre du côté de la santé, depuis sa naissance. Ses parents, ne sachant plus que faire, le conduisirent à Romay et demandèrent pour lui la santé ou la mort.

Ils obtinrent une guérison complète. Le privilégié de la Mère de Dieu a fourni une belle carrière dans la magistrature, et il mourait, l'an dernier, dans de profonds sentiments de foi catholique. Il garda jusqu'à sa mort, à l'âge de 78 ans, le souvenir de sa guérison. Longtemps éloigné de sa famille toute parodienne par ses fonctions de magistrat, il a demandé à son frère, avant de mourir, de faire transporter ses restes au cimetière de Paray, à l'endroit où reposent ses père et mère.

Nous tenons le récit de sa guérison de la bouche de son frère et de sa sœur, qui lui survivent.

Il y a cinq ans, une enfant de cette paroisse, se préparant à sa première communion, tomba dangereusement malade. Les deux médecins de la ville lui prodiguèrent tous leurs soins.

Malgré toutes les ressources de l'art médical moderne, la maladie, loin de ralentir sa marche, progressait de jour en jour.

Les docteurs ne dissimulaient plus leurs sérieuses

inquiétudes. La famille eut recours à Notre-Dame de Romay pour obtenir une guérison ; la grand'mère, pleine de foi, nous demanda une messe à la chapelle de Romay.

Sur ces entrefaites, la jeune malade faisait sa première communion sur son lit de souffrances et de temps en temps on lui donnait à boire de l'eau de la fontaine de Romay.

Bientôt elle entra en convalescence, au grand étonnement des docteurs. Un mois après, le jour de la première communion de la paroisse, elle communiait pour la seconde fois, en union avec ses compagnes. Sa famille reconnaissante vit dans cette guérison si prompte un effet de la puissance de la Sainte Vierge et demanda une messe d'actions de grâces à laquelle assistait pieusement la jeune fille, entourée de ses parents. Toute trace de mal avait disparu après quelques semaines. Depuis, elle est rayonnante de santé.

Une des guérisons les plus inexplicables est celle de Philibert Gauthier. On ne peut l'attribuer qu'à Notre-Dame de Romay, comme on va s'en convaincre par le récit suivant d'une irrécusable précision.

Le miraculé lui-même nous a donné tous les détails de sa guérison au presbytère en présence d'un de ses amis. Gauthier est né à Vitry-les-Paray, vers 1830. A son tirage, il tomba au sort et fut incorporé au 1er régiment d'artillerie, en garnison à Vincennes. Un jour, dans une manœuvre militaire, le cheval de son voisin se mit à ruer et Gauthier reçut au genou un coup de pied si violent qu'il fallut le porter d'urgence à l'hôpital. La blessure était fort grave. Le chirurgien-major fit immédiatement l'extraction de plusieurs esquilles ; mais il en resta quelques-unes qui sortirent à travers les chairs au prix de très grandes souffrances. Au bout de six mois, ce genou était dans le même état, aussi le jeune soldat fut déclaré impropre au service. On le renvoya dans ses foyers, avec une indemnité annuelle de 180 francs, à titre provisoire. Au bout de deux ans, bien qu'il ne fût pas guéri, l'État lui retira cette pension. Incapable de gagner sa vie et souffrant de grandes douleurs, il s'affaiblissait visiblement. Sa femme le voyant profondément découragé lui dit un jour : Si tu veux, nous irons demander ta guérison à la *bonne Dame de Romay*. — Que veux-tu qu'elle me fasse ?

Il n'avait pas foi à tout ce qu'on racontait d'elle.

Il se rendait de temps en temps chez l'éclusier du canal, son proche voisin, nommé Chassagne. Il lui dit : Je suis bien ennuyé de voir que je ne guéris pas. Ma femme m'a bien proposé d'aller à Romay. J'ai refusé. — *Tu as bien tort*, répartit Chassagne. *Ta femme te donne là un bon conseil. A ta place, j'irais à Romay. Qu'en risques-tu ?* Ces bonnes paroles lui firent impression et quelques jours après, il dit à sa femme : Je suis décidé à aller à Romay. Ils partirent avec un petit enfant en bas âge, porté par la mère.

En traversant Paray, celle-ci fit l'acquisition d'un cierge. Le voyage fut horriblement pénible pour le malade. Enfin le voilà à la porte de la chapelle. Il y pénètre et aussitôt il va s'asseoir tout haletant de fatigue. Sa femme allume son cierge et ils récitent ensemble neuf fois le *Notre Père* et le *Je vous salue*

Marie. Cependant Gauthier restait immobile sur sa chaise. Il fixait la Vierge avec une sorte d'extase. Elle lui apparaissait, comme vivante, et changeant de couleur, d'un instant à l'autre. Mais le petit enfant était impatient de sortir de la chapelle. Allons-nous en, lui dit sa femme! — Restons encore, comme je suis bien là! Je ne sens plus aucun mal.

Enfin, il se lève, il sort et il va boire à la fontaine. Après avoir bu, il dit: Je suis guéri, je le sens bien. Au retour, il demande à porter l'enfant; mais la mère s'y refuse. Au bout d'un quart d'heure de marche, il prend l'enfant aux bras de sa mère et le porte sans peine jusqu'à la maison.

Il était réellement guéri! Pendant la nuit la plaie béante qu'il portait au genou se ferma et devint entièrement sèche. En reconnaissance de sa guérison, Gauthier s'est imposé l'obligation d'assister chaque année aux messes de Romay, du 15 août et du 8 septembre.

Son compagnon, le nommé Calendron, nous certifie qu'il a entendu bien des fois Gauthier faire la narration de sa guérison et que jamais il n'a varié dans son récit.

Plusieurs hommes de la connaissance de Gauthier, plus ou moins croyants, déposent de même en notre présence. Aussi bien nous n'avons pas hésité à rapporter le fait dans tous ses détails. Depuis cette déposition, Gauthier est mort dans des sentiments de foi et de confiance en Dieu et en la Sainte Vierge.

Voici une autre guérison que nous tenons de la personne qui en fut l'objet. Il y a plus de soixante ans, une enfant voyait le jour dans un hameau de Poisson, au sein d'une famille foncièrement chrétienne.

On s'empressa de lui procurer la grâce du baptême. C'était en hiver. Les chemins étant fort peu praticables, le petit cortège suivait les sentiers les mois fangeux et se passait tour à tour le nouveau-né. On arrive à l'église et M. le Curé en fait, par la grâce du baptême, une nouvelle chrétienne.

Au retour, on confie le précieux fardeau au parrain. Mais voici qu'en franchissant l'échalier d'une prairie, la pauvre petite fille, portée avec maladresse, glisse jusqu'à terre, sans que le porteur s'en aperçoive. Après une centaine de pas, il remarque que le poids a sensiblement diminué. Il regarde : Plus d'enfant ! O désolation ! Sage-femme, parrain et marraine rebroussent chemin, en proie à la plus vive inquiétude. La petite créature était gisante sur l'herbe froide et humide au pied de l'échalier. On se hâte de rentrer à la maison, on lui prodigue tous les soins. Ce qui n'empêcha pas que l'accident n'eut des suites très fâcheuses. Malgré tout ce que put imaginer la tendresse de sa mère, la croissance était à peu près nulle. Survinrent bientôt de violentes convulsions. Au bout de quelques semaines, la joie de ce foyer chrétien disparut pour faire place à la tristesse ; car le péril de mort était imminent.

Le père, homme de foi patriarcale, eut l'excellente inspiration d'aller à Romay. Il partit *pieds nus*, aller et retour, parcourant ainsi vingt kilomètres. Là, il fait brûler un cierge devant la Vierge et il prie de tout son cœur. Il termine par cette invocation : *O bonne Sainte Vierge, je vous la donne, sauvez-la !...*

Après cette offrande, il se retire avec l'assurance que sa prière est exaucée, si bien qu'il regarde l'heure précise que marque sa montre. Rentré à son domicile, il apprend que la malade a pris du mieux à l'heure même où il priait la Madone.

La Sainte Vierge prit au mot le père de famille. Sa fille, élevée au pensionnat du Saint-Sacrement de Paray, entra en religion pour se consacrer à l'éducation de petites filles. Elle eut la joie de revenir à Paray, où elle se plaisait à redire à ses écolières que Notre-Dame de Romay l'avait arrachée à la mort. Quelques années après on la nomma directrice d'une école religieuse dans le Chalonnais. Chaque fois que sœur Fébronie revient dans sa famille, elle fait son pèlerinage à Romay et, de loin comme de près, elle se fait l'apôtre de la dévotion à Notre-Dame de Romay.

Le 6 juin 1898, elle était à Paray, en pèlerinage de reconnaissance, et nous remettait la relation touchante d'une guérison, arrivée dans la paroisse où elle tient une école.

Il y est rapporté qu'une enfant de deux ans et demi, atteinte d'une méningite et d'une fluxion de poitrine, était sur le point de rendre le dernier soupir. Tout espoir semblait perdu, lorsque, sur le conseil de la supérieure des religieuses, sœur Fébronie, la pauvre mère eut recours à Notre-Dame de Romay et fit vœu de conduire l'enfant à son sanctuaire en cas de guérison.

Après plusieurs nuits violemment agitées, la mère, abîmée dans la douleur, réfléchit qu'elle avait de l'eau de la fontaine de Romay. Elle en répand sur la tête de la petite malade. Quelques heures après, il s'opérait comme un dégagement au cerveau et l'enfant échappait à la mort par la puissance de la Sainte Vierge.

La mère comprit, avec l'instinct d'un cœur maternel, que sa fille devait sa guérison à la Vierge de Romay. Le jeudi 2 juin 1898, elle venait incognito à Paray avec son enfant et se dirigeait vers la chapelle de Romay pour exprimer, en une prière fervente, toute sa gratitude à la bonne Dame de Romay.

Bornons-nous à ces exemples, choisis entre mille autres aussi édifiants, où éclatent, d'une part, la foi indéracinable des enfants de Marie et, de l'autre, la toute-puissance de leur Mère du Ciel.

III

Il est un autre genre de bienfaits au point de vue des intérêts temporels que nos populations attribuent à Notre-Dame de Romay. Nous voulons parler de la préservation des calamités publiques. Aussitôt qu'un fléau nous menace, nos populations affluent à Romay de divers points du Charolais. Une guerre vient-elle à se déclarer, comme en 1870 ; une épidémie commence-t-elle à sévir : aussitôt on l'invoque ou on vient la prier sur le lieu de ses miracles.

L'exemple le plus frappant de cette pieuse croyance est sans contredit le pèlerinage annuel de la paroisse de Chalmoux, de l'archiprêtré de Bourbon-Lancy. D'après le témoignage des habitants les plus anciens, ce pèlerinage remonterait au delà du siècle qui vient de finir. La paroisse accomplit ce pèlerinage, en vertu d'un vœu, le premier lundi de mai. De génération en génération, la population redit qu'à une époque dont on ne peut fixer la date, les fléaux du ciel ravagèrent les récoltes pendant sept ans consécutifs. Le curé de cette paroisse, pour fléchir la colère divine, suggéra à ses paroissiens la pensée de former le vœu d'un pèlerinage annuel à Romay. Ils en prirent l'engagement. Les fléaux cessèrent et, pendant plusieurs années, les récoltes abondèrent. Mais en 1860, la grêle emporta la récolte tout entière. Les habitants se ralentissaient d'année en année dans l'accomplissement de la promesse des ancêtres. Ils résolurent de revenir plus nombreux, conformément à l'esprit du vœu, fait par une partie notable de la population.

Au reste, une ligne ferrée allait bientôt traverser le voisinage de Chalmoux. Elle abrège un peu la distance pour les pèlerins. Depuis ce temps-là, le pèlerinage est nombreux et édifiant. Il est présidé annuellement par M. le Curé.

Appelé, il y a deux ans, par M. l'abbé Berger, curé de Chalmoux, à prêcher l'adoration perpétuelle, il nous sembla tout indiqué de saisir cette bonne occasion pour encourager la paroisse de Chalmoux dans son pèlerinage. Nous profitâmes aussi de notre présence sur les lieux pour faire une enquête sur les traditions qui restent encore touchant la dévotion spéciale à Notre-Dame de Romay dans cette paroisse.

On nous répéta ce que nous avaient appris les prédécesseurs de M. l'abbé Berger, curé actuel.

Avant la ligne de Montchanin à Moulins, les hommes se rendaient à Romay à pied et marchaient une partie de la nuit. Les femmes et les enfants effectuaient le trajet par petites voitures à ânes jusqu'à La Motte ou Digoin et faisaient à pied le reste du chemin.

N'était-ce pas de cette façon qu'on comprenait jadis un pèlerinage? Les choses sont singulièrement changées! Ce qui est toujours en usage dans ce pèlerinage, c'est la pratique religieuse de la *récitation des évangiles,* dont il a été question ci-dessus. Il y a encore là un signe de l'antiquité du pèlerinage de Chalmoux.

Comme témoignage de piété de ces pèlerins, nous transcrivons quelques pensées de la consécration d'une famille du pèlerinage, trouvée aux pieds de la Madone :

« O Notre-Dame de Romay, la paroisse de Chalmoux vient depuis plus d'un siècle solliciter vos faveurs. Quatre personnes de la même famille se joignent de cœur à tous les pèlerins pour obtenir l'éloignement des calamités publiques, la guérison de nos malades et le salut des âmes. Nous vous demandons aussi la conversion des pécheurs, la persévérance des justes, afin que nous soyons tous réunis dans le ciel. Bénissez les quatre sœurs. obtenez-leur la persévérance finale. Bénissez leurs père et mère, leurs amis, leurs bienfaiteurs et toutes les personnes qui se sont recommandées à leurs prières. Bénissez la France. Bénissez ceux qui la gouvernent. Bénissez tous ceux qui soutiennent la bonne cause. »

CHAPITRE XI

LE CULTE DE MARIE A LA CHAPELLE DE ROMAY

———

Toutes les pratiques de dévotion que l'Église approuve sont en très grand honneur à Romay.

Les pèlerinages. — Dans le procès-verbal d'une visite épiscopale, en 1729, on lit :

« Romay, chapelle de Notre-Dame non fondée, grand concours de peuple aux fêtes de la Sainte Vierge. » Courtépée écrit, de son côté : « Belle fontaine à Romay *(Romera)*, avec chapelle de Notre-Dame, fameuse par ses *apports*, où l'on vient de quinze lieues. »

Les jours où il y a un plus grand nombre de pèlerins à Romay sont la fête de l'Assomption et celle de la Nativité. Le 15 août, on y célèbre toujours deux messes, et le 8 septembre, une messe, et quelquefois plusieurs.

En ces jours de fêtes, le concours est incessant, depuis le lever du soleil jusqu'à son coucher, et toute cette foule est dévotement recueillie.

Il est une pratique de piété qui se conserve encore parmi la population rurale : c'est la récitation *des évangiles*. Après la messe, le prêtre, revêtu du surplis et de l'étole, se rend à la chapelle de Sainte-Anne. Les fidèles qui désirent qu'on leur dise des *évangiles* s'avancent et déposent une offrande pour un certain nombre de ces prières. Le prêtre, en les récitant, tient l'étole sur la tête de la personne aux intentions de laquelle il prie, et, à la fin, il donne l'étole à baiser.

Il est à regretter qu'un si pieux usage tende insensiblement à disparaître dans la paroisse de Paray. Quelle excellente prière que l'Évangile !

Mais, en retour, depuis le couronnement de la Madone, la paroisse de Paray fournit plusieurs pèlerinages de communautés religieuses et de confréries, pendant le mois de mai : les chapelains-missionnaires, le pensionnat des Frères des Écoles chrétiennes, la confrérie des Enfants de Marie de la basilique, le pensionnat des Religieuses du Saint-Sacrement, le Tiers-Ordre de Saint-François d'Assise, les Religieuses des Saints-Anges, les Sœurs tourières de la Visitation, les Sœurs hospitalières, l'Orphelinat du Sacré-Cœur et les Enfants de Marie de Notre-Dame du Cénacle.

Le pèlerinage consiste en une messe avec communions, une prédication et la bénédiction du Saint-Sacrement, depuis qu'on conserve à Romay la sainte Réserve.

Tous ces pèlerinages paroissiaux respirent un parfum de piété vraie et de foi profonde. Ils rassurent et fortifient l'âme au milieu des grandes tristesses de l'heure présente.

Un usage très particulier à la paroisse de Paray consiste à faire le pèlerinage individuel à Romay, neuf jours consécutifs, spécialement entre l'Assomption et la Nativité, lorsqu'on veut obtenir une grâce extraordinaire. On nomme cette pratique la *Neuvaine de Notre-Dame de Romay.*

Nous ne pouvons qu'encourager fortement cette pratique, très ancienne, paraît-il. Elle ne peut être que très agréable à Marie.

Les processions. — Il y a plusieurs siècles que la population parodienne se distingue par sa dévotion aux processions. Il est à remarquer que la plupart des anciennes fondations religieuses comprenaient une procession plus ou moins longue à travers la ville.

A présent, en dépit des ennemis de la religion, l'annonce d'une procession à Romay est toujours accueillie avec satisfaction. Il y en a quelques-unes qui sont de règle : une des trois processions des Rogations, celle du 1er mai et celle du lendemain de la Première Communion, pour la messe d'actions de grâces.

Mlle Marie Suttin écrit dans la lettre déjà citée : « On conduit maman avec ses amies de classe, Octavie de Guillermin, Zéphyrine de Sermaize, et tous les autres, pour entendre la messe d'actions de grâces à Romay, le lendemain de la Première Communion. »

Ce qui indique que cette coutume remonte certainement à la réouverture de la chapelle, en 1811.

Les messes. — L'acte de religion par excellence, la messe, que saint François de Sales nomme le *soleil des exercices de piété,* est celui auquel les fidèles de cette paroisse ont toujours donné la préférence.

Pour favoriser cette dévotion aux messes célébrées à Romay, nos ancêtres avaient créé l'ermitage dont nous avons parlé. L'ermitage a disparu, mais la dévotion au saint Sacrifice s'est maintenue, malgré la difficulté qu'il y a, pour un prêtre, de se transporter à deux kilomètres pour célébrer la messe.

Sous l'administration de M. le Curé d'Alais, les messes demandées pour être dites à la chapelle de Romay ne dépassaient pas le chiffre de cinquante. Il était souvent inférieur.

Si nous remontons à trente ans, nous voyons que les prêtres de Paray, attachés au saint ministère, ne pouvaient pas facilement donner satisfaction à la dévotion des fidèles en leur accordant une messe à Romay. Mais, en ce moment, avec le grand nombre de prêtres que le pèlerinage du Sacré-Cœur a attirés à Paray, il est bien plus facile de répondre aux demandes de messes à Romay ; aussi, de ce chef, le nombre de messes augmentera-t-il d'année en année.

La guérison des malades entre pour une part très large dans les intentions des messes de Romay. Lorsque le malade est en danger de mort, on profite de l'occasion de la messe ou d'une neuvaine de prières pour aborder la question de la confession et de la communion. Supputer le nombre de chrétiens indifférents arrivés au ciel par ce pieux stratagème serait absolument impossible. Marie est bien pour cette paroisse la Porte du ciel, *Porta cæli !*

Les jeunes filles qui se conservent dans la pratique des devoirs chrétiens ne voudraient pas contracter mariage sans avoir, au préalable, obtenu une messe à Romay. Elles y invitent leurs amies, sans oublier toutefois leur compagne de première communion.

Lorsqu'il s'agit du mariage des Enfants de Marie de la basilique, le chœur des chanteuses fait entendre pendant la messe les plus beaux cantiques à la Sainte Vierge et, en particulier, le cantique du couronnement. Au retour la fiancée offre, tout le long du chemin, des dragées à ses compagnes et toutes se divertissent aussi joyeusement qu'innocemment.

Cette façon de clore la vie de jeune fille est autrement convenable que celle qui s'est introduite depuis quelques années parmi nos jeunes gens.

Les messes de Romay ont leur sonnerie particulière qui date de loin. Avec la seconde cloche, une demi-heure avant la messe, on *pique* (mot très ancien) quelques coups. C'est un avertissement pour donner l'éveil. Puis la grosse cloche fait entendre les neuf coups de l'*Angelus*. Aussitôt la population, en entendant cette sonnerie, se dit : *c'est une messe à Romay ! ! !* On peut arriver à temps à la messe en faisant quelque peu diligence.

Depuis le 30 avril 1898, il y a un registre à la sacristie où les prêtres, qui célèbrent à la chapelle, apposent leur nom, celui de leur diocèse, le quantième du mois et l'année. En consultant ce registre, on constate que dans les six dernières années, le nombre des messes varie entre quatre-vingts et cent (1).

Il est à remarquer que, pendant les quatre mois d'hiver, il y a très peu de messes, à raison des intempéries de la saison. Les communions représentent au moins une moyenne de trois par messe, c'est-à-dire environ trois cents communions par an. Nous avouons qu'il faut une certaine dose de dévotion pour aller communier à une telle distance et s'en revenir à jeun à la ville ou à la campagne.

L'eau de la fontaine miraculeuse. — A une faible distance de l'entrée de la chapelle, abritée par une grotte, coule dans un réservoir, sans interruption, une eau claire et limpide. C'est la fontaine, réputée miraculeuse, bien avant la fontaine de la Salette et celle de Lourdes. Une reproduction en pierre de la Madone, œuvre du statuaire Boutte, sur la commande de M. de Marguerye, est placée au fond de la grotte. Elle semble inviter les pèlerins à boire à cette fontaine mystérieuse. Et, de fait, ils viennent y boire en grand nombre. Après avoir allumé leur cierge et l'avoir fixé à un des porte-cierges, ils prient de leur mieux la *bonne Dame,* puis ils vont boire de l'eau de la fontaine, et, très souvent, ils emportent chez eux cette eau précieuse.

Il y a longtemps qu'on attribue à l'eau de cette fon-

____

(1) En 1898, à partir du 30 avril, 79 messes ; en 1899, 82 ; en 1900, 85 ; 88 en 1901 ; 78 en 1902 et 97 en 1903. Il est à présumer que le chiffre des messes dépassera 100 en 1904, à l'occasion du cinquantenaire de la définition du dogme de l'Immaculée Conception de la Sainte Vierge.

taine la propriété d'opérer des guérisons. Les pèlerins la conservent plusieurs années. Dès qu'un malade inspire quelques inquiétudes, on lui fait boire de l'eau de Romay. Au milieu de leurs souffrances, les malades, hommes ou femmes, demandent eux-mêmes de l'eau de Romay. Maintes fois, nous avons vu ces malades, remplis de foi, se découvrir et faire le signe de la croix avant d'absorber quelques gorgées de cette eau. S'il s'agit d'un enfant malade, la mère pieuse le voue au bleu jusqu'à un certain âge, quand elle est exaucée dans sa prière.

Cette pratique du vœu à Notre-Dame de Romay n'est pas encore perdue dans la contrée.

Il y a quelques années, M. Lex, archiviste de Saône-et-Loire, fut chargé d'un travail sur les fontaines en réputation dans notre département. Dans le questionnaire proposé, il demandait : Quelle est l'origine de ces fontaines ? Cette origine est-elle païenne ou chrétienne ? Notre réponse fut que l'origine de la fontaine de Romay était purement chrétienne et que les pèlerins n'y pratiquent, dans leurs actes de dévotion, aucune de ces superstitions païennes qui s'accomplissent encore à notre époque près de certaines fontaines.

Offrande de cierges. — Nous découvrons les premières traces de cette pratique de dévotion en l'année 1628. Les beaux cierges qu'offrit à Romay la Visitation de Paray, au moment où la peste sévissait le plus fort, indiquent un usage déjà établi et non pas une innovation.

Bien loin de diminuer, l'offrande de cierges s'est considérablement multipliée depuis que M. Cucherat, en parlant des nombreux cierges qu'on fait brûler devant l'autel de la Madone, écrivait : « On a dû ménager le long de la grille qui sépare la nef du sanctuaire plus de cent petites tiges de fer pour recevoir les cierges que la piété se plaît à offrir à Marie. » Quatre porte-cierges pouvant contenir plusieurs centaines de cierges ont remplacé depuis longtemps les cent tiges de fer, qu'on y voyait il y a vingt-cinq ans. Cette petite flamme se consumant doucement rappelle et continue la prière du pèlerin. C'est un témoignage très significatif de sa foi et de sa confiance. Aussi, le soir des grandes fêtes de la Vierge, lorsque la foule s'est retirée, la petite chapelle apparaît, comme embrasée par la multitude des lumières qui redisent encore les innombrables demandes des enfants de la terre à leur douce et puissante Mère du Ciel.

Les ex-voto. — Ils sont l'expression de la reconnaissance chrétienne pour les faveurs obtenues dans l'ordre spirituel et temporel.

Comme tous les sanctuaires antiques de Marie, le nôtre devait être orné autrefois de nombreux ex-voto. Ils étaient pieux, mais sans richesse.

Dans les inventaires des objets du culte, mentionnés en 1793, il n'est question que de deux ex-voto ayant une certaine valeur : une statuette de la Vierge en argent et un cœur en argent.

Aujourd'hui, il en est autrement. Des tableaux de tous genres, des plaques de marbre blanc avec légende en lettres dorées tapissent les murailles et attestent d'une façon expressive la vitalité de la dévotion à la Madone du lieu.

Qu'on nous permette de signaler une peinture, représentant une *Mater dolorosa*, d'un habile pinceau, offerte par nos anciens paroissiens. Le tableau porte cette inscription : *Don de la paroisse de Palinges, en 1874, en reconnaissance de la protection accordée aux jeunes soldats dans la guerre de 1870.*

Au moment où éclata cette guerre, la paroisse de Palinges organisa un pèlerinage à Romay, en faveur des soldats appelés sous les drapeaux. Tous rentrèrent sains et saufs dans leurs foyers. De là l'ex-voto de Palinges.

Les dons à Notre-Dame de Romay. — La chapelle n'a aucune ressource assurée pour les frais du culte et réparations de la chapelle. La dévotion des fidèles y pourvoit suffisamment. Les offrandes en argent sont déposées dans un tronc. Ces bienfaiteurs, connus de Dieu. ont droit à notre gratitude. Qu'ils en trouvent l'expression dans ce livre, s'il tombe entre leurs mains.

Les dons en nature, pour la sacristie et les autels, surpassent en valeur les offrandes recueillies dans le tronc.

La pieuse donatrice des deux beaux autels en marbre blanc n'avait point prévu que, dans la suite, on conserverait le Saint-Sacrement jour et nuit dans la chapelle et qu'on y donnerait la bénédiction plusieurs fois par an.

Les deux autels n'avaient pas de tabernacle. Il y a trois ans, on en plaça un sur le maître-autel. Depuis ce temps-là, ostensoir, ciboire, encensoir, chape, étole de bénédiction arrivèrent comme par enchantement.

Plusieurs ouvriers menuisiers et serruriers ont embelli la chapelle d'ouvrages d'une habileté consommée. Ils n'ont rien épargné pour affirmer leur dévotion à la Sainte Vierge.

La belle épreuve photographique de la Madone dévêtue est le don d'un photographe de Paray.

Mais ce que tous les dévots à Notre-Dame de Romay appellent depuis longtemps de leurs vœux les plus ardents, c'est un agrandissement de la chapelle pour recevoir les foules qui accourent à Romay aux grandes fêtes de Marie et aux jours de pèlerinages.

C'est le *miracle* que nous osons solliciter de la bénignité de Notre-Dame du Bon Conseil et du Bon Secours.

CHAPITRE XII

LE COURONNEMENT DE NOTRE-DAME
DE ROMAY

Rapport lu au Congrès Marial de Fribourg

> *Le Cœur de Jésus a choisi Paray parce
> que Marie y avait élu sa demeure :*
> *Romay est l'explication des manifesta-
> tions divines dont le sanctuaire de la
> Visitation est le théâtre.*
>
> (Allocution du cardinal PERRAUD,
> évêque d'Autun, prononcée à Ro-
> may, le soir de la fête du cou-
> ronnement).

Dans ce travail, nous donnerons d'abord la description des belles fêtes du couronnement de la
Vierge de Paray et ensuite nous montrerons quelles
en ont été les conséquences, depuis le 5 août 1897,
jusqu'à ce jour.

I

Paray-le-Monial a l'honneur de faire partie de l'antique diocèse d'Autun. Le pontife qui, présentement,
occupe ce siège, est l'illustrissime cardinal Perraud,

une des gloires les plus pures de l'épiscopat français,
à l'aurore de ce xxᵉ siècle. Depuis longtemps, on se
plaît à l'appeler *l'évêque du Sacré-Cœur*. On connaît
sa parenté avec l'apôtre du Sacré-Cœur, la bienheureuse Marguerite-Marie ; on sait de plus qu'il est
originaire de Paray par ses aïeux maternels. Aussi
bien, il a été l'âme de nos touchantes solennités du
couronnement de Notre-Dame de Romay. Nous avons
donc la certitude que ses actes et ses paroles seront
du plus haut intérêt pour tous les honorables congressistes de Fribourg.

Le culte de Marie à Paray a des racines très profondes. Elles plongent jusqu'au berceau de la paroisse
remontant à une antiquité reculée, d'une part, et à la
fondation du monastère bénédictin, en 973, d'autre
part. Il s'est conservé à travers les âges, procurant le
salut éternel à une multitude de chrétiens de Paray et
de toute la contrée. C'est en étudiant à fond l'histoire
de la dévotion des populations du Charolais et du
Brionnais à Notre-Dame de Romay, que nous avons
cru n'être pas téméraire en rêvant, pour la statue,
si vénérée en ces lieux, les honneurs insignes d'un
couronnement pontifical. Le rêve est devenu, à notre
grande joie, une réalité. C'est redire, encore une fois,
notre gratitude à Notre-Seigneur et à sa très sainte
Mère, que de continuer l'histoire si édifiante de notre
Vierge charolaise en apportant, en dehors des limites
de la France, le récit succinct des brillantes manifestations qui éclatèrent à l'occasion de son couronnement, il y a cinq ans.

Comme ces sortes de solennités, plus fréquentes

qu'autrefois, ont plusieurs points de ressemblance, nous ne reproduirons ici que les traits d'un intérêt spécial au couronnement de la Vierge de Paray. Depuis quelques années, notre éminent évêque connaissait le vœu de notre cœur de pasteur, à savoir d'obtenir cette insigne faveur à laquelle avait droit, ce nous semblait, Celle que l'on se plaît à nommer dans le peuple charolais *la Bonne Dame de Romay*.

Mgr Perraud, élevé aux honneurs de la pourpre romaine, le 29 novembre 1895, recevait le chapeau cardinalice des mains de Sa Sainteté Léon XIII, dans le consistoire public du jeudi 25 juin de la même année, en même temps que notre condisciple et ami, le cardinal Boyer (1), archevêque de Bourges, très dévot à Notre-Dame de Romay. C'est lui-même qui nous avait donné les indications à suivre pour réussir dans cette pieuse entreprise...

Le 30 juin 1896, nous recevions de Son Éminence le cardinal du Sacré-Cœur, Mgr Perraud, cette bonne nouvelle :

« Entre les deux moyens qui m'ont été indiqués ici, j'ai choisi le plus honorable et le plus expéditif ; et c'est du Saint-Père lui-même, dimanche dernier, dans ma seconde audience, que j'ai sollicité et obtenu la grâce du couronnement de Notre-Dame de Romay. »

Quelques jours après, le bref était expédié de Rome à la chancellerie d'Autun. Le 26 juillet, nous le recevions avec ces mots :

---

(1) Jean-Pierre Boyer, né le 27 juillet 1829, à Paray-le-Monial, est mort cardinal-archevêque de Bourges, le 16 décembre 1896.

« Le cardinal de Saint-Pierre-aux-Liens, évêque d'Autun, fait hommage à Notre-Dame de Romay du bref pontifical ci-joint. — Ce sera la perle cachée qu'il mettra à sa couronne. »

Citons les premières paroles du bref, si flatteuses pour la paroisse de Paray :

« A notre cher Fils Adolphe-Louis Perraud, cardinal-prêtre de la Sainte Église romaine, évêque d'Autun.

« La supplique qui nous a été présentée en votre nom manifeste votre désir de nous voir, selon la tradition des Pontifes romains, couronner d'un diadème la statue de la bienheureuse Vierge Marie, dédiée sous le vocable de Notre-Dame de Romay, placée dans une chapelle voisine de Paray, *cette ville chérie du ciel,* dans votre diocèse d'Autun. Elle y est entourée d'un culte religieux et d'une particulière dévotion par les populations de la contrée. »

La nouvelle de l'obtention du couronnement se répandit à Paray avec la rapidité d'un courant électrique et provoqua, dans la ville et les faubourgs, les explosions de joie les plus spontanées et les plus enthousiastes.

La cérémonie du couronnement fut d'abord fixée au 8 septembre 1897, fête de la Nativité de la Sainte Vierge. Mais sur une invitation très pressante du cardinal Vaughan, archevêque de Cantorbéry, à Son Eminence, la priant de vouloir bien assister aux fêtes du treizième centenaire de l'arrivée de saint Augustin aux Iles-Britanniques, le Cardinal d'Autun reporta le couronnement au jeudi 5 août 1897, fête de Notre-Dame des Neiges. Changement vraiment providentiel !... Les premiers jours du mois d'août, le ciel, par une température chaude et un soleil radieux, favorisa à merveille les préparatifs de la fête, tandis qu'en septembre ils eussent été fort contrariés par des pluies froides et persistantes. Le peuple de Paray, dans sa foi en Notre-Dame de Romay, en fit plus d'une fois la remarque et n'oublia point d'en bénir la Providence...

Il s'écoula ainsi une année entière entre la concession accordée par Rome et cette seconde date de la fête. Ce n'était pas trop pour faire marcher de front la préparation d'une brochure sur Notre-Dame de Romay, celle des diadèmes de la Vierge-Mère et de l'Enfant Jésus et tout le reste. L'appel fait à Paray, du haut de la chaire, pour se procurer des ressources, eut le plus grand succès. Quelques articles parus dans le *Pèlerin de Paray*, écho mensuel des sanctuaires du Sacré-Cœur, réussirent fort bien à ouvrir les écrins des dames et les bourses des messieurs. En quelques semaines, une vraie pluie d'or et de pierres précieuses, depuis la perle, le grenat et l'améthyste, jusqu'à l'émeraude, le saphir et le diamant de la plus belle eau, tomba en abondance aux pieds de la Madone. Dès lors, on put confier à la maison Brunet, une des premières maisons d'orfèvrerie religieuse de Paris, le travail des deux diadèmes, de la robe et du manteau royal. M. Brunet est digne d'éloges par le talent et la diligence qu'il apporta à leur exécution, sans dépasser d'une obole le devis que nous avions accepté.

Le diadème de la Sainte Vierge est entièrement en or ; son poids est de 333 grammes. Il se compose d'un bandeau, orné de filigranes et de pierres fines. Sur ce bandeau reposent six arceaux aussi en filigranes, mais ornés de gracieuses torsades. Six fleurs de lis en parties unies donnent naissance aux arceaux. Ce qui distingue surtout notre diadème, c'est qu'il reproduit exactement toutes les gloires ecclésiastiques de la paroisse de Paray. Au-dessus du bandeau, le regard s'arrête sur six écussons émaillés représentant, avec un art merveilleux, les armes de Léon XIII, du cardinal Perraud, évêque d'Autun, du cardinal Thomas, archevêque de Rouen, du cardinal Boyer, archevêque de Bourges, du cardinal Guy de Paray, archevêque de Reims, qui vivait au XIII⁰ siècle, et dont le nom indique assez l'origine : et enfin le sceau abbatial de Cluny, pour rappeler que la chapelle de Romay n'est autre que le modeste oratoire des Bénédictins de Paray, remontant à la fondation du prieuré.

Le diadème de l'Enfant Jésus est plus simple et moins riche en pierres précieuses. C'est toutefois une gracieuse réduction de celui de la Vierge Marie. A ce travail artistique venait s'ajouter chaque jour le travail plus exclusivement intellectuel et littéraire. Une toute petite prière de circonstance paraissait bientôt, enrichie d'une indulgence de cent jours, accordée par le cardinal Perraud. Quelques jours après sortait des presses de M. Paillart, imprimeur-éditeur à Abbeville (Somme), une gracieuse plaquette avec ce titre : « *Notre-Dame de Romay.* » Nous extrayons de la lettre d'approbation du cardinal Perraud les lignes suivantes :

« Cette publication, que nous autorisons volontiers, fera connaître aux personnes qui l'ignorent l'histoire du vénéré sanctuaire de Notre-Dame de Romay, rappellera aux habitants de Paray et de toute la région charolaise les motifs qu'ils ont d'être reconnaissants envers la Mère de Dieu pour les grâces obtenues par eux et leurs ancêtres, quand ils ont eu recours à l'intercession de Marie. »

Un paroissien de Paray, ancien instituteur et fervent catholique, poète à ses heures, M. Sandre, composa pour la circonstance un cantique qui eut un grand succès dans nos cinq processions du 1er au 5 du mois d'août. Le cardinal Perraud, à *la perle cachée* mise à la couronne, ajouta la perle plus précieuse encore d'une fort belle lettre pastorale. Il y trace le programme des fêtes et invite ses diocésains à y assister en foule... « Vous savez, dit-il, de quelle pieuse confiance nos religieuses populations du Charolais et du Brionnais entourent depuis longtemps cet antique sanctuaire de Marie, dont les origines se rattachent par des liens très intimes à la miséricordieuse prédestination qui avait marqué pour les grandes et saintes choses notre *Val d'Or*, et cette cité de Paray-le-Monial, que le Pape Léon XIII appelle *un lieu chéri du ciel.* »

D'autre part, les préparatifs par la prière, les communions et le saint sacrifice de la Messe ne sont pas négligés. Un mois de messes à la chapelle de Romay précéda le Triduum. Les prêtres de la paroisse et de l'archiprêtré de Paray s'inscrivaient pour un jour ou deux, afin qu'il n'y eût aucune interruption dans ce pieux service. L'assistance si recueillie et si nombreuse des fidèles était bien faite pour les encourager dans ce dévot pèlerinage d'un mois.

A mesure qu'on approche des fêtes, les habitants de Paray rivalisent de zèle pour les décorations de la ville. Aussi, pour répondre à ces manifestations si touchantes, le programme avait tracé des itinéraires qui permirent le passage de la Vierge partout où il fut possible à la procession de se frayer un chemin. — Le dimanche 1er août, veille du Triduum, à l'heure des vêpres, une grande procession se dirigea vers Romay pour accompagner la *bonne Dame* quittant son sanctuaire béni pour venir se faire couronner à Paray. — *Veni, coronaberis...* Venez, vous serez couronnée ! (1).

La voici à la descente de l'avenue de Charolles. Aussitôt les cloches s'ébranlent de toutes parts et la saluent avec allégresse. La ville vient à sa rencontre et se masse sur les trottoirs. C'est à peine si la procession peut poursuivre sa marche jusqu'à la basilique. — Les chanteuses de la congrégation de la Sainte Vierge ont achevé le *Magnificat*. Elles reprennent vite le cantique de la fête et dans tous les rangs de la procession retentit ce refrain simple et pieux :

> Bonne Madone,
> Chère à Paray,
> Reçois cette couronne,
> O Vierge de Romay.

Il est nuit lorsque la statue entre triomphalement

---

(1) Paroles qu'on lisait sur le socle, supportant la statue de Marie.

dans la vieille église monacale, présentement l'église de la paroisse.

Le lendemain lundi, commence le Triduum. A défaut de M. Planus, vicaire général d'Autun, désigné pour le prêcher ainsi que le discours du couronnement, et qui en fut empêché par son médecin, M. Gillot, supérieur des Chapelains, docteur en théologie, donna les deux premiers sermons d'un très grand intérêt. M. Gauthey, vicaire général d'Autun, voulut bien se charger des sermons de la veille et du jour de la cérémonie du couronnement. Le matin, à dix heures, la messe et le premier sermon, et le soir, procession à travers la ville. Toutes les décorations sont terminées sur le parcours fixé par le programme. L'aspect de la petite ville offre le plus beau coup d'œil qu'on puisse imaginer. — Essayer d'en faire la description ou simplement d'en donner une idée même sommaire est chose impossible. — Le bon goût et l'art le disputent partout à une piété très ingénieuse. — Aux fenêtres de plusieurs maisons, des statues de la Sainte Vierge sont exposées au milieu des fleurs et de la verdure, pour prendre une part à la fête de Marie. Le mercredi, on vit, derrière la Madone, Mgr Philippe, évêque de Lari, et Mgr le cardinal Perraud. — Le Triduum touche à sa fin. — Malgré la durée des processions et l'excessive chaleur, on s'est porté aux prédications du matin et aux processions du soir avec un entrain religieux qui ne comptait pas avec l'accablante fatigue. De jour en jour, la longueur des deux lignes de la procession augmentait progressivement et l'exercice ne se terminait qu'au soleil couchant.

Voici le grand jour ! Le soleil se lève aussi brillant et aussi brûlant que les jours précédents. Les pèlerins, à cette heure matinale, arrivent par voitures surchargées. De leur côté, les sifflets stridents des machines à vapeur annoncent les trains du matin. Place aux trains spéciaux qui entrent fièrement en gare de Paray !

Le programme marque que la grande cérémonie du couronnement doit se déployer en plein air dans le superbe parc des chapelains. Déjà les messes se succèdent à l'autel de l'estrade. Avant dix heures, des hommes de bonne volonté sont réunis à la basilique, attendant l'invitation à transporter sur son brancard, orné de fleurs de lis d'or, la Madone qui a mérité, par ses bienfaits, comme par les outrages dont elle fut l'objet de la part des huguenots et des révolutionnaires, les honneurs insignes du couronnement pontifical. On la dépose pieusement sur un trône disposé avec un goût parfait au fond de l'estrade d'où elle domine toute l'assistance. Regardons maintenant du côté de l'habitation des chapelains. C'est le cortège ecclésiastique qui s'avance. Parmi les dignitaires du clergé, nous distinguons : Mgr Pavy, vicaire général de Mgr Combes, archevêque d'Alger, primat d'Afrique ; Mgr Philippe, évêque de Lari ; Mgr Dubourg, évêque de Moulins ; Mgr Lelong, évêque de Nevers, et enfin Son Éminence le cardinal Perraud, évêque d'Autun (1).

---

(1) Tous les évêques de France ayant été invités à assister au Congrès eucharistique, du 20 au 24 septembre de la même année, on s'explique pourquoi le cardinal n'était pas entouré d'un plus grand nombre d'évêques.

La messe solennelle commence. Le célébrant désigné par le cardinal Perraud est Mgr Lelong, évêque de Nevers, ancien vicaire général d'Autun. La messe est chantée par l'excellente maîtrise de Moulins.

Après l'évangile, M. Gauthey, vicaire général d'Autun, prononce un délicieux panégyrique en l'honneur de Notre-Dame de Romay. Il la présente d'abord comme la messagère du Sacré-Cœur et ensuite comme la bienfaitrice et la dispensatrice de la grâce divine pour tout le pays du Charolais.

Ce discours, entremêlé de belles envolées d'éloquence, a produit un très grand effet sur l'assistance profondément recueillie. Les félicitations si délicates aux évêques assistants ont provoqué l'admiration générale. En réalité, nous venions d'entendre un maître de la parole sacrée !

A la fin de la messe, la maîtrise exécute un cantique à Notre-Dame de Romay, à quatre parties, dont la composition est due au talent du Père Daval, bénédictin de Solesmes, ancien maître de chapelle de l'école cléricale de Rimont de notre diocèse. Un chapelain de la basilique donne lecture, en latin et en français, du bref pontifical, accordant le couronnement. Ensuite, le cardinal Perraud, au nom du Souverain Pontife, procède à la cérémonie liturgique. Il accomplit le rit impressionnant de la bénédiction des couronnes. Puis il s'avance près du trône, gravit quelques marches et dépose d'abord sur la tête de l'Enfant Jésus la couronne qui lui est destinée, et ensuite, il couronne de son riche diadème la Madone de Romay. Puis une petite fille, nièce de M. l'abbé

Ferret, vicaire de Saint-Sulpice, offre, au nom de la paroisse de Palinges, un médaillon orné de brillants, attaché à une chaîne d'or que le Cardinal met au cou de la Madone.

Aussitôt s'échappent du sein de l'assistance des acclamations vibrantes à Notre-Dame de Romay et au Cardinal du Sacré-Cœur. Les cloches de la basilique s'ébranlent et la fanfare des élèves des Frères envoie au loin ses joyeux accords. C'est le plus beau triomphe qu'on pouvait rêver pour la protectrice de Paray-le-Monial. Il est midi. La foule se retire émerveillée de tout ce qu'elle a vu et entendu. En toute hâte, elle va prendre son repas, pour être de retour à la grande procession du soir. Des centaines de pèlerins, dans la crainte de ne pas trouver place dans les hôtels, ont apporté leurs provisions de bouche, et, en un clin d'œil, ils transforment le parc des chapelains en un immense réfectoire.

Il est une heure ! On descend la Madone de son trône et on la place sur son brancard pour le retour à Romay. Le temps presse pour les départs de l'après-midi. Il n'était guère possible d'organiser, avec des foules si nombreuses, une procession selon les règles liturgiques, sur un parcours de deux kilomètres..... Les porteurs de la Madone sont priés de faire station à la chapelle des religieuses de la Visitation, pour que les pieuses filles de Saint-François de Sales et de Sainte-Chantal puissent offrir leurs prières à la Vierge, objet de tant d'ovations..... La plupart des sœurs du monastère de Paray connaissent Romay. Avant leur entrée, elles ont fait leur pèlerinage à la petite chapelle du Val d'Or, pour placer leur vocation sous l'égide de la Vierge charolaise. Il nous est bien permis, pensons-nous, de supposer que la bienheureuse Marguerite-Marie Alacoque, fille du Charolais, n'a pas oublié de faire visite elle-même à la *Bonne Dame de Romay*, avant de s'enfermer derrière les grilles sombres du monastère des *Saintes-Maries*.

Le cortège reprend sa marche et quitte la ville pour s'engager sous l'incomparable avenue de gigantesques platanes, renommés dans le monde entier depuis les pèlerinages de 1873 (1). On dépose quelques instants la Vierge au pied de la statue du Sacré-Cœur de la *chapelle de Bois*, route de Charolles. A l'entrée de la petite avenue ombragée du sanctuaire de Romay, se dresse un dernier arc de triomphe dont l'inscription porte ces mots : *En mémoire des cardinaux de Rouen et de Bourges, enfants de Paray* (2).

La Vierge est déposée sur le perron du sanctuaire. Le Cardinal monte dans une chaire rustique. Il va parler ! Le silence se fait parmi cette foule un peu houleuse. L'arc de triomphe des cardinaux de Paray qui ne sont plus a touché son cœur. Sa première parole est pour demander à son auditoire de s'unir à lui dans la récitation d'un *De Profundis*, pour le repos de l'âme de ses chers collègues qui, du haut du ciel,

---

(1) D'après les archives de Saône-et-Loire, B. 793, ce n'est pas le cardinal de Bouillon qui a fait planter les platanes de notre belle avenue, mais bien Mgr Dominique de La Rochefoucauld, archevêque de Rouen, seigneur doyen de Paray, dernier abbé commendataire de Cluny, 1757-1800.

(2) Nos Seigneurs les cardinaux Thomas et Boyer, décédés avant les fêtes du couronnement.

s'unissent à cette foule pour se réjouir du triomphe de Celle qui fut la gardienne de leur enfance et de leur vocation au sacerdoce.

Pour résumer les impressions de cette belle solennité et en tirer les conclusions qui en ressortent, l'éminent orateur s'inspire des paroles citées dans la messe de la Sainte Vierge, et montre qu'elles s'appliquent bien à la cité du Sacré-Cœur..... « *Radicavi in populo honorificato* ». « J'ai pris racine au milieu d'un peuple honoré ». Oui, Marie a pris racine dans le peuple honoré par Notre-Seigneur, et aujourd'hui, nous voyons ce peuple, le peuple de Paray, l'honorer à son tour. Et saint Bernard en donne une gracieuse explication : « *Amat florigeram patriam flos de radice Jesse* ». « La fleur de Jessé aime le sol propice aux fleurs ». Voilà pourquoi ce vallon du Charolais, où s'épanouit le bouton d'or et où la marguerite étale sa blanche corolle, a été choisi pour les manifestations divines. Et maintenant l'heure est venue de recueillir « *les fruits de ce choix et de cette habitation, d'hériter d'Israël et de prendre racine dans les élus* ». C'est fait, et saint Bernard en donne la raison : « Marie est le trésor de Dieu, et partout où elle est, là aussi est son cœur ». Le Cœur de Jésus a choisi Paray, parce que Marie y avait élu sa demeure ; Romay est l'explication des manifestations dont le sanctuaire de la Visitation a été le théâtre. »

Par ces belles paroles, que nous n'avons fait que résumer, Son Éminence clôture la fête. Cependant le Saint-Sacrement devait avoir le dernier mot :

ce fut une bénédiction de Jésus à tous ceux qui étaient venus honorer sa Mère. Ils l'emportèrent pieusement et garderont à jamais les édifiantes impressions de ces inoubliables journées... Une légère pluie vint rafraîchir la température au retour de Romay. Elle n'était qu'une faible image de l'abondante pluie de grâces, tombée sur les âmes.

Le soir l'illumination fut générale dans la ville *du Sacré-Cœur* et de *Notre-Dame de Romay*. Une procession aux flambeaux, légèrement contrariée par de petites ondées de pluie, s'organisa sous la direction des chapelains, et alla porter les joies de la fête à travers la ville... Elle vint se terminer, vers onze heures du soir, par une manifestation de gratitude en l'honneur de Son Éminence le Cardinal d'Autun à Béthanie (1).

II

Dans cette seconde partie de notre rapport, il nous reste à démontrer quelles heureuses conséquences ont résulté de ces fêtes mémorables du couronnement. Notons d'abord que, le concours de la population de Paray vers Romay les dimanches et les fêtes de la Sainte Vierge, depuis cinq ans, s'accentue de plus en plus. Les messes s'y célèbrent bien plus nombreuses qu'autrefois. On le constate d'année en année. Jamais, depuis le 15 août 1811, jour de la réouverture de la chapelle, fermée depuis 18 ans, on

---

(1) Béthanie est la modeste résidence du cardinal Perraud, près du sanctuaire de la Visitation.

ne vit une assistance aussi imposante que le jour de la fête de l'Assomption qui suivit le couronnement.

Une messe en plein air n'eût pas été de trop. Elle s'imposera dans la suite, si le projet d'agrandissement ne se réalise pas bientôt.

Quelques semaines après la fête du couronnement, s'ouvrit, à la basilique, le Congrès eucharistique, présidé par le cardinal Perraud. Dans l'exorde du discours d'ouverture, Son Eminence invoque Notre-Dame de Romay : « Je demande, dit-il, à la créature privilégiée qui a été chargée de donner au monde Jésus-Christ, de bénir ce Congrès, les désirs, les intentions, les vœux que chacun de nous y apporte... O Marie, il y a sept semaines que nous vous décernions un magnifique triomphe. J'avais l'honneur, au nom du Souverain Pontife, de couronner solennellement votre antique et vénérée image. Et déjà, saluant la réunion convoquée pour exalter la gloire du mystère eucharistique, nous vous demandions de nous conduire vous-même à votre divin Fils : *Per Mariam ad Jesum*. A Jésus par Marie. Nous comptons sur votre grâce, ô Notre-Dame de Romay, et heureux de nous réunir sous votre maternelle protection, nous aborderons avec confiance le noble travail qui nous attend ».

De telles paroles ne tombèrent pas en vain des lèvres épiscopales qui gardent tout à la fois la science humaine et la science sacrée.

Dès le lendemain, les congressistes, malgré une pluie persistante, se dirigent vers Romay et plusieurs prêtres veulent y célébrer la sainte Messe avant leur

départ et emporter un souvenir de ce pèlerinage. Le
samedi matin, les congressistes qui n'avaient pas
encore quitté Paray se formèrent en procession pour
se rendre à Romay, conformément au programme.
Ils assistèrent à la messe d'actions de grâces célébrée
par le Cardinal ; plus de cinquante personnes commu-
nièrent de sa main. Un prince de l'Église célébrant la
messe à la chapelle de Romay : cela se voyait vraisemblablement pour la première fois !...

Une rosace s'ouvre dans la façade de la chapelle.
Le cardinal Boyer s'était promis d'y faire placer un
beau vitrail, en l'honneur de la Madone de Romay,
lorsqu'elle serait couronnée.

Son Éminence de Bourges était venue à Paray, le
17 octobre 1896, pour assister, avec le Cardinal
d'Autun, à la fête de la bienheureuse Marguerite-
Marie Alacoque. Malgré une maladie des plus douloureuses, Elle espérait encore prendre part au couronnement. Le soir, dans la visite que nous lui fai-
sions, en qualité de chanoine de Bourges, il fut
question du vitrail qu'il rêvait pour la chapelle. Le
couronnement devait être le sujet de cette verrière.
Après avoir décidé comment la scène serait représentée, l'archevêque de Bourges nous chargea d'en
faire la commande le plus tôt possible. La mort du
vénéré Cardinal survint peu de temps après et arrêta
le projet.

Mgr Bardel, évêque auxiliaire de Bourges, fut
nommé évêque titulaire du diocèse de Séez. En dépouillant la correspondance du Cardinal, dont il était
le légataire universel, il y découvrit la lettre que nous

lui adressions à ce sujet à Châteauroux. Alors il nous demanda des explications et quelques jours après il nous pria de faire sans retard la commande du vitrail en projet à la maison Bégule, de Lyon.

L'artiste l'exécuta suivant les intentions exactes du cardinal Boyer. La Vierge figure au premier plan, telle qu'on la vit au jour de son couronnement. Le cardinal Perraud, debout à sa droite, dépose sur sa tête le splendide diadème, et, à sa gauche, le cardinal Boyer, agenouillé, prie dévotement, le regard fixé sur la Madone. Cette verrière est un véritable objet d'art à signaler comme une des conséquences du couronnement.

L'année suivante, à l'époque des pèlerinages au Sacré-Cœur, on observa que plusieurs programmes portaient un pèlerinage à Notre-Dame de Romay. C'est ainsi que Romay est devenu peu à peu l'annexe du sanctuaire de la Visitation de Paray, comme nous allons le voir bientôt.

Cependant les paroissiens réclamaient avec instance une fête anniversaire du couronnement. Elle fut célébrée le 5 août 1900. A cette occasion on se cotisa pour l'acquisition d'une bannière en l'honneur de Notre-Dame de Romay. La maison Biais-Noirot, de Paris, mit tous ses soins à l'exécution. Elle revêt la forme oriflamme ; simple et gracieuse, elle est réhaussée de broderies d'application. D'un côté, la Vierge est représentée avec son vêtement et sa couronne des grandes fêtes. Sur cette face est peinte l'inscription suivante : *Notre-Dame de Romay, couronnée le 5 août 1897.* Sur l'autre face, elle est réproduite telle qu'elle sortit du ciseau du sculpteur, c'est-à-dire sans les vêtements traditionnels. On y lit ces mots : Paray-le-Monial, *ville chérie du ciel.* (Paroles de Léon XIII).

Revenons au deuxième triomphe de notre vénérée Madone. La fête ne devait durer qu'un jour. Le samedi soir, une procession l'accompagne depuis Romay jusqu'à Paray. La ville est décorée sur tout le parcours : cette procession de nuit est superbe ! L'entrée se fait par la grande porte de la basilique resplendissante de clarté. Notre-Dame de Romay prend place dans le chœur au milieu des lumières et des fleurs. Toute la journée du dimanche des cierges à faire brûler devant le trône de la Madone sont présentés par les pieux fidèles. M. l'abbé Lambert, jeune prêtre de Paray, officie solennellement. Après le chant de l'évangile, M. l'abbé Perrot, chanoine honoraire, curé-archiprêtre de Digoin, prononce un discours aussi pratique que substantiel. Il développe ce texte que saint Jean applique à Notre-Seigneur ressuscité : *Il sortit victorieux pour continuer à vaincre.*

« Depuis son couronnement, Notre-Dame de Romay marche de triomphe en triomphe et elle continuera d'âge en âge. Comme mère, en ce jour, qu'elle triomphe sur nos cœurs ; comme patronne, qu'elle triomphe sur nos ennemis ; comme avocate, qu'elle triomphe de la justice de son Fils et qu'elle soit la patronne de ceux qui se damnent, « *patronatrix damnatorum* ».

Que de ferventes prières furent adressées à la Vierge séculaire pendant toute cette journée !

Aux vêpres, c'est M. l'abbé Châtelet, nouveau cha-

noine d'Autun, ancien chapelain, missionnaire de
Paray, provicaire et curé-archiprêtre de Charolles,
qui portera la parole.

L'orateur, très goûté dans tout le diocèse, prend
pour texte de son discours les paroles du psalmiste (1) :
« Vous avez placé sur son front une couronne de
pierres précieuses. » Il considère que le couronnement
de Notre-Dame de Romay est : 1° un acte d'amour
envers le Sacré-Cœur ; 2° un acte de reconnaissance
envers la Sainte Vierge, protectrice de tout le Charolais. Ces pensées, développées avec la chaude et
communicative éloquence de l'orateur, édifièrent gran-
dement son pieux auditoire.

C'est sous cette impression de foi et de confiance
que la procession reconduisit dans son sanctuaire la
Madone. M. le curé de Paray prit la parole sur le
seuil de la chapelle et montra que Notre-Dame de
Romay avait droit à ce second triomphe, en réparation
des deux grandes humiliations que lui firent subir une
première fois les calvinistes et une seconde fois les
révolutionnaires de 1793, en obligeant les catholiques
à la soustraire à la fureur des iconoclastes. Avant de
donner la bénédiction, M. le curé bénit la croix de la
plaque commémorative du couronnement où se lit, en
lettres d'or, cette inscription, approuvée par l'évêque
d'Autun : *Notre-Dame de Romay, Madone du XIII*
siècle, couronnée solennellement par l'Éminentissime
cardinal Perraud, évêque d'Autun, sous le pontificat
de Léon XIII.

---

(1) P. XX., v. 4.

C est la veille de l'Assomption de 1901, que la belle photographie de la statue, grandeur naturelle, œuvre de M. Morin-Lauvernier, photographe de Paray, prit place près de la plaque de marbre noir, dont nous avons transcrit plus haut l'inscription. Il importait de mettre sous les yeux des amateurs la statue dévêtue avec ses formes antiques, que dissimulent les vêtements dont on a coutume de la revêtir à Romay, comme dans beaucoup d'autres sanctuaires.

En l'année 1901, plus de cent vingt mille pèlerins débarquèrent à Paray. Nous ne croyons rien exagérer en affirmant que plus de la moitié de ces pèlerins visitèrent la chapelle de Romay, soit isolément, soit processionnellement.

Depuis trois ans, le pèlerinage de Paris, sous la direction du P. Coubé, de la Compagnie de Jésus, se rend à Romay, le soir, après les exercices en l'honneur du Sacré-Cœur. Le célèbre orateur s'est fait une chaire à lui. Il grimpe sur la grotte qui abrite la fontaine miraculeuse avoisinant la chapelle, et là, nouveau Pierre l'Ermite, il soulève l'auditoire d'élite, que son éloquence attire chaque fois qu'il prend la parole. On l'écoute et on l'applaudit à outrance.

Le 14 juin 1901, fête du Sacré-Cœur, il donna rendez-vous aux pèlerins à Romay. On s'attendait bien à l'entendre. Pour une raison ou pour une autre, il crut devoir garder le silence. Il supplia M. le Curé de Paray de vouloir bien adresser quelques mots aux pèlerins de Paris. Ce que celui-ci fit de bonne grâce, bien qu'il fut pris à l'improviste.

Cette année, le Père Coubé, fondateur de la belle

œuvre de la communion hebdomadaire, arrivait la veille de la fête du Sacré-Cœur, avec plusieurs centaines de pèlerins. On se forme en procession au sortir de la gare. Une très riche bannière de l'œuvre, sortie de la maison justement renommée Biais-Noirot, de Paris, ouvrait la marche. C'est assurément la plus belle et la plus riche que la ville de Paray ait contemplée depuis les pèlerinages de 1873.

Nous lisons dans le *Bulletin mensuel de la Ligue de la Communion hebdomadaire,* du mois de juillet 1902, que, vers quatre heures et demie, plusieurs milliers de personnes se rendirent en procession à Romay. C'est du haut du petit rocher, situé à droite de la chapelle, que le Père Coubé prononce son discours. Vers la fin, un mouvement d'émotion intense se produit dans l'auditoire quand, sur l'invitation du prédicateur, la bannière des zouaves, portée par le général de Charette, et celle de la Ligue de la communion se donnèrent l'accolade. Après ce discours si émouvant, l'orateur descendit de la grotte que l'on surnomme déjà *la chaire du Père Coubé* et donna la bénédiction, pour la première fois, depuis que le cardinal Perraud a daigné accorder cette faveur d'une manière générale, lorsqu'il y a un pèlerinage pendant lequel un prêtre porte la parole.

Arrêtons-nous. L'aperçu que nous venons de donner suffit pour se faire une idée des résultats déjà si consolants du couronnement. Nous espérons que dans la suite on en verra beaucoup d'autres plus consolants encore.

CHAPITRE XIII

CONGRÈS MARIALS DE FOURVIÈRE
ET DE FRIBOURG

I

Le temps présent est aux congrès !

Congrès de plusieurs espèces ; mais surtout congrès anticatholiques, congrès de la franc-maçonnerie ou convents, congrès scientifiques et enfin congrès catholiques nationaux et internationaux.

Les Congrès eucharistiques internationaux sont fondés avec une puissance d'organisation qui leur assure l'avenir. Le dixième Congrès s'est tenu à Paray, en 1897, nous l'avons dit. La ville de Namur (Belgique) a été le siège, en 1902, du seizième Congrès eucharistique.

Les Congrès eucharistiques devaient être le prélude des Congrès marials. L'idée première en est partie de l'Italie, comme celle du mois de Marie.

Un modeste curé de la paroisse de Mugola, diocèse de Livourne, revenant du Congrès eucharistique de Turin, songea à la création des Congrès marials.

Elle fut accueillie avec enthousiasme. Le premier se tint à Livourne. Son Em. le savant cardinal Bausa, archevêque, le présida (1).

En France, la première pensée surgit spontanément du Congrès eucharistique de Lourdes. Dans une de ses séances, le Congrès émit le vœu d'un Congrès en l'honneur de Marie, dont le siège serait à Lyon, avec l'agrément de l'Ordinaire. Son Em. le cardinal Coullié, archevêque de Lyon, fit un aimable accueil à la proposition que lui transmit le Congrès. Après avoir sollicité et obtenu l'autorisation du Souverain Pontife Léon XIII, d'inoubliable mémoire, il décida que le Congrès de Marie se tiendrait à Fourvière, les 5, 6, 7 et 8 septembre 1900.

Il eut le plus grand succès que pouvait désirer son illustre promoteur.

Notre Madone de Romay, la seule qui fût couronnée dans le diocèse d'Autun, avait bien droit à une place d'honneur au premier Congrès marial de Lyon. Nous en avons fait la demande à qui de droit et notre rapport *sur les premières origines de la chapelle et de la statue* a été entendu en séance particulière. Ce travail remplit plus de huit pages dans le compte rendu du Congrès et il forme les deux premiers chapitres de cet ouvrage.

Nous ne dirons rien de la splendeur des réunions et des cérémonies qui en rehaussèrent l'éclat. Tout était digne de Lyon, *ville de Marie*. On en jugera en

----

(1) *Compte rendu du Congrès de Fribourg (Suisse)*, tome II, page 424.

lisant les deux magnifiques volumes du compte
rendu d'un intérêt saisissant. A la dernière des
grandes réunions publiques, l'éminent avocat lyonnais,
M. Jacquier, parla, dans la crypte de Fourvière,
comme un Père de l'Eglise. Me Jacquier est l'illus-
tration du barreau de Lyon, la gloire du Charolais (1)
et un fidèle pèlerin de Paray. Nous reproduisons ici une
de ces belles envolées d'éloquence qui produisirent
plus d'un frémissement dans tout son auditoire :

« Depuis trois jours, la montagne tressaille sous
les pas de la foule qui l'assiège. Nos immenses basi-
liques se sont trouvées insuffisantes à satisfaire aux
multitudes attirées vers l'autel de Marie. Ils sont venus
en foule les pèlerins, non de la seule France, mais de
tous les points de l'univers catholique, de l'Italie et de
la Belgique, de la Suisse et de l'Angleterre, mêlant
dans la variété de la race et des langues, l'unité de
leur foi et de leur amour. Et, tandis que dans les
couvents de la maçonnerie on médite actuellement
la ruine et la destruction de l'Eglise, vous, congressistes, vous avez protesté dans une immense gratitude
et un invincible espoir. »

Peu de temps après le Congrès, la Commission
résolut de réunir en un musée marial les différentes
Madones dont il avait été question dans les nombreux
rapports. M. l'abbé Martin, professeur d'archéologie
à l'Institut catholique de Lyon, nous écrivit pour nous
prier d'adresser à Fourvière une reproduction de la

-----

(1) M. Jacquier est originaire de la Clayette, un des plus
beaux cantons de l'arrondissement de Charolles.

Madone de Romay. Au mois de septembre 1901, nous avons remis à M. le Recteur de Fourvière une photographie, grandeur naturelle, de notre antique Vierge, en souvenir de notre participation au Congrès marial de Lyon.

Le 16 juillet 1903, fête de Notre-Dame du Mont-Carmel, pour répondre au vœu unanimement exprimé par les Enfants de Marie de la basilique de Paray, nous conduisions à Notre-Dame de Fourvière un pèlerinage composé d'environ soixante personnes.

En dépit de plusieurs contretemps à l'aller et au retour, nous gardons le souvenir le plus suave de cette visite à l'ancienne et à la nouvelle chapelle de Fourvière.

M. le Recteur avait bien voulu nous réserver, à onze heures, l'autel privilégié de l'antique sanctuaire. Pendant la messe, les Enfants de Marie chantaient avec un pieux enthousiasme leurs plus beaux cantiques à la Sainte Vierge. Dans une courte allocution, le directeur du pèlerinage de Paray mit en parallèle Notre-Dame de Romay et Notre-Dame de Fourvière. Paray, la cité du Sacré-Cœur, est le plus beau fleuron du siège épiscopal d'Autun et le diocèse d'Autun est le premier suffragant de l'archidiocèse de Lyon. En ce moment, deux illustres cardinaux, très unis de cœur et d'âme, occupent les sièges de Lyon et d'Autun. Ils sont vraiment frères en épiscopat comme en titre cardinalice, de même que les deux Madones de Fourvière et de Romay sont sœurs par les honneurs du couronnement pontifical.

Nous espérons que ce premier pèlerinage de Paray

sera bientôt suivi d'un second où sera convoquée toute la paroisse.

II

Le Congrès marial qui suivit celui de Fourvière se tint à Fribourg (Suisse), du 18 au 21 août 1902.

La maladie et la mort de M. l'abbé May, vicaire de la basilique, entraînèrent une surcharge de ministère qui ne nous permettait guère de nous arrêter à la pensée d'une participation quelconque à ce Congrès. Sur ces entrefaites, Mgr Joseph Guyot, directeur de la *Voix de Marie*, chargé de la section française de ce Congrès international, nous écrivit et nous sollicita d'apporter notre note au Congrès de Fribourg, à ce grand concert de louanges à Marie, comme nous l'avions fait au Congrès de Fourvière. Après une courte réflexion, il nous sembla que la voix de Marie elle-même résonnait à nos oreilles. Notre réponse fut une acceptation en principe. Comme les organisateurs laissaient aux rapporteurs pleine liberté pour les sujets à traiter, notre choix se fixa sur *le couronnement de Notre-Dame de Romay en 1897*. Depuis longtemps, l'histoire de son sanctuaire dormait son paisible sommeil dans les cartons. Il y avait là une occasion d'en faire sortir un chapitre du volume en préparation.

Cette première détermination en fit naître plusieurs autres, tant les événements s'enchaînent souvent les uns aux autres. Le premier soin fut de réunir un petit groupe d'Enfants de Marie pour faire cortège à la bannière de Romay aux grandes processions des congressistes à travers la ville de Fribourg. Le second fut d'envoyer au musée du Congrès *l'icone sacrée* de Paray et quelques exemplaires de la brochure *Notre-Dame de Romay*, que les organisateurs honorèrent d'une médaille d'argent.

Plusieurs congressistes français partant de Lyon, on avait eu l'heureuse idée d'insérer dans leur programme un pèlerinage facultatif à Notre-Dame des Ermites d'Einsiedeln, sous la direction de Mgr Bauron, curé de Saint-Eucher de Lyon. Notre petit groupe de pèlerines (1) se joignit, pour cette raison, au pèlerinage lyonnais.

Mgr Bauron, secrétaire général, nous avait fait l'honneur de nous nommer président du deuxième bureau. C'est là que fut entendue la lecture du rapport sur les fêtes du couronnement de la Vierge de Paray. L'assistance à toutes les séances nous priva de la visite de tout ce qui intéresse un catholique, dans la ville de Fribourg. Les honneurs entraînent nécessairement des charges plus ou moins lourdes.

Nous n'avons pas l'intention de nous étendre sur ce splendide Congrès, dont la description même la plus sommaire défie les meilleures plumes, fussent-elles *spécialistes* dans le genre. Toutefois, en lisant les deux volumes si précieux du compte rendu, sortis de l'imprimerie C. Migault et Cⁱᵉ, de Blois, on s'en fera une idée assez exacte. Nous y renvoyons les personnes dévouées au culte de la Sainte Vierge. Il est cependant

____

(1) Mˡˡᵉ de Paillot, sacristine de la chapelle de Romay, Mˡˡᵉ Villedey de Faule, Mˡˡᵉ Chandelier, Mˡˡᵉ Desrues, Mᵐᵉˢ de Gaulmin et Schal-Prat.

un détail fort édifiant, qui ne se trouve pas dans la rédaction du compte rendu. Nous le tenons d'une personne trop digne de foi pour ne pas le reproduire tel qu'il nous est parvenu.

Le mercredi 20 août était le jour de la grande procession diocésaine. Toute la nuit, un orage effroyable avait grondé dans le lointain. Tout à coup le tonnerre éclate avec fracas (1). La pluie tombe à torrents. Les rues sont inondées et la Sarine roule des flots bourbeux. Rien n'arrête la ferveur des pèlerins. Ils se précipitent dans les églises, remplies de fidèles dès le grand matin ; mais il faut se résigner à faire ses prières à la porte, sous une pluie battante. Humainement parlant, on ne pouvait espérer parcourir la ville en procession, comme le portait le programme de la fête.

Il est midi. Il pleut toujours. On a annoncé, le matin, dans toutes les églises, qu'un coup de canon, tiré à une heure et demie, serait le signe que la procession aurait lieu.

Il est une heure et la pluie continue; mais elle se fait moins dense. La foule anxieuse couvre toute la place Notre-Dame. Enfin, le coup de canon retentit ! C'est le signal que la procession va se mettre en marche.

Nous nous demandions encore s'il était prudent d'exposer à la pluie notre blanche bannière, lorsque nous vîmes s'avancer au milieu des rangs de tête

----

(1) *Compte rendu du Congrès de Fribourg*, tome premier, page 66.

de la procession le groupe de Paray, entourant notre étendard, qui flotte au vent. La procession se déroula, sous un resplendissant soleil, à travers les rues de Fribourg.

Nos plus belles processions de Paray n'approchent point de celles que nous avons admirées à Fribourg. Les maisons et les monuments publics rivalisaient pour la richesse et le bon goût des décorations.

Venons-en au détail qui échappa à la foule.

Les blanchisseuses de Fribourg ont l'habitude de s'entr'aider, de temps en temps, dans leur travail. Lorsqu'elles ont étendu une grande quantité de linge et que la pluie menace, elles vont réciter à Notre-Dame de Lorette, dont leur champ n'est pas éloigné, la prière que l'on nomme le *Salve Regina des blanchisseuses*. Et il est très rare que la prière sollicitant l'éloignement de la pluie ne soit pas exaucée. Or, le jour de la grande procession du canton de Fribourg, les catholiques de la ville, en voyant cette solennelle manifestation de foi envers Marie, compromise par un si affreux temps, se souvinrent du *Salve Regina* des blanchisseuses et le récitèrent avec une exceptionnelle dévotion. Marie ne resta pas sourde à cette prière. Et, en un clin d'œil, les maisons apparurent pavoisées et la procession continua sa marche imposante et grandiose au suprême degré, jusqu'au soleil couchant.

A huit heures du soir, nouvelle procession à la montagne de Notre-Dame de Lorette.

Notre bannière de Romay prend bientôt la tête. Plusieurs prêtres et congressistes viennent s'adjoindre au petit cortège de Paray, et c'est là, sur la terre étrangère, un nouveau triomphe à la Vierge de Romay. Après avoir franchi deux fois la rivière de la Sarine, sur deux ponts d'une hardiesse qui vous stupéfie, le corps brisé, il est vrai, mais le cœur débordant de toutes les pieuses émotions de cette journée du ciel, nous rentrâmes au logis en glorifiant le nom de Marie.

Nous sommes au jeudi 21 août, dernière journée du Congrès. On ne sait, en vérité, où porter ses pas, tant il y a de toutes parts d'attraits pour la piété. Nous allons, en toute hâte, visiter le Musée de l'Art marial et nous remarquons, avec attendrissement, qu'on a réservé une place de choix au tableau de notre Madone.

Nous arrivons assez tôt à l'église de Notre-Dame et on nous introduit dans le sanctuaire, à une bonne place, pour suivre toutes les belles cérémonies du couronnement de Notre-Dame de Fribourg.

A cinq heures, la place Notre-Dame est noire de monde et l'église est archipleine. A la vue de cette foule immense, qui remplit la place, changement du programme. On annonce que le discours du Père Coubé sera donné en plein air, du haut d'une rustique chaire à prêcher, entourée de verdure.

Notre sacristine de Romay, avec une exquise délicatesse, demanda au grand orateur s'il permettrait qu'on dressât la bannière de Paray à sa droite pendant son discours. Il voulut bien, avec sa grâce accoutumée, acquiescer à ce désir d'une Enfant de Marie, et il en fut ainsi. Elle soutint donc le gracieux étendard pendant l'heure entière que dura le discours sur *la Royauté de Marie au ciel, sur la terre et dans les enfers.*

Nous avons entendu plus d'une fois l'éloquent Père Coubé, soit à Paray, soit à Lyon, mais, à notre sentiment, il s'est surpassé lui-même, sur la place de *la noble ville de Fribourg, terre de liberté et de vaillance* (1).

Sans compter avec la fatigue, le lendemain vendredi, de grand matin, nous nous dirigions, avec le groupe de congressistes lyonnais, vers le sanctuaire d'Einsiedeln, sous la conduite de M. l'abbé Bauron. Les impressions émouvantes, que nous avions ressenties à notre entrée sur le territoire de la Suisse, nous saisissent de nouveau, en songeant à nos prêtres de Paray, pendant le long parcours qu'il y a pour atteindre Notre-Dame des Ermites. Tous les noms qui retentissaient à nos oreilles, nous les avions lus dans le *Journal d'exil* de M. Malherbe.

Les prêtres du canton de Paray firent un assez long séjour à Fribourg. De là, ils se sentaient attirés vers Notre-Dame des Ermites, où ils retrempaient plus vigoureusement les forces de leur âme.

Le Père Abbé des Bénédictins d'Einsiedeln, que l'on appelle le *Prince Abbé,* les accueillait chaque fois avec urbanité. Il ne les laissait jamais partir sans leur donner un viatique pour leur voyage ou quelques honoraires de messes, quand bien même une quantité

---

(1) Paroles de l'exorde de ce grand discours.

de prêtres français arrivaient, chaque jour, à la grande abbaye (1).

Nous étions descendus à l'excellent *Hôtel Suisse,* avec le pèlerinage de Lyon. Pour notre compte personnel, nous eussions donné la préférence à l'*Hôtel du Paon,* voisin de l'abbaye, parce que les exilés du clergé de Paray y descendaient le plus souvent dans leurs fréquents pèlerinages à Notre-Dame des Ermites, leur remémorant sans doute *leur chère Notre-Dame de Romay.*

Nous rentrâmes à Lyon dans la nuit du samedi.

Que Jésus-Christ et la Vierge Marie soient à jamais remerciés de nous avoir donné l'inspiration de prendre part au Congrès marial de Fribourg.

Le pèlerinage d'Einsiedeln a embaumé d'un parfum tout céleste notre âme et notre cœur de pasteur, au milieu des douloureuses épreuves que nous avons en perspective depuis plusieurs années.

A vous donc, ô Notre-Dame de Fribourg et à vous aussi, ô Notre-Dame des Ermites, les dernières pages de ce livre, tout à la gloire de Notre-Dame de Romay !

______

(1) Deux cent cinquante prêtres français s'étaient réfugiés aux environs du monastère, parmi lesquels plusieurs prêtres du diocèse d'Autun, lorsque les prêtres de Paray y arrivèrent pour la première fois en 1792.

CHAPITRE XIV

INDULGENCES ET PRIVILÈGES DE LA CHAPELLE DE ROMAY

Notre sanctuaire a perdu les anciens titres des indulgences accordées, à n'en pas douter, à ce lieu de pèlerinage d'une certaine célébrité. Tout a disparu, sauf le rescrit apostolique de Clément X qui concède des indulgences à la confrérie de Sainte-Anne, retrouvé, il y a quelque temps, aux archives municipales. A la vérité, c'est un document précieux, mais sans effet, puisque la confrérie n'existe plus et qu'il n'y a aucun espoir de la pouvoir rétablir.

Toutefois il y a quelque chose qui survit aux destructions du temps, des incendies et des révolutions, c'est le trésor inépuisable de la sainte Église. Aux documents et aux titres anciens disparus, elle en substitue de nouveaux. Il suffit de faire appel à la bienveillance des Souverains Pontifes et de motiver les demandes qu'on leur adresse. Autant qu'il est en eux, ils se plaisent, pour favoriser et développer la dévotion et la confiance, à enrichir de privilèges les lieux plus particulièrement bénis du ciel. A cet égard, notre sanctuaire charolais n'a plus rien à envier aux lieux de pèlerinages en l'honneur de Marie les plus renommés. Nous allons passer en revue rapidement ces témoignages authentiques de l'approbation par la sainte Église de notre dévotion à Notre-Dame de Romay.

Concession du Pape Grégoire XVI. — M. Arsène Mariller, chanoine honoraire d'Autun, curé de Paray-le-Monial, ayant fait présenter à Sa Sainteté Grégoire XVI une demande d'indulgences pour la chapelle de Romay, en reçut le rescrit apostolique suivant :

« De l'audience de Sa Sainteté.

« Notre très saint seigneur le Pape Grégoire XVI a bien voulu accorder, à tous les fidèles de l'un et de l'autre sexe, une indulgence de 40 jours, applicable aux fidèles trépassés, qu'ils pourront gagner une fois seulement, chacun des jours de l'année, pourvu que devant la statue de la bienheureuse Vierge Marie, mentionnée dans la supplique et qui est exposée dans la chapelle de Romay, ils récitent, avec un cœur contrit et dévot, sept *Ave Maria* en l'honneur de la Sainte Vierge et prient aux intentions de Sa Sainteté. La présente lettre sera valable à perpétuité, sans aucune expédition dé Bref.

« Donné à Rome, en la secrétairerie de la Sacrée Congrégation des Indulgences, le 4 janvier 1846. J. (illisible) sous-préfet, Jacques Gallo, secrétaire.

Au verso on lit : « Bénigne, Urbain, Jean-Marie du Trousset d'Héricourt, évêque d'Autun.

« Vues les présentes, nous acquiesçons avec le plus grand empressement à ce qu'elles soient mises à exécution dans notre diocèse.

« Donné à Autun, sous la signature de notre vicaire-général et sous notre sceau, le 22 juillet 1846 ».

De Burgat, vicaire général »,

Concession de Sa Sainteté le Pape Pié IX. — Dix ans plus tard, deux pèlerins de la ville de Paray allèrent prier au tombeau des saints Apôtres. L'un, alors vicaire général, archidiacre du diocèse d'Autun, M. Thomas, qui devint dans la suite le cardinal-archevêque de Rouen, et M. Théodore d'Alais, tous deux enfants de Paray, n'oublièrent pas la Vierge de Romay, et c'est à leurs instances que les plus grandes faveurs sont venues enrichir son sanctuaire et l'élever officiellement au rang des premiers sanctuaires de Marie par la concession *des indulgences stationáles* dont le tableau est exposé dans la chapelle de Romay, ainsi que celui des indulgences particulières. Les conditions pour gagner les *indulgences stationales* sont les suivantes : 1° avoir reçu les sacrements de pénitence et d'eucharistie ; 2° prier quelques instants dans la chapelle de Romay aux intentions du Souverain Pontife, c'est-à-dire pour la paix entre les princes chrétiens, l'extirpation des hérésies, l'exaltation de notre sainte mère l'Église.

Un pieux usage recommande la récitation de cinq *Pater* et de cinq *Ave Maria*.

L'exercice du Chemin de la Croix. — En l'année

1846, le 7 septembre, M. d'Alais est autorisé à ériger un Chemin de la Croix dans la chapelle de Romay.

Depuis cette époque, une personne étrangère à la paroisse a fait don d'un Chemin de la Croix de meilleur goût et les petits tableaux qui marquaient les stations ont pris le chemin d'une communauté religieuse de Paray, les Filles de Saint-François et de Sainte-Claire d'Assise. Le 21 novembre 1884, nous érigions le nouveau Chemin de la Croix, en vertu d'une ordonnance de Mgr Perraud, évêque d'Autun, en date du 28 octobre 1884.

Ont signé au procès-verbal, M. Sandre, ex-instituteur, M. Gueniffey, vicaire, et M. Barnaud, archiprêtre.

Le procès-verbal d'érection est placé dans un tableau à la sacristie de Romay.

Prière à Notre-Dame de Romay. — Son Em. Mgr le cardinal Perraud, évêque d'Autun, a accordé 100 jours d'indulgence, une fois par jour, à la prière suivante, composée à l'occasion du couronnement :
« O notre bonne Dame de Romay, que l'on invoque depuis tant de siècles dans ce lieu à jamais béni de Paray, pour obtenir l'éloignement *des calamités publiques, la guérison des malades, et la résurrection des enfants morts sans baptême,* nous voici à vos pieds, vous priant de nous préserver de tous les dangers de l'âme et du corps. Ainsi soit-il. »

Concession de la messe votive de Beata. — Une supplique, rédigée par M. Louis Barnaud, archiprêtre de la basilique de Paray et apostillée par Son Em. le cardinal Perraud, évêque d'Autun, pour obtenir la concession de la messe votive *de Beatá* à la chapelle de Romay, a été présentée par M. Lugari, agent d'affaires ecclésiastiques à la Congrégation des Rites. La demande a été accordée le 31 juillet 1900.

Ont signé : cardinal Aloysi Masella, prefect.; Panici, archiprêtre, Laodicensis, secrétaire.

Visé à Autun, le 11 août 1900.

Signé : A. MANIER, vicaire général.

Autorisation de garder la sainte Réserve et concession de bénédictions du Saint-Sacrement.

La chapelle de Romay est isolée, comme certaines paroisses rurales. Il n'y a tout près qu'un domaine dont l'entrée ne regarde pas la chapelle, mais se trouve tout à l'opposé. Deux fois déjà, depuis 1800, les voleurs ont pénétré dans la chapelle et ont fracturé le tronc. Dans la crainte d'une de ces profanations de la Sainte Eucharistie, si fréquentes de notre temps, on s'explique parfaitement les hésitations de Son Em. le cardinal Perraud à céder à nos instantes demandes de garder à Romay le Saint-Sacrement pendant la saison des pèlerinages. Comme nous voyions plus d'un avantage spirituel à avoir le Sacrement pour donner la sainte communion aux messes de pèlerinages, sans être obligé chaque fois de compter les communions, et pour faciliter aux pieux pèlerins de la journée la visite au Saint-Sacrement, en même temps que leur pèlerinage à la Sainte Vierge, nous avons pris toutes les précautions pour garantir la sainte Réserve contre les profanations.

Alors Son Eminence a bien voulu nous autoriser : 1° à conserver le Saint-Sacrement à Romay du 1er mai jusqu'au 17 octobre, fête de la bienheureuse Marguerite-Marie Alacoque, inclusivement ; 2° d'y donner la bénédiction du Saint-Sacrement après la messe, à toutes les fêtes de la Sainte Vierge et à tous les pèlerinages où il y a une prédication, nous l'avons vu.

Le *vu et approuvé* de la supplique est daté du 7 octobre 1902, fête de la bienheureuse Marguerite-Marie Alacoque, et signé Adolphe-Louis-Albert cardinal Perraud, évêque d'Autun, Chalon et Mâcon.

On le voit, Paray, avec sa basilique du Sacré-Cœur, ses nombreuses indulgences et les privilèges qui y sont attachés, avec le sanctuaire de la Visitation et ses apparitions du Sacré-Cœur, avec Notre-Dame de Romay et ses miracles. est un lieu trois fois saint, une terre éminemment riche en bénédictions. Les pèlerins ont donc raison de venir puiser à ces sources incomparables et de chanter à Paray ce refrain :

L'air est plus pur,
Le ciel plus près
Et Dieu plus familier.

CHAPITRE XV

GUIDE DU PÈLERIN
DE NOTRE-DAME DE ROMAY

Nous prenons le pèlerin allant à Romay à sa sortie du débarcadère du chemin de fer pour le conduire, en traversant la ville de Paray, jusqu'à la chapelle de Romay.

A peine a-t-il parcouru une centaine de mètres qu'en regardant à sa gauche il distingue, à travers un massif d'arbres, l'oratoire de Saint-Roch entouré de vagons et de réservoirs à gaz. Le terrain qu'il occupe appartient, par expropriation, à la compagnie du P.-L.-M.; mais, jusqu'à ce jour, elle a respecté ce petit sanctuaire. Le pèlerin de Romay y entrera quelques instants pour invoquer saint Roch, dont la statue apparaît sur l'autel en costume de pèlerin pour marquer que sa vie a été celle d'un pèlerin dans le sens religieux du mot. Au pied de la statue, on voit le chien qui fut le ministre fidèle dont Dieu se servit pour lui apporter son pain de chaque jour. On implore saint

Roch contre la peste, le choléra et les maux de genoux. A Paray-le-Monial, saint Roch est invoqué spécialement pour la préservation des maladies contagieuses.

Dans les images de saint Roch, on voit un ange qui touche la plaie de sa cuisse, pour rappeler qu'il fut guéri miraculeusement d'une maladie contagieuse.

Un tableau du célèbre peintre Rubens représente un ange tenant une tablette sur laquelle on lit : *Eris in peste patronus* — tu seras un protecteur dans la peste (1). C'est aux Bénédictins de Paray que la paroisse est redevable de ses deux sanctuaires : Notre-Dame de Romay et Saint-Roch, destinés à la protéger contre les calamités publiques de tous genres.

Le pèlerin en sortant de la chapelle passe devant l'hôtel de Bourgogne, tenu par M. Thyvoyon et prend l'avenue ombragée qui se prolonge jusqu'au pont du canal du Centre reliant la Saône et la Loire. Ce pont et les maisons qui l'avoisinent portent, depuis longtemps, le nom de Saint-Roch, à raison de la proximité de l'ancienne chapelle, détruite au moment du percement du canal. Vient ensuite une seconde avenue de la gare avec, ses deux rangées d'arbres taillés en palmettes. Dès qu'on a franchi le pont apparaît le beau clocher de l'église paroissiale. On regrette pour le coup d'œil que l'avenue ne se poursuive pas jusqu'au pied de l'édifice religieux.

Il est vrai que cet embellissement demanderait la construction de deux ponts sur la Bourbince. Les

____

(1) *Les Petits Bollandistes*, tome IX, page 621.

lignes de maisons qui bordent l'avenue sont presque toutes de construction récente. Sur la gauche, derrière une superbe grille, se dessine la gracieuse *Villa Marguerite*, propriété de M. Soleillant, dentiste. Paray, depuis quelques années, a son théâtre. Chose singulière! Il est dû à l'initiative d'une personne pratiquant fidèlement la religion. Ce monument dont le goût est peu artistique ne mérite pas de fixer l'attention. Si le regard se porte à droite, il distingue la tour d'une maison du grand faubourg dont la construction remonte au xviie siècle. Elle a appartenu à un Bouillet. Un écusson sculpté sur une cheminée porte les initiales P. B., Pierre Bouillet, séparées par quelques motifs en creux, dont la signification nous échappe. Les Gravier avaient aussi une habitation au Grand-Faubourg.

A un angle de l'avenue, on remarque l'hôtel de la Poste, tenu par Mme veuve Bonnevay. C'est l'entrée en ville. Deux ponts sont jetés sur la Bourbince. Les Bénédictins l'ont divisée en deux bras dont l'un servait à mettre en mouvement la roue d'un moulin pour le pain des moines et celui des pauvres. Ce modeste moulin, vendu par la ville, vers 1877, fut remplacé par un beau moulin moderne. Tout près, sur la façade de la maison qu'habite M. Michel, confiseur, on remarque une petite niche qui abrite une statue de la Sainte Vierge. C'est la première qui se trouve sur notre passage. Saluons-la, sans respect humain, car c'est l'image de la Mère de Notre-Seigneur.

Du milieu du grand pont, la basilique du Sacré-Cœur présente un profil donnant une grande idée des vastes proportions de l'édifice. Ensuite, nous avons à gauche l'hôtel du Lion-d'Or, contigu à la maison Malherbe. La famille Malherbe a donné à l'Église catholique les deux prêtres, confesseurs de la foi, que nous avons fait connaître.

De l'autre côté, on voit la maison Nodière, charcutier, ayant appartenu à la famille du général Petit dont la sœur, Thérèse Petit, religieuse de la Visitation, fut une miraculée de la Bienheureuse Marguerite-Marie. En face, le grand bazar qui a remplacé, il y a quelques années, la maison de la famille Migeat, d'où sortirent deux prêtres zélés : M. Adrien Migeat et M. Antoine Migeat. Ces trois maisons donnaient asile aux prêtres poursuivis pour n'avoir point voulu prêter le serment à la Constitution civile du clergé. Dans la maison Malherbe, on montre une petite chambre où le Saint-Sacrement était gardé nuit et jour.

La rue qui s'ouvre sur le vieux clocher de Saint-Nicolas est la rue du Perrier, autrefois rue du Poirier, pour la raison qu'un énorme poirier se voyait non loin de la principale porte de la ville autrefois fortifiée. Dans cette rue, à gauche, la maison Chopin, chapelier, a remplacé un ancien temple des protestants. A droite, en avançant dans la rue, la maison du Révérend Père Souaillard, des Frères Prêcheurs, dont le père était un simple cordonnier.

La rue transversale, à droite, se nomme la rue de la Paroisse. A gauche, elle aboutit à la promenade et au champ de foire. Autrefois, c'était la rue du Dauphin, et le café du Parc, tenu par M. Bondoux, a remplacé une auberge appelée *auberge du Dauphin.*

Ce souvenir historique de celui qui fut Louis XI n'a pas trouvé grâce devant les démolisseurs de 1793.

Notre pèlerin s'engage dans la rue de la Paroisse et bientôt il trouve à sa gauche la petite rue de la Poterne. C'est par cette porte, pratiquée dans les fortifications, que les huguenots entrèrent dans la ville au temps des guerres religieuses, par la trahison d'un serviteur du château des Abbés commendataires.

On avance sur la place du Guichet, ainsi appelée parce que là se trouvait un des guichets du monastère pour communiquer avec les habitants. Sur cette place, se dresse le monument érigé le 1er juillet 1900, en l'honneur des soldats morts sur le champ de bataille pendant la guerre de 1870.

Rappelons pour mémoire que ce monument a été bénit par l'Église, à la demande formelle de la Commission de l'érection du monument et que le *Souvenir français* demanda une messe pour le repos de l'âme des soldats, morts pour la défense de la patrie. A cette messe, M. le Curé de Paray prit la parole pour remercier la Commission et le Souvenir français. Le soir, après les vêpres, il bénit solennellement le monument et récita, avec l'assistance, une prière pour tous les soldats défunts du canton et, en particulier, pour les 25 soldats de la paroisse de Paray (1), victimes de la guerre.

____

(1) On lit sur le piédestal cette inscription : Erigé par souscription publique avec le concours de l'Etat, du Département, des Communes et du *Souvenir Français*, à la mémoire des soldats du canton, morts pour la Patrie (1870-1871).

Devant nous, s'élève majestueusement la basilique du Sacré-Cœur, que l'on désigne communément dans le peuple sous le nom *de la grande église*. Son porche et ses deux tours carrées forment la partie la plus ancienne de l'édifice. La tour de gauche est du xiie siècle et la tour de droite du xie siècle. Entrons par la porte principale pour faire notre prière, car un pèlerinage est essentiellement un voyage religieux. Jetons ensuite un coup d'œil sur l'ensemble. Quelle élévation de voûtes ! Quelle solidité de construction ! Le transept à lui seul formerait une belle église. L'architecture du déambulatoire est d'une richesse de sculptures qui vous ravit d'admiration.

L'église compte 15 autels pour la facilité des prêtres pèlerins. Superbe chemin de croix ! Bénitier original ! La cuve n'est autre chose que la vasque d'un des jets d'eau des splendides jardins d'agrément, dressés par les ordres du cardinal de Bouillon. Le baptistère, surmonté de l'ange du baptême, les vitraux d'art, exécutés par la maison Bégule, de Lyon, sont autant de libéralités du cardinal Thomas à la chapelle de son baptême.

Nous sortons de l'église par la porte septentrionale. En avançant à droite, on ne manquera pas d'admirer le magnifique chevet de l'église. Bientôt, on se trouve en face de la résidence des chapelains, qui a remplacé celle des abbés de Cluny. Si on avance de quelques pas, le dôme du Sacré-Cœur, aux élégantes proportions, frappe le regard par son aspect monumental.

En revenant sur la place de la Basilique, on entre dans la rue de la Visitation. La rue à gauche sépare le jardin de l'habitation de M. Paul de Billy, qui appartint longtemps à la famille de Chiseuil (1). C'est sur l'emplacement du jardin, qu'on voyait encore, à la fin du XVIIe siècle, l'antique monastère comptant sept siècles d'existence. Cette rue se nomme la rue du Ménage. Dans les vieux actes, on lit *rue du Minage* et *rue du Manège*. Il y a un siècle, la belle maison qui occupe tout un côté de cette rue, appartenait à M. de la Troche, maire perpétuel de Paray.

Longeons maintenant les grands murs du monastère de la Visitation, asile de la prière, du silence et de la pénitence. La maison de la *Sainte Famille*, hôtel tenu par M. Simon Brivet, avait pour propriétaire, au siècle dernier, M. de la Rochette. Cette maison fait l'angle de la rue de la Visitation et de la rue Palinges. Vient ensuite le magasin d'objets de piété et de librairie de M. Charles Diard. C'était autrefois la demeure de Mlle Anne Febvre, insigne bienfaitrice de cette paroisse. Elle ne se contenta pas d'acheter de M. Jacques Brigaud la chapelle de Romay. Elle fit plus encore. Elle laissa, par testament, une rente de 50 francs au profit de la Congrégation de la Sainte Vierge. Elle légua, en outre, à la Commission administrative de l'Hospice, le beau domaine de Pouilly, situé à Vitry-en-Charolais, dont les deux tiers du revenu reviennent au Grand Séminaire et l'autre tiers aux malades pauvres de Paray.

Le grand hôtel du Sacré-Cœur, tenu par Mme veuve Drago, fait face à la chapelle des Apparitions. Le

---

(1) M. Victor de Chiseuil fut assassiné dans cette maison l'année 1898.

magasin d'objets de piété de cet hôtel fut l'atelier de menuiserie du père de notre regretté cardinal Boyer.

La municipalité de Paray, il y a quelques années, prit en considération une demande de changement de nom de la rue qui longe cette maison. Au lieu de l'appeler rue du Four, nom qui n'a plus sa raison d'être, depuis la suppression des fours banaux, un membre du Conseil municipal proposa de la nommer rue *du Cardinal-Boyer*. La demande fut acceptée par le Conseil, ainsi que celle du changement de nom de la route *des Fossés* en celui de boulevard de l'Hôpital. On attend encore l'exécution de ce vœu de plusieurs conseillers municipaux et qui est celui d'un grand nombre d'habitants.

C'est le moment de faire une visite au célèbre sanctuaire des Apparitions. Le pèlerin de Paray donnera satisfaction à sa dévotion au Sacré-Cœur, qui prime la dévotion à la Sainte Vierge. Après une prière profondément recueillie, il admirera les nombreux ex-voto, témoignages de la piété catholique, qui semblent se donner rendez-vous, depuis quarante ans, dans ce lieu à jamais béni.

Dès qu'il a franchi le seuil de la chapelle, le pèlerin de Romay a devant ses yeux la maison de la famille de Carmoy, qui a donné deux excellents médecins à la ville de Paray et deux saintes religieuses au monastère de la Visitation. L'une d'elles, sœur Marie-Rose de Carmoy, fut supérieure de cette maison religieuse avant et après la Révolution. La maison de Carmoy appartient présentement à un propriétaire étranger et la famille Beluze-Magnin en est locataire.

En reprenant la même rue, on rencontre à gauche la maison occupée par Mlle de Saint-Maurice, ancienne maison de Labaille, où plusieurs prêtres furent soustraits aux recherches des agents révolutionnaires par le dévouement des dames de Labaille. Celles-ci payèrent, par l'incarcération dans leur propre demeure, leur zèle à l'égard des ministres du Seigneur. Nous devons encore à leur piété intelligente la conservation de l'insigne relique de saint Blaise, honorée de temps immémorial dans l'église des moines.

A l'extrémité de la rue de la Visitation, on entre dans la rue du Général-Petit, gloire militaire de la ville de Paray. Dans cette rue, à gauche, la maison de M. Villedey de Croze, construite par M. Malard, dit le *Voyageur*, époux de Mlle de Chiseuil, et la maison de Mme veuve Piquet, ayant appartenu à la famille de Contenson.

Suivons la rue du Général-Petit à notre droite. Voici la maison des religieuses du Saint-Sacrement pour l'instruction chrétienne des jeunes filles. Cette maison, avant la Révolution, appartenait à la congrégation des Ursulines. Elle fut rachetée par l'honorable famille d'Alais et remise dans de bonnes conditions à la congrégation du Saint-Sacrement. Nous arrivons au *Hiéron* appelé communément le *Musée Eucharistique*, où l'on peut admirer une riche collection de tableaux ayant trait au sacrement de l'Eucharistie (1).

____

(1) *L'Indicateur des Chemins de fer Paris-Lyon-Méditerranée* parle ainsi du Hiéron : Les pèlerins se portent en foule vers le *Musée Eucharistique*, composé d'environ deux mille pièces d'art, cinq cents tableaux originaux de maîtres de toutes

A peine a-t-on dépassé le *Hiéron* qu'on se trouve en présence de la maison de la Colombière, naguère résidence des Pères Jésuites. La gracieuse flèche qui s'élève tout près de là indique la chapelle, l'hôpital de la ville de Paray. De là, on entre dans le faubourg de *Raye*, vieux mot qui signifie *rigole* (1). A gauche, la maison de Sermaize, résidence de Mlle Éléonore de Sermaize, sacristine de Romay, la maison de M. Henri de Sormain, propriété de M. le baron de Ponnat, et au tournant, la belle habitation de M. Hyacinthe de Chiseuil, ancien maire de Paray et député de Saône-et-Loire, occupée de longues années par Mme veuve d'Epenoux, et devenue la propriété de M. Henri de Lescure.

Sur le chemin de Volesvres, le monastère des pauvres Clarisses apparaît sur une éminence, et un peu plus loin, la modeste habitation des Carmélites dont la fondation est de date très récente. Pénétrons maintenant sous les arceaux séculaires de l'incomparable avenue de platanes. La maison encadrée dans la verdure, sur notre gauche, fut construite par le père de M. Alexandre Quarré de Verneuil, ancien maire de Paray. Elle est occupée par Mme veuve de Verneuil, nièce de M. de Lamartine et par M. et Mme Joseph de Valence.

A droite, le modeste établissement des Sœurs

écoles, plus d'une bibliothèque d'environ cinq mille volumes ; le tout sur le Saint-Sacrement.

(1) L'eau pluviale, venant du chemin de Volesvres, formait autrefois une rigole traversant le chemin tendant à Romay, appelé jadis levée de Romay-en-Orval.

garde-malades. Plus loin, le pensionnat des Ecoles libres des Frères de Jean-Baptiste de la Salle, inscrit au catalogue des saints, se montre dans l'éclatante blancheur de ses nouvelles constructions. Inclinons-nous en passant devant la grande croix de fer que les missionnaires diocésains bénirent avec solennité, en souvenir de la grande mission prêchée à Paray en l'année 1825.

En face, nous voyons l'oratoire de la famille de Verneuil. Une ancienne chapelle, dédiée à saint Joseph, s'élevait autrefois près de là. La gracieuse habitation occupée par Mme Joseph Crastes a été construite sur l'emplacement d'un ancien étang, dit *l'étang du Prince*, ainsi appelé en l'honneur du *Prince Abbé commendataire de Cluny*. Un salut de respect à la chapelle de bois édifiée en 1873, lors des grands pèlerinages en l'honneur du Sacré-Cœur.

Nous gravissons les pentes douces de la colline de Survaux. Le groupe de maisons dominant la riche vallée qui s'étend sous nos regards et que l'on nomme *La Vigne*, portait, du temps des Moines de Cluny, le nom d'*Orval, Val d'Or*. Au sommet de la côte, la vue s'étend bientôt sur un saisissant panorama. Les montagnes du Brionnais et du Charolais se dessinent à l'est, tandis qu'à l'ouest, c'est la chaîne des monts du Forez.

Au milieu de l'océan de verdure qui nous sépare de ces remparts accidentés. nous distinguons la flèche gracieuse de l'église que la paroisse de Poisson vient d'ériger au prix de généreux sacrifices. Avançons encore, et, au fond de la vallée, nous apparaîtra, à demi-voilé par les arbres, le cher sanctuaire de Romay.

En entrant dans l'avenue d'acacias, nous apercevons la blanche façade de la chapelle, aimée des pèlerins. Entrons avec un religieux respect et prosternons-nous aux pieds de cette Madone vénérée, dont le front, aux jours de grandes fêtes, est orné du diadème du Couronnement, symbole de sa royauté sur les âmes qu'Elle tient de Jésus-Christ, son divin Fils. Laissons là le pèlerin de Romay à sa prière et à sa dévotion à la Vierge du Val-d'Or.

ERRATA

Page XIII, dernière ligne, lisez : *lieu de piété délicieux.*

Page 44, ligne 14, lisez : *clauses.*

Page 103, note (1), ligne 6. lisez : *du revenu.*

Page 122, dernière ligne, lisez : *inscrit.*

Page 146, ligne 8, lisez : *Miquets de Paray.*

Page 158, note (1), dernière ligne, lisez : *28 novembre.* M. Noiret exerce le saint ministère dès son arrivée, par permission administrative.

Page 168, ligne 2, lisez : *Guichard,* au lieu de *Circaud.*

Page 198, dernière ligne, lisez : *prêtres insermentés.*

Page 228, ligne 17, lisez : *Notre-Dame de Romay.*

Page 237, ligne 26, lisez : *à son tirage au sort, il amena un mauvais numéro,* suivant l'expression de Gauthier.

Page 240, ligne 5, lisez : *les sentiers les moins fangeux.*

TABLE DES MATIÈRES

BLOIS, IMPRIMERIE C. MIGAULT ET Cᵉ